MIX
Papier aus verantwortungsvollen Quellen
Paper from responsible sources
FSC® C105338

Werner Gehrcke

Dynamisch-Integratives Schauspieltraining

*Grundlagen- und Trainingsbuch
für Film und Bühne*

disserta
Verlag

Gehrcke, Werner: Dynamisch-Integratives Schauspieltraining.
Grundlagen- und Trainingsbuch für Film und Bühne, Hamburg,
disserta Verlag, 2017

Buch-ISBN: 978-3-95935-420-2
PDF-eBook-ISBN: 978-3-95935-421-9
Druck/Herstellung: disserta Verlag, Hamburg, 2017
Covermotiv: pixabay.com

Bibliografische Information der Deutschen Nationalbibliothek:
Die Deutsche Nationalbibliothek verzeichnet diese Publikation in der
Deutschen Nationalbibliografie; detaillierte bibliografische Daten sind im
Internet über http://dnb.d-nb.de abrufbar.

Das Werk einschließlich aller seiner Teile ist urheberrechtlich geschützt.
Jede Verwertung außerhalb der Grenzen des Urheberrechtsgesetzes ist
ohne Zustimmung des Verlages unzulässig und strafbar. Dies gilt
insbesondere für Vervielfältigungen, Übersetzungen, Mikroverfilmungen
und die Einspeicherung und Bearbeitung in elektronischen Systemen.
Die Wiedergabe von Gebrauchsnamen, Handelsnamen,
Warenbezeichnungen usw. in diesem Werk berechtigt auch ohne
besondere Kennzeichnung nicht zu der Annahme, dass solche Namen im
Sinne der Warenzeichen- und Markenschutz-Gesetzgebung als frei zu
betrachten wären und daher von jedermann benutzt werden dürften.
Die Informationen in diesem Werk wurden mit Sorgfalt erarbeitet. Dennoch
können Fehler nicht vollständig ausgeschlossen werden und die Diplomica
Verlag GmbH, die Autoren oder Übersetzer übernehmen keine juristische
Verantwortung oder irgendeine Haftung für evtl. verbliebene fehlerhafte
Angaben und deren Folgen.
Alle Rechte vorbehalten

© disserta Verlag, Imprint der Diplomica Verlag GmbH
Hermannstal 119k, 22119 Hamburg
http://www.disserta-verlag.de, Hamburg 2017
Printed in Germany

Inhaltsverzeichnis

VORWORT 1

1 EINFÜHRUNG IN DIE SCHAUSPIEL- UND THEATERTHEORIE 5

2 GRUNDLAGEN DER SCHAUSPIELKUNST 38

  2.1 Alles beginnt mit der Entspannung 38

  2.2 Warm-UP 48

    2.2.1 Übungen 49

    2.2.2 Warm-UP: Atmung, Stimme, Sprechen und los 53

  2.3 Aufmerksamkeit, Sinnesschulung, Körper, Bewegung, Raum und Fantasie 60

  2.4 Tempo und Rhythmus, Spannung und Dynamik 97

  2.5 Improvisation in Theater und Film 107

    2.5.1 Einführung 107

    2.5.2 Film und Impro. Axel Ranisch – ein Vergleich mit konventioneller Film- und Fernseharbeit 112

    2.5.3 Impro-Spiele 119

  2.6 Handlung im dramatischen Schauspiel 130

    2.6.1 Handlung, Aktivität, Aktion und Verhalten 130

    2.6.2 Als Ob-Bedingungen 137

    2.6.3 Übungen 138

  2.7 Spielerische Arbeit mit der Atmung 144

3 EINFÜHRUNG IN DIE SZENISCHE ARBEIT 147

3.1 Die erste Stunde – Einführung in das „Stanislawski-System" 147

3.2 Die Situation und die W-Fragen 150

3.3 Status und Raum 176

3.4 Szenische Arbeit mit Verfremdung 193

4 ROLLEN- UND TEXTARBEIT 201

4.1 Arbeit an der Rolle – Einführung 201

4.2 Arbeit mit Rollen – Text 208

4.3 Übungen 213

5 PERFORMATIVES SPIEL UND KOMIK 233

5.1 Körperkomik und Performance 233

5.2 Tücke des Objektes 240

5.3 Kontrastkomik und Inkongruenz 243

5.4 Statusinversion 253

LITERATURVERZEICHNIS 255

Vorwort

Was ist dynamisch-integratives Schauspieltraining?

Dynamik im Schauspiel, das ist die Aufmerksamkeit, Präsenz, Lebendigkeit und Echtheit im Moment. Das Spiel mit den inneren und äußeren Impulsen. Die Kraft und Energie, die unser inneres und äußeres Tempo antreibt. Die plötzliche Stille, die Atemlosigkeit, die Zärtlichkeit, und der extreme Ausbruch. Dynamik ist der kreative Impuls des künstlerischen Ichs, der plötzliche Einfall und die Leidenschaft. Verschiedene Charaktere, mit ihren verschiedenen Anliegen und Begehrlichkeiten, ihren Auf und Abs, ihrem verschiedenen Tempo-Rhythmus. Das alles ist Dynamik. Dynamik ist Leben auf der Bühne oder vor der Kamera. In diesem Buch sind die Aspekte eines dynamischen und lebendigen Spiels Grundlage. Nicht nur in Kapitel 2.4, ist Spannung und Dynamik Thema, sondern besonders in der Improvisation (Kap 2.5), spielen Spontanität und Lebendigkeit im Sinne von Dynamik, eine große Rolle. Genauso zieht sich der „philosophische" Grundtenor eines dynamischen Spiels, wie ein roter Faden durch das ganze Buch.

Integrativ bedeutet dabei einerseits verschiedene Aspekte und Spielweisen zu berücksichtigen, andererseits verschiedene methodisch-didaktische Ansätze, Übungen und „Techniken" vorzustellen. Deshalb basiert dieses Buch einerseits auf dem „Stanislawski-System" und integriert ausgewählt, die Lehre Stanislawskis mit der eines Lee Strasberg (Imagination, Stuhlentspannung und sense memory) und den Lehren einer Stella Adler und eines Sanford Meisners etc. Andererseits beschäftigt sich Kapitel 3.4, in Form praktischer Übungen, mit der Verfremdungstechnik (Bertolt Brecht). Hinzu kommt Keith Johnstone (Improvisation und Status) und verschiedene Aspekte der performativen Komik, als auch der dramatisch-komischen-szenischen Arbeit (Kapitel

5). Das heißt, in diesem Buch sind verschiedene Aspekte der Schauspielarbeit, in Form von Theorie und Übungen, zusammengefügt. Ebenfalls fließen hier und da meine eigenen Erfahrungen und Ansichten aus der Schauspiel-Praxis, Aus- und Fortbildung und Lehre mit ein. Dies alles ausdrücklich nie mit normativen Ansprüchen, sondern als methodisch-didaktisches Angebot.

Zum Aufbau dieses Buches:

Dieses Buch ist didaktisch in Kapiteln und Unterkapiteln strukturiert. Nach einem allgemeinen Einführungskapitel in die Schauspieltheorie (Kap.1), sind die Kapitel zwei bis fünf, einschließlich der Unterkapitel, nach Themen bzw. Kompetenzschwerpunkten unterteilt. Theoretische Überlegungen, Erläuterung und Ordnung der Arbeitsbegriffe und deren Zusammenhänge werden von mir vorgenommen. Dabei sind die Erklärungen, Zuordnungen und Differenzierungen der Arbeitsbegriffe immer mit methodisch-didaktischer Absicht, im Sinne eines dynamisch-integrativen Schauspieltrainings aufzufassen. Jeder normative und deduktive Anspruch in der Schauspielarbeit wird von mir kategorisch abgelehnt. Die 180 Übungen in diesem Buch sind mit den jeweiligen Trainingsschwerpunkten auf die einzelnen Kapitel/Unterkapitel verteilt. Das Übungsspektrum reicht von altbewährten Übungen und Techniken bzw. Variationen davon, bis hin zu modernen und neuen schauspielpädagogischen Übungen. Ebenfalls ist auch die eine oder andere eigene – von mir selbst entwickelte oder weiterentwickelte – Übung dabei.

Für wen?

Das Buch richtet sich an alle professionell Lehrende, als auch an Schüler und Studenten, sowohl als auch an Theaterpädagogen und Medienpädagogen, die an der dramatischen

Schauspielarbeit interessiert sind und auf einen umfangreichen und vielfältigen Übungsfundus zurückgreifen wollen. Ebenfalls ist dieses Buch ganz besonders für alle Schullehrer*innen und semiprofessionellen Spiel- und Übungsleiter*Innen oder Spielgruppen geeignet, die sowohl eine „theoretische Begleitung", als auch einen Übungsfundus vorzufinden wünschen.

Grundsätzlich ist dieses Buch gleichermaßen für die professionelle Theater-, wie auch Filmarbeit konzipiert.

Ich wünsche allen Lesern und Leserinnen viel Freude an diesem Buch.

Werner Gehrcke

1 Einführung in die Schauspiel- und Theatertheorie

Diese Einführung ist für alle Leser*innen gedacht, die eine theoretische, einführende Auseinandersetzung mit der Thematik wünschen. Das Kapitel ist so aufgebaut, dass Sie eine strukturelle Übersicht bekommen und Zusammenhänge, Entwicklungen und wichtige Fragestellungen erkennen. Natürlich kann dies nur reduktionistisch geschehen, das heißt, bestimmte Aspekte werden nur oberflächlich oder gar nicht behandelt. Dennoch als guter erster Einstieg oder als Auffrischung, dürfte Ihnen dieses Kapitel gute Dienste leisten.

Für all diejenigen, die Theaterwissenschaftliche Bibliotheken ihr Zuhause nennen oder gar jedes Staubkorn auf den Büchern persönlich kennen, darf die Reise durch dieses Buch gerne erst ab Kapitel 2 beginnen. Alle Leser*innen, die eine Einführung wünschen, lade ich jetzt herzlich ein, mit mir in ein überaus komplexes und spannendes Thema einzutauchen!

Zunächst stellt sich die Frage nach dem Schauspieler. Was ist ein(e) Schauspieler(in)?

So banal diese Frage zu sein scheint, so schwierig ist sie zu beantworten. Denn die Frage nach dem Schauspielberuf findet nicht in einem „luftleeren Raum" statt, sondern stellt automatisch die Frage nach dem Betätigungsfeld der Schauspielerperson. Also, was ist Theater und Film bzw. welche Aufgaben und Erwartungen stellen sie an den/die Schauspieler*in heute? Diese Frage stellt ein riesiges Theorieproblem für die Theaterwissenschaft dar. Gibt es doch in der Praxis so viele Formen und Arten von Theater, die mit „stolzer Brust" hervorheben, dass das was sie tun Theater sei. Jede Definition, die Klarheit schaffen will, muss wiederum Kriterien reduzieren und damit Abgrenzungen vornehmen. Sie muss also weh tun, erscheint womöglich auch elitär. Zudem stellt sich in der Schauspielpädagogik die Frage nach Inhalten, Methodik und Didaktik in der Ausbildung, in Bezug auf verschiedenste Theaterkonzepte, Spielweisen und Anforderungen, die durch die Beschäftigungseckpfeiler Film, Fernsehen und Theater, aber auch durch die gesamte Berufs- und Beschäftigungspraxis (Arbeit als Sprecher*in, Rezitator*in, Moderator*in etc.) schlechthin, an den/die Schauspieler*in gestellt werden.

Bevor ich mich mit der Definition des Begriffes Theater beschäftige, möchte ich zunächst das Theater heute in zwei grundsätzlich unterschiedliche Konstruktionen unterteilen:

1.) Das Dramatische Theater

2.) Das Postdramatische Theater

zu 1.) Das Dramatische Theater:

Hier stellt sich zunächst die Frage nach dem Dramenbegriff. Und hier gibt es natürlich auch wieder das Theorieproblem, den Begriff des Dramas zu umschreiben bzw. ein- und abzugrenzen, bezüglich der historischen und der heute existierenden Vorlagen.

Ich will den Begriff zunächst allgemein kennzeichnen:

Zum einen wird eine fiktive Geschichte in Form von Figurenreden und Handlungen simuliert und transportiert. Dabei sind Grenzen gesetzt. Denn alles was Sie in einer Erzählung berichten können, muss im Drama irgendwie vermittelt werden, über:

a.) Sprachhandlungen (Figurenrede) und Variation von Stimme, Sprechtempo, Lautstärke, Betonungen, Akzente etc.

b.) körperliche, physische Handlungen, wie Mimik, Gestik, Haltung, Tätigkeiten, Gänge etc.

Sie haben zum anderen über nicht darstellerbezogene akustische Zeichen (z.b. Geräusche, Musik etc.), sowie visuelle Zeichen, wie Bühnenbild, Kostüm, Requisiten, Beleuchtung etc., die Möglichkeit die dramatische Simulation der Geschichte zu umrahmen, zu befördern bzw. zu unterstützen.

Die Theaterwissenschaft kennzeichnet dies alles über den Begriff „Zeichen".

Lassen wir uns folgende Einteilungen zu Gemüte führen:

Ikonische Zeichen: basieren auf einem Ähnlichkeitsverhältnis.

Beispiel: Bild eines Hundes auf einem Schild, welches vor einem Hund warnt.

Indexikalische Zeichen sind solche, die ein räumliches oder zeitliches Verhältnis zwischen Zeichen und Objekt voraussetzen.

Beispiel: Fingerzeig.

Symbolische Zeichen sind solche, deren Bedeutung sich aus kulturell festgelegten und historisch veränderbaren Regeln ergibt.

Beispiel: Eine Rose als Zeichen der Liebe.

(vgl. Balme 2014: S. 65-66)

Im Theater finden sich alle drei Kategorien von Zeichen wieder, wobei die Ikonizität sicher die wichtigste Kategorie ist. Die Ikonizität entspricht dem, was in der Wissenschaft unter Mimesis (Nachahmung) verstanden wird. Denn ikonische Zeichen bestechen durch ihr Ähnlichkeitsverhältnis zwischen Zeichen und Objekt.

Die Mimesis geht auf Aristoteles zurück. Er sah die Nachahmung als dem Menschen angeboren und natürlich, wandte sich aber gegen die einfache Kopie oder Abbildung der Wirklichkeit. Mimesis war für ihn ein künstlerischer Schöpfungsprozess, der bis hin zur Idealisierung geht.

Balme zur Ikonizität:

„Ikonizität im Theater umfasst nicht nur die Abbildung von Gegenständen, Räumen, Figuren und Handlungen, was dem herkömmlichen Mimesis-Begriff entspricht, sondern jede im Zuschauer hervorgerufene Idee oder Empfindung."

(Balme 2014: S.66)

Die Zeichen werden allgemein in visuelle, akustische und darstellerbezogene, raumbezogene Zeichen unterteilt:

Visuell darstellerbezogen sind Mimik, Gestik, Bewegung, Maske (Schminke, Frisur), Kostüm

Akustisch darstellerbezogen sind Sprache, Ton, Musik, Geräusche

Visuell raumbezogen sind Requisiten, Bühnenbild, Beleuchtung

Akustisch raumbezogen sind Sprache, Ton, Musik und Geräusche

Akustisch raumbezogen meint, dass Raum im Theater gelegentlich rein akustisch durch Beschreibungen oder Geräuschkulisse suggeriert wird.

Theatrale Zeichen besitzen **Mobilität** und **Polyfunktionalität.**

Mobilität bedeutet, dass Zeichen auf der Bühne beinahe unbegrenzt die Funktionen anderer Zeichensysteme übernehmen können, z.B. Requisiten durch Gesten. Polyfunktional heißt, dass die Theaterzeichen während einer Aufführung verschiedene Dinge repräsentieren können. Ein Tisch kann in demselben Stück ein Tisch, aber auch ein Tunnel sein etc.

(vgl. Balme 2014: S.67)

Schauspielpädagogisch beschränken wir uns auf die „aktiven" Schauspieler relevanten Zeichen, die Handlungen (s. auch Kapitel 2.6.1), alles was der/die Schauspieler*in tut, was er/sie mit dem Körper, der Stimme, der Sprache ausdrücken kann.

Der/die Schauspieler*in hat eine **Situation** aus dem Drama, aber auch aus einem Drehbuch herauszulesen bzw. zu kreieren, in der sich die darzustellende Figur gerade befindet. Die Situation wird mit den W-Fragen (s. Kapitel 3.2) erkundet und umrissen. Dabei ist die Frage nach dem **Wo** keine rein visuell-raumbezogene Zeichenfrage, die das Bühnenbild, Requisite etc. betrifft, sondern wie oben erwähnt, können Zeichen aufgrund ihrer Mobilität, Funktionen anderer Zeichensysteme übernehmen, also können auch darstellerbezogene Zeichen die Frage nach dem Raum zur Klärung bringen. Wenn Sie einen fiktiven Raum imaginieren, können Sie ihn mit ihrem Körper, der Stimme, Sprache, Geräusche, durch ihre physischen Handlungen, durch das was Sie tun und wie es tun, wie Sie sich im Raum verhalten, ausdrücken, also durch die entsprechende Koordination Ihrer Zeichen. Schauspieler benutzen dazu meist Requisiten und Ihre Stimme und Sprache.

Die Kollegen Pantomimen haben nur ihren Körper. Sie können die visuell raumbezogenen Zeichen völlig oder fast völlig vergessen. Die Pantomimen brauchen keine Wand, keinen Stuhl, keinen Tisch etc. Sie drücken alles mit dem Körper aus. Möglicherweise nutzen sie noch Beleuchtungseffekte, aber auch darauf können sie verzichten.

Das **Wer** bezieht sich auf die Figur und kann durch Maske und Kostüm sehr eindrucksvoll unterstützt werden. Aber das ersetzt keinesfalls eine gute Rollenarbeit (Kapitel 4).

Die Situation wird also durch sämtliche Zeichen, vor allem durch die Handlungen und Sprachhandlungen der Figur ausgedrückt. Die Zeichen sind aus der Situation und der Figur begründet und verweisen damit auf diese, also auf die Figur in der Situation. Sie sind referentiell.

Die Zeichen, wenn sie klar genug sind, werden vom Publikum interpretiert und sollten im Idealfall mindestens eine Antwort darüber geben, wer, wann, wo, was tut. Wir kümmern uns also in der dramatischen Schauspielpädagogik in erster Linie darum, ob die verwendeten Zeichen, vor allem die Handlungen und Sprachhandlungen, so verwendet werden, dass eine Situation, in der sich die Figuren befinden, deutlich wird, und die Handlungen und Sprachhandlung der Situation und der Figur gemäß und für das Publikum verständlich, nachvollziehbar und glaubhaft zum Ausdruck gebracht werden. Wir halten hier noch einmal fest: Im Drama haben wir Figur, Situation und Handlung und alle Zeichen haben grundsätzlich **referentielle Funktionen**, sie beziehen sich auf die Figur und ihre Handlungen in und aus einer Situation.

Wir nehmen ein Beispiel, welches Ihnen verdeutlichen soll, was den Unterschied einer reinen Erzählung zu einem Drama ausmacht:

Stellen Sie sich vor, es wird beschrieben, wie sich jemand am frühen Morgen, nach einem alkohol-getränkten Abend, fühlt. Da war doch immer noch dieser Liebeskummer, und jetzt der dröhnende Kopf und diese ungeliebte neue Arbeitsstelle, zu der die Figur sich nun aufmachen müsste, oder lieber blaumachen?

Und stellen Sie sich vor, Sie sollen diese Geschichte dramatisieren. Was übrigens in der schauspiel- und theaterpädagogischen Arbeit vorkommen kann.

Sie müssen nun durch Sprache (Monolog) und Regieanweisungen genau den Kern dieser Erzählung nachbilden, insofern, dass ein/e Darsteller*in diese Geschichte dann auch simulieren kann.

Dabei können Sie sich der akustischen und visuellen Mittel bedienen, wie Wecker klingelt, Kostüm, Maske, Bühnenbild.

Gedanken und Gefühle, Stimmungen (innere Handlung) werden über äußere Handlungen ausgedrückt, also alles was man von außen sinnlich wahrnehmen kann: Sprache, Atmung, Geräusche, Mimik, Gestik, Bewegungen, Körperhaltung, Tätigkeiten.

Nehmen Sie sich ruhig mal eine Geschichte zur Hand und versuchen Sie sie zu dramatisieren. Sie werden sehen, das ist gar nicht so einfach. Achten Sie darauf: je passiver, also von inneren Vorgängen dominiert eine Geschichte ist, desto schwerer ist es, sie dramatisch umzusetzen. Drama lebt also von Aktivität, von Handlungen.

Wir können das Drama in Tragödie und Komödie unterteilen, wobei es da heute natürlich viele Zwischenformen gibt.

Ganz allgemein ist in einem Drama der Konflikt zentrales Element. Er entsteht aus den unterschiedlichen Interessen und Absichten der Protagonisten. Wir können also auch den Dreiklang, **Protagonist, Antagonist, Konflikt**, formulieren.

In der Tragödie ist der Held/die Heldin aber jemand der/die sterben kann und eine ernstzunehmende Persönlichkeit ist, mit echten Machtinteressen oder jemand der/die den Machtinteressen und Absichten anderer zum Opfer fällt. Nehmen Sie nur als Beispiel Emilia Galotti von Lessing als klassisches Drama. Emilia fällt unschuldig den Gelüsten eines Willkürherrschers zum Opfer und am Ende stirbt sie.

In einer Komödie sieht das etwas anders aus. Die Komik folgt anderen Gesetzmäßigkeiten. Auch hier gibt es durchaus Protagonisten und Antagonisten und einen Konflikt. Die Machtansprüche der Protagonisten sind aber nicht so ernst zu nehmen, da die Figuren selbst immer wieder Brüche in sich aufweisen und die Art der Machterlangung oder des Machtverlustes eher irreal überzogen oder gar absurd ist. Das Leben bewegt sich von der Geburt, über das Erwachsenwerden, Erwachsensein, das Alter, den Zerfall, bis in den Tod. Die tragische Figur darf sich linear in die Richtung des Todes bewegen und den Tod in der „fiktiven Realität" auf der Bühne auch sterben. In der Komödie passiert das so nicht. Wenn die komische Figur stirbt oder ihr etwas Schlimmes angetan wird, dann ist die Komik vorbei.

(mehr hierzu, siehe u.a., von Ahnen 2006, Gehrcke 2012)

Wie oben erwähnt, gibt es viele Zwischenformen. Zudem gibt es komische, heitere Momente in sehr tragisch-dramatischen Stücken. Gerade das Spiel mit der Grenze zwischen Tragik und der Komik setzt aber voraus, die jeweiligen Umbrüche gut und auf den Punkt zu inszenieren.

Allgemein können wir von der **Bauform eines Dramas** her gesehen zwischen geschlossenen und offenen Dramenformen unterscheiden:

Geschlossenes Drama:

- Einheit von Ort, Zeit und Handlung (Aristoteles)
- Handlung und Geschehen bewegt sich auf ein Ziel zu
- Linearität, kausale Verknüpfung, deshalb können Szenen nicht ausgetauscht werden

- Klarer Anfang und eindeutige Lösung
- Unselbständigkeit der Teile
- Beschränkung auf wenige Figuren
- Einheitliche Sprache, hoher Stil, Vers, Pathos
- Pyramidaler Aufbau

Pyramidaler Aufbau (nach Gustav Freytag, 1863):

Exposition (Einleitung):

Einführung in Ort, Zeit, Person und Handlung. Andeutung des Konfliktes.

Ansteigen der Handlung/ Erregendes Moment:

Handlungsfäden werden verknüpft.

Intrigen werden gesponnen.

Entwicklung des Geschehens geht in eine Richtung.

Höhepunkt und Peripetie:

Konflikt gelangt zum Höhepunkt.

Held/Helden stehen vor der entscheidenden Auseinandersetzung.

Peripetie, Umschlag zur dramatischen Wende, zum Sieg oder zur Niederlage.

Fallende Handlung mit retardierenden Moment (Moment der letzten Spannung):

Moment der letzten Spannung. Wird der Held noch mal gerettet?

Katastrophe/Lösung:

Untergang des Helden oder positive Lösung.

Offene Form:

1.)
- Vielfalt in Bezug auf Ort, Zeit, Handlung:
- mehrere gleichberechtigte Handlungsstränge möglich
- Weite Zeiträume
- Vielzahl von Räumen

2.)
- Aufbrechen linearer Handlungsabläufe
- Leitmotive
- Zentrales Ich

3.) Kompositionsfigur:
- vom Einzelteil, von der einzelnen Szene zum Ganzen

4.)
- Kein klarer Anfang und Schluss
- unvermitteltes Einsetzen und Abbrechen der Handlung
- keine Exposition
- Fortsetzung der Handlung möglich

5.)
- viele Figuren

6.)
- unterschiedliche Sprachebenen:
- Alltagssprache
- Spontanität
- Parataxe, Reihung, Satzbrüche, Ellipsen

Zwei ganz besondere Dramenarten möchte ich hier noch vorstellen:

Das absurde Drama:

Das absurde Drama/Theater entwickelte sich ca. ab 1950 als Reaktion auf eine sinnentleerte Welt der Nachkriegszeit. Die neugewonnene Freiheit des Individuums macht es zum Schöpfer seines eigenen Lebens und stellt damit die Frage nach dem Sinn seiner Existenz.

Der Sinn im Absurden Theater, ist die Sinnlosigkeit selbst. Es gibt keine logisch aufgebaute Handlungsfolge, keine zielgerichtete Aktion. Die Sprache ist keine Sprachhandlung, die als kommunikatives Element die Handlung vorantreibt, erklärbar macht oder irgendwie begründet.

Die Figuren sind keine Charaktere, besitzen keine Personalität im Sinne einer psychologischen Konstitution. Sie haben keine Ziele, Wünsche, Träume oder machtvolle Begehrlichkeiten und damit tragen sie keine Konflikte aus. Die Dialoge sind sinnlos und oft nicht in Kongruenz zu einer physischen Handlung, sondern in Inkongruenz, also im Widersinn dazu und damit auch durchaus komisch. Statt einer inhaltsvollen Tiefe und Ich Identifikation der Figur, findet man Leere vor. Deshalb kann sich die Figur nicht von innen nach außen vermitteln. Sondern die Bewegung, die Mimik und Gestik ist vielmehr mechanisch, automatisch und ohne erkennbaren Sinn von außen gesteuert – die Figuren wirken mitunter wie Marionetten.

Die Figuren entwickeln und entfalten sich nicht horizontal von der einen Situation zur Nächsten, getrieben von einem zielorientierten, unbedingten Willen. Vielmehr leben sie im Hier und Jetzt. Ihr Handeln, ihr Streiten entsteht aus dem Moment, für den Moment, hat keinen Sinn und kein übergeordnetes Ziel.

Wichtig hier ist zu verstehen, dass nicht das Spiel absurd ist, sondern die Gegebenheiten aus denen das Spiel erwächst.

Für die Schauspieler*innen ist es wichtig zu verstehen, dass die Situation, in der sie sich befinden, keine vom vorherigen Geschehen logisch abgeleitete Situation ist und daraus auch keine übergeordneten Ziele und logische Folgen entstehen. Die Situation ist, insofern man überhaupt von einer solchen sprechen kann, nicht auf Determinanten, wer, was, mit wem, wohin etc. gestützt. Sondern vielmehr entpuppen sich Ängste, Wahnvorstellungen, Metaphysisches und Seelisches, Unbewusstes, ohne über- oder untergeordnetes Fundament, als Ideen in einem situativen Hohlraum, von denen sich die Figuren leiten lassen und keine Kontrolle darüber haben. Sie reden nicht, es redet in ihnen. Sie handeln nicht aus einer Situation, es wird mit ihnen gehandelt, wie mit einer Marionette und daraus bildet sich eine „Situation", eher ein Moment ohne übergeordnete und zielorientierte Sinnhaftigkeit.

Sehr bekannte Autoren des absurden Theaters sind: Eugene Ionesco, Samuel Beckett.

Das absurde Drama ist zwar besonders, denn es gibt nicht die klassische Situation und der logische Sinnzusammenhang fehlt. Aber die theatralische Darbietung steht im Verhältnis zur Vorlage. Alle akustischen und visuellen Zeichen, die sinnentleerten, automatisierten Reden und Handlungen der Figuren, verweisen letztendlich referentiell auf die dramatische Vorlage und ihre Simulation.

Deshalb kann man in diesem Sinne auch hier von einem Drama sprechen, wenn auch von einer sehr speziellen Art.

Noch etwas zum Film: Ein Beispiel für einen „absurden Film" wäre – aus meiner Sicht – der Kino-Film „Hai-Alarm am Müggelsee", 2013, von Sven Regener und Leander Haußmann, mit Spitzenbesetzung, wie Michael Gwisdek, Henry

Hübchen u.a. Die Geschichte, dass ein Hai im Müggelsee sein Unwesen treibt, ist schon skurril. Der Hai ist hier aber eigentlich nicht das Thema, sondern die Katastrophe, der Alarm, das Event mit all seinen absurden und skurrilen Elementen steht im Vordergrund. Es wird nicht gehandelt, angemessen und vernünftig aus einem realistischen Anlass, sondern es handelt. Die Sprache ist auch hier nicht kommunikatives Element, welches die Handlung vorantreibt, sondern eher mechanisch – Geplänkel. Es entstehen Räume für eher reflexartige Kommunikation und Geschichten, Satire und Trash, ohne erklärende und logische Verknüpfung. Das der Musiker (Element of Crime) und Autor Sven Regener mit Leander Haußmann zusammen so einen Film macht, ist überhaupt nicht verwunderlich, wenn man seine Präferenz für dadaistisch „angehauchte" Texte kennt.

Dieses Genre kann total viel Spaß machen, wenn man es „richtig" einordnen kann. Für Laien wirkt solche Art von Theater und Film eher als Klamauk, ohne „Hand und Fuß". Aber auch die Kritiker der großen Zeitungen taten sich teils schwer mit diesem Film.

Episches Drama:

Als Begründer des epischen Theaters, als eine spezielle Form des offenen Dramas, gilt der Dramatiker Bertolt Brecht. Die konsequente Vermischung von Epos und Drama war ein endgültiger Bruch mit Aristoteles. Aristoteles (384 – 322 v. d. Z.), ein Schüler Platons, war ein griechischer Philosoph und Universalgelehrter. Die **Poetik** ist das ästhetische Werk Aristoteles.

Die antike Dichtungslehre kannte zwei Modi für die Gestaltung der sprachlich-textuellen Ebene: **mimetisch** oder **diegetisch**. Diegesis war der Modus der einfachen epischen Erzählung oder Rezitation.

Mimesis setzt die Anverwandlung der Sprache durch Schauspieler voraus. Und nach Aristoteles schlossen sich Diegesis und mimetisches Drama gegenseitig aus. Die theoretische Idealform eines Dramas ist ein nur aus Dialogen bestehender Text. Und deshalb ist das epische Drama als endgültiger Bruch mit der Aristoteles Poetik zu verstehen. Das Epische Theater ist also als ein Nicht-Aristotelisches zu verstehen. Wir kommen später noch auf die Besonderheiten des Brechtschen Theaters zurück.

Sie sehen also mit diesem erst nur „kleinen" Einblick, es gibt durchaus sehr unterschiedliche Dramen, von der Bauform und der Art des Dramas her. Sie sehen, es gibt bei weitem nicht nur das geschlossene klassische Drama mit seinem pyramidalen Bau und seiner linear und logisch ausgerichteten Bauform. Und dennoch gibt es immer eine Situation.

Alle Handlungen der Figuren und alle Zeichen deuten darauf hin – auf die Figuren und ihre Situation, mit allen Determinanten. Das heißt, das theatrale Geschehen steht im Verhältnis, ja im Dienst des Dramas. Im absurden Drama gibt es nicht die klassische Situation und Handlungen im ursprünglichen Sinne, aber den Moment und auch in der Simulation des absurden Dramas stehen die Zeichen im Verhältnis zum dramatischen Text, zur Vorlage. Das ist hier erst einmal wichtig an dieser Stelle festzuhalten. Denn Sie werden sehen, dass dies alles so nicht im Postdramatischen Theater gilt.

Bevor wir uns dem Postdramatischen zuwenden, wollen wir uns mit einer weiteren Einteilung des dramatischen Theaters auseinandersetzen. Nämlich der, nach der Darstellungsweise bzw. Spielweise. Die Frage nach der Darstellungsweise schließt automatisch die Frage nach dem Theater ein, nach dem was es bewirken will oder besser was es sein will und damit stellt es die Frage nach dem Verhältnis des Geschehens und der Rolle des Publikums.

Und jetzt kommt das, was ich oben schon erwähnte, die „Brutalität" der Definition von Theater.

Ich möchte die einfachste und klassischste Definition wählen, die von Eric Bentley:

A spielt B und C schaut zu. Damit haben wir mindestens einen Spieler oder eine Spielerin und eine(n) Zuschauer*in – als Minimalvoraussetzung. Das Theater geht also nicht ohne Publikum. Dem Publikum kommt aber hier eine eher passive Rolle zu. Es soll erst einmal zuschauen, was immer das heißt. Natürlich gibt auch das Publikum-Zeichen, wie Beifall, Bekundungen oder Buhrufe etc. von sich, aber es ist eher passiv. Das es heute einige moderne Inszenierungen gibt, in denen das Publikum auf eine Art und Weise auch etwas aktiver mit eingebunden ist, lassen wir an dieser Stelle außer Acht.

Wir behalten uns jetzt mal diese Definition im Hinterkopf und wollen uns folgender Einteilung hingeben:

A: dramatisch illusionistische Spielweise.

Über die Frage, was Illusionstheater bedeutet, historisch und wirkungsästhetisch gesehen, inwiefern und seit wann überhaupt Illusion im Theater möglich ist? Welche Voraussetzungen für die Erzeugung von Illusion im Theater gegeben sein müssen und wo die Grenzen liegen? Darüber publizieren und zanken die Theaterwissenschaftler*innen mit großer Leidenschaft und das kann hier, in differenzierter Betrachtungsweise, vor allem in Bezug auf die verschiedenen wirkungsästhetischen Aspekte, keine Rolle spielen, denn das würde den Rahmen deutlich sprengen.

Ich will mich auf die Beschreibung des Illusionstheaters, weitestgehend im Sinne Konstantin Stanislawskis einlassen.

Zunächst aber, für alle Einsteiger unter Ihnen, sei dieser wichtige Künstler kurz vorgestellt:

Der Schauspieler und Regisseur Konstantin Sergejewitsch Stanislawski (1863-1938) gründete mit Wladimir Nemirowitsch Dantschenko das Moskauer Künstlertheater. Er entwickelte ein eigenes „System" und eine Psychotechnik, die den Schauspieler in die Lage versetzen sollte, seine Rolle und sein Spiel, seine Handlungen, wahrhaftig zu gestalten. Die Szenerie sollte milieuecht sein. Vom Schauspieler forderte er die Identifikation mit seiner Rolle. Ebenfalls war ihm die Ausarbeitung und Darstellung individueller Figuren wichtig. Das heißt, Charaktere, die individuelle Züge aufweisen: es gibt also nicht die Rolle des archetypischen, schablonenhaften Bäckers, sondern die Rolle eines individuellen Menschen, der den Beruf Bäcker ausübt. Auch heute noch stellt Stanislawskis Arbeit ein wichtiges Fundament in der Schauspielausbildung dar. Die Lehre eines Lee Strasbergs, einer Stella Adler oder eines Sanford Meisners, beruht letztendlich auf einer Weiterentwicklung der Schauspieltechnik nach Stanislawski. Genau so sind die Schauspiellehrer Michael Tschechow und W. Emiljewitsch Meyerhold (Biomechanik) Schüler Stanislawskis.

Wie sind wir auf Herrn Stanislawski gekommen? Genau, das Illusionstheater, was folgend erläutert wird:

A spielt B unter Homogenitätsbedingungen. Genauer, das Publikum bekommt den dualen Vorgang des Spiels nicht mit. Für die Zuschauer*innen handelt eine fiktive Figur in einem fiktiven Raum. Alle Zeichen verweisen auf die fiktive Figur in einer fiktiven Situation, in einem fiktiven Raum. Die Dualität von Schauspielerperson und Rolle, ist den Schauspieler*innen durchaus bewusst. Für sie läuft die Schauspielerperspektive und die Rollenperspektive quasi parallel. Aber dem Publikum bleibt diese Dualität, samt technischer Maschinerie verborgen.

Die Zuschauer*innen sind mehr oder minder in einem Flow mit dem Geschehen, den Figuren und ihren Handlungen. Sie haben kein wesentliches Interesse mehr an eigenen Verhandlungen, sie sind sicher nicht völlig selbstvergessen, aber mit ihrer gesamten Aufmerksamkeit bei der fiktiven dramatischen Simulation auf der Bühne, zumindest im Idealfall. Das heißt, sie wissen, dass sie im Theater oder im Kino etc. sitzen, nur verschmelzen sie mit dem Geschehen auf der Bühne, hinter der Leinwand – mehr oder minder.

Im Kino oder generell im Fernsehen und Film gibt es eine klare Trennung zwischen dem Publikum und dem Geschehen und den Akteuren: die Leinwand, der Bildschirm. Im Theater ist das, vor allem durch den Live-Charakter, durchaus schwierige, Illusion nicht zu durchbrechen.

Schon Denis Diderot (1713 – 1784) empfahl den Schauspielern sich am Bühnenrand eine große Mauer vorzustellen, die Vierte Wand. Diese Wand ist eine für das Publikum transparente fiktive Wand, also quasi nicht da, es kann ungehindert das Geschehen beobachten. Die Protagonisten auf der Bühne durchbrechen diese Wand nicht, sie bleiben in ihrer Welt, in ihrer Fiktion. Richtet sich die Kommunikation direkt an den Zuschauer/die Zuschauerin, so wird die Vierte Wand überwunden und damit die Illusion durchbrochen. Dieses Mittel der Durchbrechung der Illusion wird im Theater, aber auch durchaus hier und dort im Film angewandt, indem ein Protagonist sich beispielsweise „durch" die Leinwand (Kamera) direkt an das Publikum wendet, was natürlich während der Produktion des Films nicht anwesend ist, anders als im Theater, wo der unmittelbare Kontakt möglich ist. Die Vierte Wand ist heute weniger eine Konvention, als eine Technik, die erlaubt, dass die Protagonisten in Ihrer Fiktion, in ihrer geschlossenen Welt, bleiben können. Das Publikum bekommt zudem nur das zu sehen, was es zu sehen bekommen soll, was nicht die Illusion zerstört!

Eine wichtige Voraussetzung ist hierbei, dass es eine Grenze zwischen dem sogenannten semiotischen Rollenkörper und dem phänomenalen Leib gibt, die nicht überschritten werden sollte, weil dann die Illusion zerstört werden kann.

Was heißt das konkret?

Wenn eine Figur sich auf der Bühne Gewalt zufügt, so tut sie das gegen ihren semiotischen Rollenkörper, nicht gegen ihren echten Körper, dem phänomenalen Leib. Sie ritzt sich also nicht wirklich mit dem Messer, sondern sie erzeugt eine Illusion von Wirklichkeit, die Darstellung ist so glaubhaft und wirkt in dieser fiktionalen Welt wie echt. In dem Moment, wo diese Grenze zwischen semiotischem Körper und phänomenalen Leib überschritten wird, wird auch die Illusion zerstört, die Figur, der Protagonist bewegt sich aus der Fiktion in eine wahrgenommene Realität. Das heute natürlich mit dieser Grenze zwischen semiotischem Körper und phänomenalem Leib gespielt wird und man sich an dieser Grenze bewegt, sei gleich Thema.

Wir wollen zusammenfassen: unter der Bedingung der Einhaltung der Grenze zwischen semiotischem Körper und phänomenalem Leib und einer realistischen Darstellungsweise, neben allen anderen akustischen und visuellen Zeichen, wird eine Illusion von Wirklichkeit erzeugt, die dem Publikum ermöglicht, sich in das Geschehen einzufühlen.

Die Frage, die sich dabei stellt, ist eine bis heute schauspielmethodische Streitfrage: muss der/die Schauspieler*in, um die Illusion zu erzeugen, wirklich echt und selbst fühlen oder ist es vielleicht sogar zu viel echt zu fühlen? Was braucht es um wahrhaftig zu sein?

Diese Frage ist bis heute eine Streitfrage und kann deshalb selbstverständlich von mir nicht abschließend beantwortet werden. Ich möchte nur kurz zwei historische Auffassungen gegenüberstellen, die hier natürlich – in diesem Rahmen –

nur kurz skizziert sein können und dazu einen Vorschlag daneben stellen.

Der Journalist Pierre Remond de Sainte-Albine (1699-1778) und der Schauspieler Francesco Riccoboni (1707-1772) waren sich zunächst darin einig, dass Bühne Plattform illusionistischer Täuschung des Publikums sein soll. Wie oben schon erwähnt, über die besondere Bedeutung des Illusionstheaters des 18. Jhd., hinsichtlich seiner Wirkungsästhetik, soll hier nichts gesagt werden.

Sainte-Albine war der Auffassung, dass der Schauspieler „heiß" sein soll. Nach Sainte-Albine kann der Schauspieler dem Publikum Gefühle nur glaubhaft vermitteln, wenn er diese selber empfinde, er also „heiß" ist.

Riccoboni forderte den „kalten" Schauspieler. Der Darsteller sollte also seine Rolle gut studieren, ihre Bewegung und Regung kennen, dabei sollte er seine Seele kontrollieren und den Zuständen der Rolle gefügig machen.

Im Großen und Ganzen geht der Streit also bis heute – „über das Knie gebrochen" darum, ob der/die Schauspieler*in persönliche oder gar bewusst private Erfahrungen, Erlebnisse zur Grundlage nehmen soll, um echte Gefühle zu erzeugen, die der fiktiven Geschichte zur Grundlage gelegt werden, also sozusagen untermischt werden. Die von Stanislawski gefundene und untersuchte Technik dazu, sofern man von Technik sprechen sollte, heißt emotionales Gedächtnis und wurde von Lee Strasberg mit großem Interesse aufgegriffen. Sie beruht darauf, dass emotionale Erfahrungen, Erlebnisse mit den Gefühlen im Gehirn abgelegt sind und durch einen Stimulus, das heißt durch Auslöser, z.B. sensorische Erreger, wachgerufen werden können. Also, erinnern Sie sich an ihren Liebeskummer, an den Moment, an denen ihr Geliebter, ihre Geliebte mit ihnen Schluss gemacht hat? Erinnern Sie sich an den Geruch des Parfums ihrer/ihres Verflossenen? Welche Gefühle werden in Ihnen wach?

Strasberg entwickelte die sense memory, als sensorische Wahrnehmungsschulung, die Gefühle, Empfindungen, über die sinnliche Erinnerung hervorlocken kann. Mit Hilfe der sensorischen Erinnerung kann das Erlebnis aus dem Leben der Schauspielerperson wieder lebendig werden. Dabei müssen wir schon die sense memory von der emotional memory unterscheiden. Denn die sense ist zunächst ein Wahrnehmungs- und Imaginationstraining. Das heißt, Sie studieren mit Ihren Sinnen Dinge oder sensorische Eindrücke, wie die Kaffeetasse oder die nasse Wiese unter den Füssen, danach können Sie diese Dinge oder Eindrücke auch imaginieren. Deshalb ist dieses Training sehr wertvoll, auch unabhängig von dem Kern der Method, der emotional memory. Diese aber geht tiefer in die emotionale Erfahrungswelt der Schauspielerperson und bedient sich aber dabei der sense memory, als Schlüssel. Denn gelingt es Ihnen, die sensorischen Eindrücke, die mit den Umständen verbunden waren zu erinnern, kommen Sie leichter in die Geschichte, in die Imagination der Umstände und damit an die Emotionen. Die wach werdenden Emotionen werden nun in die fiktive Szene eingeflochten. Das ist eine sehr komplexe Arbeit und braucht viel Training, viel Geduld und erfahrende Spezialisten.

Heute gibt es verschiedene berühmte „Method" Lehrer*innen, die von ihren Anhängern bzw. Anhängerinnen fast wie „Spirituelle Gurus" angehimmelt werden – wie mir manchmal erscheint! Als ein Beispiel kann hier Susan Batson benannt werden, die momentan heiß begehrteste Schauspiellehrerin Hollywoods schlechthin. Sie halten die Method hoch, als die erfolgreichste Methode. Wobei es sich bei Susan Batsons „Method" schon auch noch um eine spezielle Weiterentwicklung der Strasberg-Method handelt. Die Anhänger der Method argumentieren und werben mit berühmten Namen, die Hollywood Karrieren gemacht haben – bekanntestes Beispiel ist Robert de Niro. Das mag alles stimmen, aber der doppelte Boden wird deutlich, wenn Sie wissen, das Stella Adler, Sanford Meisner und Michael Tschechow ebenfalls erfolgreiche Schauspieler*innen hervorgebracht haben bzw. Hollywood Größen mit ihren Techniken arbeiten. Also lassen Sie sich da nichts erzählen. Zudem muss man sagen, dass die Method-Acting in konsequenter Weise unterrichtet, wenig kompatibel mit anderen Methoden ist. Natürlich werden bei dieser Aussage jetzt viele Method-Lehrer protestieren. Aber, diejenigen, die hier in Deutschland Method-Acting unterrichten, unterrichten häufig eine Mischform. Das ist zwar auch völlig in Ordnung. Aber damit die Method funktioniert, das heißt, Sie wirklich im Sinne von Sainte Albine „heiß" werden, brauchen Sie ein intensives und fundiert geführtes Training bei Spezialisten, von denen es aus meiner Sicht nur wenige gibt. Dann hätten Sie aber erst die Chance ein „de Niro" zu werden, wenn denn sein Erfolg ausschließlich auf Strasberg zurückzuführen ist, was man anzweifeln könnte. „Nur ein bisschen Method+ X" ist zwar vollkommen in Ordnung, aber unter dem Label „Method-Acting", der manch einen Zeitgenossen oder manche Zeitgenossin vor fast orgasmischer Begeisterung in Blutdrucklabilitäten führt, ist solch ein Unterricht, mit Verlaub, auch irgendwie ein Werbe Gag.

Die Beruhigung ist, Sie brauchen die Method-Acting in der harten Form nicht wirklich. Und das sage nicht nur ich, sondern eine Reihe von Schauspieler*innen, die auch ohne Method-Acting sehr erfolgreich sind und internationale Erfolge feiern.

Dennoch ist in diesem Buch die Stuhlentspannung und die sense memory-Reihe bzw. eine der didaktischen Variationen ausführlich beschrieben, denn beide sind sehr effizient – das kann ich aus meiner eigenen Erfahrung, vor allem als Anwender, definitiv bestätigen. Wer diese beiden Übungen bzw. Übungsreihen unterrichten kann – wie ich – ist aber deshalb noch lange kein Method-Acting-Lehrer und sollte sich dies aus „Werbezwecken" auch keinesfalls anmaßen.

Die emotional memory ist nicht nur eine spezielle Methode, sondern sie birgt durchaus Gefahren in sich, und wirft Fragen auf:

Die „Gefahren" beziehen sich zum einen auf eine Vermischung privater Belange der Schauspielerperson mit denen der Figur, was dann, unter Umständen, zu emotionalen Krisen führen kann. Eventuell kann auch ein Trauma durch diese Arbeit tangiert werden, das durch, in der Regel nicht therapeutisch geschulte Schauspielpädagogen, nicht aufgefangen werden kann. Oder das Trauma verhindert durch Blockade eine angemessene adäquate „künstlerische Ausbeute".

Ein weiterer wichtiger Punkt ist die Qualität des Gefühls. Um dies zu erläutern möchte ich ein treffendes Zitat Stella Adlers anführen:

„Sie fühlten sich bestimmt elend, als Ihre geliebte Großmutter starb. Sie waren als Kind untröstlich, als Ihr Hund von einem Auto überfahren wurde. Die Erinnerung an diese Begebenheiten kann Ihnen einen Anhaltspunkt dafür geben, wie Hamlet sich wegen des Todes seines Vaters fühlen mag, aber eben nur einen Anhaltspunkt. Was auch immer Sie aus Ihrer eigenen emotionalen Erinnerung rekonstruieren: Es kann kein Ersatz für die Arbeit mit Ihrer eigenen Fantasie sein!"
(Adler 2005: S.69)

Und diese Fantasie, die Stella Adler hier anspricht, ist es, die es Schauspieler*innen ermöglicht in die Welt der Figur einzutauchen. Das heißt, in die Gedanken und damit auch in die Gefühle der Figur, in die Handlungen und die Körperlichkeit der Figur, in die Situation, in die Umstände der Figur.

Wenn das gelingt, denkt und handelt und fühlt man als Figur, in den Umständen der Figur.

Das heißt, man ist nicht selbst betroffen und ergriffen und damit vermischen sich auch nicht private Belange der Schauspielerperson mit denen der Figur. Insofern ist man „kalt" und fühlt nicht „heiß". Das heißt aber nicht unbedingt, dass man Gefühle nur präsentiert oder spielt oder gar aufsetzt, sondern es sind Gefühle in einer Situation der Figur, die wiederum von der Schauspielerperson kontrolliert werden. Die Fantasie ist also sozusagen ein Schlüssel in die Welt der Rolle. Sie lassen sich darauf ein, Sie studieren das Milieu der Figur, Sie erkunden die Umstände und Hintergründe eines Hamlets, Sie nutzen Ihren Körper, Ihre Sprache für die Figur Hamlet und Sie denken wie Hamlet und daraus entstehen auch die Empfindungen und Gefühle Hamlets, die nicht Ihre eigenen sind – zumindest nicht Ihre Gefühle aus einem eigenen rekonstruierten privaten Erlebnis. Und so können Sie die Emotionen auch wieder ablegen. Sie werden oder sind Herr oder Frau über Ihre Figur. Das heißt aber auch nicht, dass Sie nicht persönlich sind. Denn das Material mit dem Sie arbeiten ist persönlich. Denn es ist ihr Körper, ihre Stimme, ihre Fantasie und ihre künstlerische Inspiration. Und insofern dienen Sie zwar der Rolle, aber ihre Rolle wird durch Sie zu etwas Besonderem. Sie geben ihr eine bestimmte Note. Wie Sie die Rolle spielen, was Ihnen einfällt, wie Sie Ihr Ausdrucksmaterial einsetzen: das ist der Unterschied. Hamlet, das sind nicht Sie, es sind nicht Ihre Umstände, aber durch Sie, durch Ihr künstlerisches Ich, bekommt die Rolle das Besondere, Einzigartige.

Sollte Ihnen jetzt der Kopf „rauchen", so ist dies absolut normal. Denn es gäbe noch so einiges zu sagen. Ich würde Ihnen auch empfehlen, die einzelnen Passagen immer wieder durchzulesen und sich für sich begreiflich zu machen, bevor Sie jetzt weiterlesen.

B. Das Theater der Grenzüberschreitung und das Theater Grotowskis.

Wir haben festgestellt, dass es, um die Illusion zu erzeugen bzw. zu erhalten, unbedingt eine Bedingung einzuhalten gilt: Die Trennung von semiotischem Körper und phänomenalem Leib. Der Körper der Rolle ist also ein anderer, als der des Schauspielers/der Schauspielerin. Oder anders, der tatsächliche Leib wird moduliert und benutzt, er wird zum semiotischen Körper. Das, was der Protagonist mit dem Körper ausdrückt oder das was dem Körper angetan wird, wird dem Körper der Figur angetan, nicht wirklich dem Körper der Schauspielerperson. Wird diese Grenze überschritten, so wird die Illusion zerstört.

Die Theaterwissenschaftlerin Erika Fischer Lichte untersuchte eine solche Grenzüberschreitung:

Begeben wir uns zunächst in das Jahr 1903: Am 30. Oktober besagten Jahres, hatte Max Reinhardts Inszenierung der Elektra – in der Bearbeitung von Hugo von Hofmannsthal – Premiere. Diese Premiere sollte in die Theatergeschichte eingehen. Denn die Darstellung der Elektra, durch die Schauspielerin Gertrud Eysoldt, hinterließ eine besondere Wirkung auf die Kritiker und Zuschauer*innen. Das Publikum soll am Schluss einen Moment wie betäubt dagesessen sein. Es war völlig ergriffen, über das „normale" Maß hinaus. Kritiker fanden kaum Worte, anschaulich zu schildern, was sie wahrnahmen. Offensichtlich kam es aber zu Grenzüberschreitungen, die es wohl so zuvor noch nicht gegeben hatte:

„Die Bewegungen, die sie ausführte, drückten nicht lediglich aus, dass ihre Rollenfigur unter einer unaussprechlichen Gewalt leidet. Indem sie sie ausführte, vollzog sie vielmehr zugleich einen Akt der Gewalt gegen ihren eigenen Leib. Die Grenze zwischen dem semiotischen Körper der Schauspielerin und ihrem phänomenalen Leib ließ sich nicht mehr klar

ziehen. Eysoldts Körperverwendung glitt oszillierend zwischen beiden hin und her, so dass sich der eine nicht vom anderen abgrenzen und unterscheiden ließ."

(Fischer-Lichte 2012: S.12)

Dieses Spiel mit der Grenze zwischen semiotischem Körper und phänomenalem Leib bzw. dessen Überschreitung, zerstört die Illusion. Die Schauspielerin Eysoldt spielte hier nicht nur unter Als Ob Bedingungen, sondern sie begab sich selbst in eine Transformationsphase, in einen Schwellenzustand. Sie überschritt die Grenze zwischen Illusion und Wirklichkeit. Dadurch aber wurde auch die Grenze zwischen Schauspielerin Eysoldt und dem Publikum überschritten, die Vierte Wand wurde „durchbrochen" und *„ermöglichte im Gegenzug den Zuschauern, nun ihrerseits diese Grenze zu überschreiten und in eine Schwellen- und Transformationsphase einzutreten. Die starke Einwirkung auf ihre Sinne und Nerven veränderte ihren physischen Zustand und bewirkte in diesem Sinne zumindest für die Zeit der Aufführung ihre körperliche Transformation."*

(Fischer-Lichte 2012: S.17)

Also nochmal zusammengefasst: Durch die Verletzung/ Überschreitung der Grenze semiotischer Körper und phänomenaler Leib, durch die Schauspielerin Eysoldt, wurde die Illusion zerstört. Die Schauspielerin begab sich persönlich mit ihrem eigenen Leib in einen Transformationsprozess. Sie spielte nicht nur, begab sich als Rolle in die verschiedenen Zustände, sondern eben auch als Person erlebte sie die verschiedensten Zustandsbereiche. Damit wirkte das Geschehen natürlich auch anders auf das Publikum, die Grenze, die Vierte Wand wurde somit aufgehoben, die Grenze zwischen fiktionaler Welt und Realität überschritten. Auf die Zuschauer*innen wirkte dies Geschehen allein neurophysiologisch erheblich anders. Denn, denken Sie daran, dass durch solch eine Grenzüberschreitung, die Wirkung auf die Nerven und Sinne des Publikums erheblich intensiver ausfällt. Das Publikum macht sich förmlich Sorgen um die Schauspielerperson.

Deshalb werden solche Aufführungen bis heute auch kritisch beäugt. Für manche(n) Kritiker*in ist so eine Grenzüberschreitung schlichtweg „pathologisch" und unprofessionell. Für andere wiederum nahezu genial.

Auch das Theater eines **Jerzy Grotowskis** kann durchaus als **Theater der Grenzüberschreitung** beschrieben werden.

Wer war Jerzy Grotowski?

Jerzy Grotowski (1933-1999) war ein polnischer Schauspieler und Regisseur, der sich mit unglaublich vielen verschiedenen Methoden und Konzepten des Theaters beschäftigte. 1959 gründete Grotowski sein „Theater-Laboratorium" in Opole. Er entwickelte seine Vorstellung eines **„Armen Theaters"** und des **„Heiligen Schauspielers"**.

Armes Theater heißt im Wesentlichen, eine Konzentration auf die körperliche Darstellung des Protagonisten und die Eliminierung nicht notwendiger, mit der Darstellung nicht unmittelbar verbundener Elemente, wie Bühnenbild, Kostüm etc. Erinnern Sie sich noch, an die Zeichensystematik, weiter oben? Erinnern Sie sich, was wir unter Mobilität verstanden haben? Genau, durch darstellerbezogene Zeichen werden die anderen Zeichen im Theater Grotowski weitestgehend ersetzt. Im Mittelpunkt steht also der Körper und seine besondere Verwendung. Wichtig war für Grotowski die Schauspieler-Zuschauer-Beziehung, ohne die Theater aus seiner Sicht nicht existieren könnte. Die Aufhebung der starren Bühne-Zuschauerraumanordnung war Grotowski besonders wichtig. Für jede Art von Aufführung wurde die ihr zugrundeliegende Schauspieler-Zuschauer-Beziehung gefunden. Deshalb musste auch für jede Produktion erneut ein Raum, eine Anordnung für die Schauspieler*innen und Zuschauer*innen gefunden werden.

Unter **Heiligkeit** verstand Grotowski kein religiöses Bekenntnis, sondern die Bereitschaft zur Hingabe. Für Grotowski war die Rolle nicht dazu da, sie einfach zu „leben", noch war sie dazu da, dass sich das Ego der Schauspielerperson in der Rolle darstellt. Sondern der/die Schauspieler*in soll die Rolle wie ein „Skalpell eines Chirurgen" benutzen, um sich selbst „zu zerlegen".

(vgl. Grotowski 2006: S.38)

Es geht also nicht um den Körpergebrauch für eine bewusste, aktive Nachahmung von Bewegung, die Rolle also vorzuführen, sondern um das Loslösen von eigener sozialer Identität, das Trennen von der „Alltagsmaske" zu Beginn der Aufführung, der Überwindung von Widerständen und der völligen Hingabe der Schauspielerperson in einen tranceähnlichen Transformationsprozess. Bei Grotowski geht es also auch um eine andere Körperverwendung. Die „rein" semiotische Darstellung, Verkörperung wird von Grotowski negiert. (siehe hierzu weiter, u.a: Grotowski 2006; Dahlweid 2004; Gehrcke 2015, Kapitel 5)

C: dramatisch desillusionierte Spielweise:

Erinnern wir uns nochmal an die Definition von Bentley: A spielt B und C schaut zu. Aus Sicht eines illusionistischen Theaters, einer illusionistischen Spielweise, darf die Dualität von A und B, also von Spieler*in und Rolle zu keinem Zeitpunkt für das Publikum erkennbar werden, sonst ist die Illusion vorbei. Ebenfalls ist, wie wir feststellten, die Grenze, semiotischer Körper und phänomenaler Leib, einzuhalten. Und es ist eine Trennung von Publikum und Spieler*innen durch die Vierte Wand zu vollziehen, um direkte Interaktion mit dem Publikum zu vermeiden. Man wendet sich nicht direkt über die Rampe an das Publikum bzw. die Akteure schauen nicht in die Kamera.

C soll sich also in das Geschehen bzw. die Handelnden einfühlen, vergessen, dass das Geschehen, die Figuren und ihre Handlungen Fiktion sind. Das heißt dann aber auch, dass das Gefühl den Intellekt beherrscht. Die Zuschauer*innen erfahren die simulierten Situationen des Dramas eher als etwas Gegebenes und nicht als zu reflektierende veränderbare Möglichkeit. Die psychologisierten Figuren im „Theater Stanislawski" stellten das Individuum und eher nicht den sozialen Kontext in den Fokus.

Bertolt Brecht wandte sich gegen ein Theater der Einfühlung. Er wollte die Verhältnisse, in denen sich die Figuren befinden, darstellen und sie als etwas Veränderbares aufzeigen. Das Publikum sollte darüber nachdenken, reflektieren. Dazu musste aber nicht nur ein anderes Drama (Stichwort Episches Theater, s. oben) her, sondern vor allem auch eine andere Spielweise. Die Illusion musste aufgebrochen und Einfühlung verhindert werden.

Zum einen gelang dies durch den Aufbruch der Vierten Wand und einer direkten Wendung an das Publikum. Zum anderen aber auch durch sogenannte Verfremdungseffekte und einer demonstrativen Spielweise, statt einer Verkörperung. Die Schauspieler*innen sollten sich nicht in die Rolle einfühlen, sich nicht damit identifizieren. Sondern sie sollten ihre Rolle analysieren und hinterfragen. Die Schauspieler*innen verkörperten nunmehr nicht ihre Figur, sondern sie zeigten ihre Rolle. Sie können sich das Zeigen so vorstellen, wie der Zeuge eines Unfalls, der die Vorgänge des Unfalls demonstriert bzw. schildert. Oder nehmen Sie einen Regisseur, der seinen Schauspieler*innen was vormacht. Er zeigt die Vorgänge und Handlungen, er verkörpert sie nicht, fühlt sich nicht in sie ein.

Wsewolod Emiljewitsch Meyerhold war ein Schüler Stanislawskis. 1920 wurde Meyerhold Leiter der Theaterabteilung im sowjetischen Ministerium für Bildung und Kultur. Unter dem Titel Theateroktober fand eine systematische Umstrukturierung statt, es entwickelte sich eine revolutionäre Theaterästhetik. In Stanislawskis Illusionstheater sah Meyerhold keine geeignete Form für ein politisches Theater. Er entwickelte zudem eine eigene Schauspieltechnik, die Biomechanik. Diese geht davon aus, dass jeder psychische Zustand von physiologischen Prozessen bestimmt ist. Meyerhold postulierte also seinen Ansatz von außen nach innen, anders als z.B. ein Lee Strasberg, der von innen nach außen ging. Der Protagonist sollte – durch ein strenges körperliches Training – über ein physisches Material verfügen, welches ihm als Vorrat für verschiedene Darstellungsmöglichkeiten dient. Meyerhold formulierte die Gleichung $N = A1 + A2$, die den Dualismus der Schauspieler*innen beschreibt. N ist der/die Schauspieler(in). A1 ist der Konstrukteur einer Idee, der sie in Auftrag gibt, A2 ist der Körper der Schauspielerperson, der die Aufgaben von A1 ausführt. Also ist der/die Schauspieler(in) Künstler(in) und Material in einem. (siehe mehr zu Meyerhold und die Biomechanik, Bochow 2010)

Halten wir fest: Merkmale eines desillusionierten Theaters, einer desillusionierten Spielweise sind:

- Eine demonstrative Spielweise.
- Verfremdungseffekte als elementare Technik der Desillusionierung.
- Überwindung der Vierten Wand, Interaktion mit Publikum.
- Offenlegung des Rollenspiels, z.B. durch die für das Publikum sichtbare Verwandlung in die Rolle. Dualität Schauspieler(in) und Figur.
- Distanziertheit, statt Involviertheit (Stanislawski)

Was im Einzelnen Verfremdungseffekte sind, soll in Kapitel 3.4, vor allem in Form von praktischen Übungen, deutlich werden.

Neben diesen drei schauspieltheoretischen bzw. stilistischen Tendenzen und Spielweisen, gibt es noch zahlreiche Ergänzungen und Zwischenformen, die sich aber im dramatischen Bereich, mehr oder minder im Schnittmengenbereich mit diesen Grundtendenzen bewegen.

Wir erinnern uns:

Dem Drama liegt eine Vorlage zugrunde, diese wird durch die Regie bzw. Dramaturgie in einer „Strichfassung" aufgelöst, die dann auf der Bühne mit Darsteller*innen simuliert wird. Alle Zeichen setzen sich ins Verhältnis zu dieser Vorlage bzw. aufgelösten dramaturgisch bearbeiteten Fassung. Die Zeichen der dramatischen Simulation verweisen also referentiell auf die dramatische Vorlage bzw. auf die dramaturgisch bearbeitete Fassung, aus der sich Situationen, Handlungen und alle akustischen und visuellen Zeichen begründen. Also, alles was auf der Bühne passiert, dient der dramatischen Vorlage und der aus ihr erwachsenen dramatischen Simulation. Das gilt selbstverständlich auch für das Drehbuch und den Film.

Lassen Sie sich diese letzten Sätze auf der Zunge zergehen und denken Sie darüber nach, bevor Sie mir nun in das „Reich der Postdramatik" folgen.

2.) Das Postdramatische Theater

Der hier verwendete Begriff „Postdramatisches Theater" ist der gleichnamige Titel des Standardwerks von Hans Thies Lehmann. Er beschreibt – im Gegensatz zum viel diffuseren theaterhistorischen Begriff „Postmodern" – klar, schon im Arbeitsbegriff, was er zu bedeuten vermag. Post = nach, also nach dem Drama. Oder besser nach der Handlung (Drama = Handlung). Der Begriff deutet also daraufhin, dass es etwas nach dem dramatischen Theater zu geben scheint. Lehmann beschreibt und untermauert in seinem Werk eine Entwicklung im Theater, die sich seit den 60er Jahren vollzieht. Das Theater untersteht im dramatischen Theater dem Drama, sprich der dramatischen Vorlage. Wie oben gesagt, ist die Bühne Plattform und alles was auf dieser im Sinne der dramatischen Simulation passiert, steht im Verhältnis zur dramatischen Ordnung und zum dramatischen Text. Das heißt aber auch, dass das Theater mit seiner gesamten technischen Ausstattung dem Drama untergeordnet ist und dient. Bühnenbild, Kostüm, Requisite, Licht und Ton, alles dient dem Drama. Genau das tut das postdramatische Theater nicht mehr. Es löst sich vom Drama und vom dramatischen Text. Postdramatisches Theater kann ohne Text oder mit Text stattfinden. In jedem Fall dient es aber nicht mehr als Plattform für eine dramatische Simulation. Die dramatische Situation bildet nicht mehr die Voraussetzung für die Schauspieler*innen, um in einer Rolle zu handeln. Handlungen und alle akustischen und visuellen Zeichen verweisen nicht mehr auf eine fiktive Figur, in einem fiktiven Raum, in einer fiktiven Situation. Sie sind nicht mehr referentiell. Handlungen sind in aller Regel performativ. Deshalb wird das Postdramatische Theater häufig auch als performatives Theater bezeichnet.

Wollen wir uns hierzu eine Definition der Theaterwissenschaftlerin Erika Fischer Lichte anschauen, die die referentielle Funktion des Theaters von der performativen Funktion unterscheidet:

„Während die referentielle Funktion auf die Darstellung von Figuren, Handlungen, Beziehungen, Situationen etc. bezogen ist, richtet sich die performative auf den Vollzug von Handlungen – durch die Akteure und zum Teil auch durch die Zuschauer – sowie auf ihre unmittelbare Wirkung."
(Fischer Lichte 2010: S.2)

Im dramatischen Theater also, finden wir grundsätzlich die referentielle Funktion vor. Und das gilt auch für den Film. Alle Zeichen beziehen sich auf die Darstellung, auf die dramatische Simulation und verweisen letztendlich auf die Figuren, ihre Beziehungen zueinander, ihre Situationen und ihre Handlungen. Handlungen der Figuren sind referentiell, begründen sich aus der Situation und verweisen wiederum auf diese. Wir können hier auch sagen, dass die Handlungen der Akteure mittelbar sind. Es sind die Handlungen der Rolle in einer Situation und diese wirken als solche auf das Publikum ein. Das Handlungen natürlich auch im dramatischen Theater einen gewissen performativen Anteil haben bzw. haben können, lasse ich hier aus Gründen der Einfachheit nicht erläutert.

Im Postdramatischen Theater wird Handlung performativ, sie wirkt unmittelbar. Akteure vollziehen Handlungen, die sich auf nichts beziehen, als auf sich selbst. Das Rollenkonzept ist kein Dramatisches mehr. Schauspieler*innen treten hier als Kunstfiguren, Selbstperformer, Textträger, Botschafter von Inhalt, Marionetten oder einfach als bewegte Körper im Raum auf, aus denen sich vielfältige performative Beziehungen ergeben können, und vieles andere mehr.

Postdramatisches Theater ist so vielfältig und so kann es als Körpertheater, ganz ohne Text, aber auch mit Text stattfinden. Sprache ist hier nicht mehr Sprachhandlung, indem Bedeutung aus einer dramatischen Situation nach außen transportiert wird und die Handlung vorantreibt. Sprache wird vielmehr benutzt, als Werkzeug gebraucht und in intertextuellen Bezug gesetzt. So geht die Postdramatik auch mit dem Poststrukturalismus einher.

Was ist Poststrukturalismus?

Der Poststrukturalismus vertritt die Auffassung, dass Sprache eine eigene Welt konstruiert und keine Welt außerhalb von ihr beschreibt. Die Trennung von Signifikant (Form) und Signifikat (Bedeutung) des Strukturalismus wird aufgehoben. Poststrukturalismus und Postdramatik kreieren eine eigene Welt.

Wichtige Postdramatiker sind: Rene Pollesch, Rimini Protokoll, Elfriede Jelinek, Christoph Schlingensief, Heiner Müller, John Jesurun, SheShePop, Falk Richter, u.v.m.

Natürlich wäre hier zur Theorie der Postdramatik, aber auch zu den verschiedenen Postdramatikern und Inszenierungen und selbstverständlich auch zur Schauspielerperson und ihrer Spielweise in Postdramatischen Inszenierungen viel zu sagen. Da dieses Buch aber den Schwerpunkt im dramatischen Schauspieltraining für Bühne und Film legt, soll dies hier als grobe Übersicht genügen.

(Mehr zur wissenschaftlichen Vertiefung: Lehmann 2005, Fischer-Lichte/Kreuder/Pflug 2010, u.a.)

2 Grundlagen der Schauspielkunst

2.1 Alles beginnt mit der Entspannung

Entspannung wird heute häufig mit einem eher energielosen, passiven, ja sogar chilligen Zustand gleichgesetzt. Diese Form von Entspannung ist aber für die darstellende Arbeit denkbar ungeeignet. Im Gegenteil, hier sind Wachheit und Lockerheit wichtige sich bedingende „Geschwister". Entspannung soll also nicht passivieren, sondern aktivieren.

Was ist aktive Entspannung?

Aktive Entspannung geht nicht nach innen, sondern befähigt sich dem außen – also den Spielpartner/innen, dem Raum, dem Objekt, den Handlungen etc. – mit allen Sinnen zu widmen.

Aktive Entspannung muss also von kognitiven und emotionalen Blockaden befreien. Ebenfalls muss aktive Entspannung für eine geschmeidige und organische Physis sorgen. Jede muskuläre Verspannung lässt die Darstellung unorganisch, verzerrt wirken. Sie brauchen eine Durchlässigkeit, eine Transparenz von innen nach außen und umgekehrt. Emotionen müssen sich im außen transparent ausdrücken können und umgekehrt muss Äußeres, z.B. Äußerungen des Spielpartners, die Wahrnehmung des außen, ins Innere vordringen können. Jede Blockade und Verspannung ist hier absolut unerwünscht und behindert bzw. verzerrt eine vermeintlich organische Darstellung oder Performance.

Auf der anderen Seite können Verkrampfungen auch während der Darstellung auftreten. Das kann passieren, wenn beispielsweise der/die Darsteller*in einer hohen Stimmbelastung ausgesetzt ist oder er/sie – als Figur – „pathologische" Haltungen oder Stimmformationen einnehmen muss. Auch dann, sollte der/die Darsteller*in in der Lage sein, diese Verspannungen zu bemerken und nach Möglichkeit im Spiel zu lösen.

Im Folgenden sind von mir einige Übungen für die regelmäßige Arbeit, wie auch für die kurzfristige Vorbereitung und Entspannung beschrieben. Diese Übungen sollen keineswegs Vollständigkeit beanspruchen, sondern sind vielmehr als erprobte Vorschläge zu verstehen.

Übung 1: Stuhlentspannung

Einzelübung

Trainingsziele: Aufspüren (Wahrnehmen!) und Lösen von Verspannungen, Verbindung und Durchlässigkeit von innen und außen, Körperwahrnehmung, aktive Entspannung.

Die Stuhlentspannung ist eine Übung der Method-Acting nach Lee Strasberg. Es gibt sie in verschiedenen Variationen. Die Übung ist durchaus sehr sinnvoll und effektiv. Aber sie sollte für Anfänger*innen gut angeleitet und durch die Übungsleitende Person begleitet werden. Beherrscht man die Übung, so kann sie alleine Zuhause oder in der Garderobe etc. durchgeführt werden. Ich empfehle aber, sie nicht als ausschließliche Entspannungsmethode zu verwenden, da sonst Routine eintritt, die nicht gut ist.

Sie sitzen im Stuhl. Bequem aber asymmetrisch, mit wenig Kraftaufwand, aber immer noch so, dass ein „Mensch" im Stuhl sitzt, also <u>keine</u> komatöse Sitzhaltung. Sondern etwas zwischen locker und gespannt. Gehen Sie jetzt alle Körperteile von oben nach unten durch. Durch leichtes Reiben und Abklopfen und durch bewegen der Körperteile und der Muskulatur können Sie Verspannungen aufspüren bzw. lösen. Es geht vor allem darum, Verspannungen zu spüren, wahrzunehmen und sanft zu lösen. Beginnen Sie mit dem Kopf, bewegen Sie den Kopf, klopfen Sie die Schädeldecke ab, dann massieren (klopfen und reiben) Sie mit den

Fingerkuppen und leichtem Druck die Punkte im Gesicht. Achten Sie auf ihre Kiefermuskulatur. Bei manchen Personen ist sie fest, lösen Sie nach und nach ihren Kiefer, massieren Sie die Kiefermuskulatur mit leichtem Nachdruck. Dann gehen Sie Schritt für Schritt weiter nach unten vor, bis zu den Füßen. Vergessen Sie auch die Finger und Zehen nicht. Wechseln Sie zwischendurch die Position im Stuhl. Sie werden anfänglich 20 bis 40 Minuten für die Übung gebrauchen können, später immer kürzer. Gehen Sie langsam vor. Wenn Empfindungen in Ihnen aufsteigen, so machen Sie Töne, Seufzer, oder brabbeln Sie, also keine Worte, sondern, bla, bla, Silben, Wortfetzen, so wie ein Kleinkind. Geben Sie den Empfindungen unbedingt Ausdruck und nehmen Sie sie wahr.

Als Übungsleitende Person können Sie Musik abspielen oder auch nicht. Das Problem mit der Musik ist, dass sie eine Ablenkung sein kann. Am Anfang kann sie aber helfen, die Übung leichter zu machen. In jedem Fall, achten Sie darauf, dass die Gruppenmitglieder sich nicht selber ablenken. Motivieren Sie dazu, dass alle Gefühlsausdrücke, auch Schreien und Weinen erlaubt sind.

Überprüfung:

Überprüfung zu Zweit oder durch die Übungsleitende Person. A sitzt, B überprüft: Bewegen sie den Kopf von A sanft, ist er verspannt? Geben Sie eine Rückmeldung! Dann der Rumpf, die Arme und Beine. Rütteln Sie leicht am Rumpf, ist die Person noch angespannt, oder locker, organisch? Nehmen Sie einen Arm am Handgelenk, bewegen ihn, dann lassen Sie ihn fallen. Ist er locker? Dann den anderen Arm. Vergessen Sie auch die Hände und Finger nicht. Dann überprüfen Sie die Beine, leichtes bewegen und heben, fallen lassen. Die Rückmeldung kann vor allem Anfängern*innen sehr helfen, eigene nicht erkannte Verspannungen wahrzunehmen.

Übung 2/Variation:

Alles so wie in Übung 1, aber vorher wird eine Nasenatmung durchgeführt. Dazu setzen Sie sich aufrecht hin, aber mit nicht zu viel Kraftaufwand. Halten Sie mit Ihrem Zeigefinger das rechte Nasenloch zu und atmen Sie durch das Linke ein. Verschließen Sie dann das Linke und öffnen das rechte Nasenloch, atmen Sie rechts aus. Dann wieder rechts ein und links aus, links ein, rechts aus usw. Finden Sie Ihren Rhythmus.

Anschließend so wie in Übung 1.

Übung 3 /Variation 2

Alles so wie Übung 1 oder 2. Aber, nachdem Sie alles von oben nach unten durchgegangen sind, stehen Sie auf und nehmen Ihre Lockerheit im Stehen war. Sie können sich schütteln, abklopfen, auf der Stelle bewegen etc. Nehmen Sie jetzt auch Ihre Wirbelsäule war, bewegen Sie sie, strecken Sie sich, spannen Sie sich an und lassen wieder los. Bewegen und lockern Sie Ihr Becken. Richten Sie dann ihr Becken auf und die Wirbelsäule, Knie nicht durchgedrückt. Abschließend rollen Sie sich langsam nach unten – Wirbel für Wirbel – ab. Das Gewicht des Kopfes wird Sie dabei unterstützen. Danach aufrollen, Wirbel für Wirbel, <u>langsam</u>, der Kopf wird wie ein Globus, erhaben als letztes auf die tragende Wirbelsäule „aufgesetzt".

Übung 4: Erdung

Einzelübung oder in der Gruppe

Trainingsziele: Erdung

Barfuß, zunächst stellen Sie sich hin und spüren in die Füße. Haben Ihre Füße ausreichend Kontakt zum Boden? Reiben Sie Ihre Fußflächen leicht über den Boden. Überprüfen Sie dann wieder den Kontakt zum Boden. Hat er sich verbessert? Wippen Sie leicht um Ihre Achse hin und her. Stellen Sie sich vor, Sie haben imaginäre Wurzeln und diese verlaufen unter Ihren Fußsohlen tief in den Boden. Haben Sie sich geerdet? Spüren Sie, wie Sie fest mit dem Boden verwachsen sind?

Gehen Sie dann durch den Raum, aber spüren Sie den Kontakt zum Boden weiterhin. Bleiben Sie wieder stehen und spüren Ihre Erdung. Reiben Sie immer wieder mal Ihre Fußsohlen über den Boden.

Übung 5: Stampfen macht frei!

Einzelübung

Trainingsziele: Frei machen von Gedanken und Ballast!

Stampfen Sie, erst leicht, dann immer heftiger, auf der Stelle in den Boden. Immer wenn Sie stampfen, atmen Sie stoßweise aus. Sie können auch Geräusche/Töne machen. Sie können sich auch durch den Raum bewegen und stampfen. Mit jedem Stampfen und Ausatmen oder Ton, leiten Sie alle überschüssige Energie, alle Gedanken, allen Ballast in die Erde ab.

Anschließend Erdung, wie Übung 4.

Übung 6: Kundalini-Variation:

Einzelübung / Partnerübung (Phase C)

Trainingsziele: Lockerung des ganzen Körpers, der Wirbelsäule und Muskulatur, Energetisierung, Bewegungs- und Ausdrucksmotivation (Phase B)

Phase A:

Mit oder ohne Musik:

Barfuß oder auf Socken. Erden Sie sich zunächst kurz, wie in Übung 4 und pendeln Sie zunächst hin und her, bis Sie Ihre

„Mitte" gefunden haben und Sie guten Bodenkontakt haben. Sie können aber auch vorher Übung 5 machen lassen, wenn die Gruppe „gestresst" ist. Dann hüftbreit paralleler Stand. Stellen Sie sich vor, dass der Boden leicht bebt und ein Rütteln und Schütteln durch Ihre Füße, Beine, Wirbelsäule und Ihren ganzen Körper geht, erst leicht und dann immer heftiger. Lassen Sie es zu, lassen Sie los, geben dem Rütteln nach, lassen Sie den Kopf auf dem Rumpf und die Arme locker und forcieren Sie nichts, sondern lassen geschehen. Die Übung kann so 10 bis 20 Minuten dauern. Mit Musik, oder ohne. Augen offen. Kiefer locker!

Hinweis:

Achten Sie darauf, dass Ihre Füße wirklich parallel sind, nicht nach innen oder außen drehen. Genauso, achten Sie bitte bei, vom Volksmund sogenannten „Plattfüßen" darauf, dass Sie mit Ihrer Statik nicht nach innen einknicken! Sie wollen Ihre Sehnen, Gelenke etc. ja sicher noch lange gesund erhalten. Als Dozent*in geben Sie bitte entsprechend auf Ihre Teilnehmer*innen acht. Auch das gehört für mich zu einem professionellen Schauspieltraining.

Phase B: Mit Musik

Jetzt kann nach und nach das Rütteln in ein Tanzen übergehen, dabei darf man sich durch den Raum bewegen. Sie können wunderbar andere Bewegungsübungen an diese Übung anschließen.

Phase C:

Diese Phase kann entweder an Phase B angeschlossen werden oder direkt an Phase A.

Zu zweit: A steht hüftbreit parallel, B klopft A von oben bis unten ab, Schulter, Arme, Rücken, Beine, Füße, vorne klopft sich A selbst ab (Brust, Bauch). Das Klopfen geschieht mit zwei Fingern oder dem Handballen. Vorsicht, es wird nur auf der Muskulatur geklopft, niemals direkt auf den Wirbeln!

Seien Sie nicht zu zaghaft, aber auch nicht zu hart. A kann B Rückmeldung geben. Nachdem die Muskulatur abgeklopft wurde, rollt sich A Wirbel für Wirbel nach unten ab, die Beine sind dabei leicht gebeugt. Kopf, Rumpf und Arme werden lockergelassen und B kann die Entspannung bei A überprüfen. Dann Wirbel für Wirbel aufrollen. Anschließend streicht B mit beiden Handflächen A von oben nach unten aus. Dann wird getauscht und A „bearbeitet" B.

Hinweis:

Dies ist eine Variation. Die Kundalini endet in der spirituellen Version nach der Tanzphase in Sitz- und Liegephasen. Das ist im Sinne aktiver Entspannung und Vorbereitung auf eine künstlerische Arbeit nicht sinnvoll. Deshalb hier meine Variation. Sie können Phase A mit Phase C, ohne Phase B bestens kombinieren. Sie können auch Phase A und Phase B kombinieren und dann direkt andere Bewegungsübungen anschließen. Ebenfalls kann Phase A, B, C durchgeführt werden.

Wichtig ist, dass Sie Anfänger*innen motivieren, sich auf vor allem auf Phase A einzulassen. Sie werden erleben, dass Nicht-Kundalini-Kenner und vor allem die „Sitzer" und „Festhalter", Phase A am Anfang sehr „doof" finden, und genau dies spricht erst recht für Phase A.

Übung 7: Progressive Muskelentspannung nach Jacobson

Einzelübung

Trainingsziele: Entspannen durch Anspannen und plötzliches Loslassen/Entspannen

Langphase:

Entweder im Liegen oder Sitzhaltung; Zunächst machen Sie einige tiefe Atemzüge (Nase ein, Mund aus). Legen Sie dabei eine Hand auf den Bauch und spüren Sie die „Atembewegung". Spannen Sie nun nacheinander jeden einzelnen Muskel Ihres Körpers etwa 5 Sekunden lang an – gerade so stark, dass Sie ein leichtes Ziehen verspüren und ein deutliches Gefühl für die Lage der Muskeln haben. Es soll nicht zu einer Verkrampfung kommen. Dann lösen Sie die Spannung wieder, ohne sich dabei zu bewegen. Beim Anspannen atmen Sie ein, beim Loslassen atmen Sie aus. Machen Sie sich etwa 10 Sekunden lang das Gefühl der Entspannung bewusst. Wenn Sie beim ersten Mal die Entspannung nicht merken, wiederholen Sie. Lassen Sie soweit möglich andere Muskelgruppen entspannt, während Sie eine Muskelgruppe anspannen.

Kurzphase: Ganzkörperentspannung

Setzen Sie sich, legen Sie die Hände auf die Oberschenkel. Füße fest auf den Boden. Bereiten Sie sich mental auf den Entspannungsprozess vor. Entspannen Sie auf Ihren eigenen Impuls hin:

Atmen Sie beim Anspannen ein und atmen Sie beim Loslassen aus.

Spannen Sie gleichzeitig Hände, Arme, Schulter, Brust, Gesicht (Machen Sie ein „Zitronengesicht"), Rücken, Bauch, Beine, Gesäß, Füße an.

Halten Sie und lassen Sie auf Ihren eigenen Impuls wieder los. Ausatmen beim Loslassen. Spüren Sie nach, wie sich jede Muskulatur entspannt. Gehen Sie womöglich im Geist auch noch mal die einzelnen Körperteile bewusst durch. Spüren Sie in den Fuß, ins Bein etc.

Übung 8: Mentale Konditionierung

Einzelübung oder in der Gruppe

Trainingsziele: Entspannung durch mentale Konditionierung

Im Liegen oder Sitzen:

Bewegen Sie leicht den Kopf, dann spüren Sie in den Kopf und beobachten, ob er entspannt ist. Geben Sie den Befehl: „Ich entspanne meinen Kopf", zwei, drei Sekunden Pause: „Mein Kopf ist jetzt total entspannt" und so fahren Sie fort bis in die Füße.

Übung 9: Sei ein Teig

Einzelübung oder in der Gruppe

Trainingsziele: Loslassen und Körperdynamik

Phase A:

Am besten Sie legen drei Matten pro Person nebeneinander. Sie können diese Übung auch allein zuhause auf Ihrem Teppich machen.

Legen Sie sich auf den Rücken und legen eine Hand auf den Bauch, spüren Sie den Atem. Spüren Sie dann in den Fuß und entspannen Sie ihn, fahren Sie so Glied für Glied bis in den Kopf fort, mentale Konditionierung wie Übung 8. Sie können grundsätzlich von oben oder unten beginnen.

Phase B:

Führen Sie nun Ihren rechten Arm über Ihren Rumpf nach links und führen Sie ihn immer weiter nach links, sodass Ihr Körper automatisch mitkommt und nach links rollt. Verharren Sie einen Augenblick in der Seitenposition. Dann führen Sie den Arm wieder zurück und rollen auf den Rücken. Nun das Gleiche mit dem linken Arm nach rechts. Wichtig: der Arm führt, alles andere bleibt locker, wie so eine träge Teigmasse.

Phase C:

Führen Sie das rechte Bein nach links, ohne es abzustellen und rollen Sie Ihren Körper so wie bei Phase B nach links. Die einzelnen Körperteile folgen auch hier wieder nur dem Bein, wie eine träge Masse. Es wird nichts forciert. Dann das andere Bein nach rechts.

Übung 10: Marionette

Partnerübung

Trainingsziele: Überprüfung der Lockerheit, Loslassen, Partnervertrauen

A ist eine Marionette, die auf einem Stuhl sitzt. Alles am Körper von A hängt der Schwerkraft folgend nach unten. B ist Puppenspieler(in) und bewegt Glieder und Kopf der Marionette mit seinen/ihren Händen. A lässt sich ohne die geringste Eigenbeteiligung bewegen und gibt sich B somit vollkommen hin. Nach einer Weile werden die Rollen getauscht.

2.2 Warm-UP

Jeder Sportler muss sich aufwärmen und dehnen, um seinen Körper für eine sportliche Leistung vorzubereiten und um Verletzungen vorzubeugen.

Im Schauspiel ist das genauso, nur komplexer. Zum einen benötigen Schauspieler*innen ein Mindestmaß an Energie, gleichzeitig müssen sie aber auch locker und entspannt sein, frei von mentalen und körperlichen Blockaden, um sich auf die Arbeit einzulassen.

Sie müssen mit allen Sinnen wahrnehmen können, aufmerksam sein, und körperlich organisch und transparent sein, sodass innere Vorgänge nach außen dringen können und umgekehrt. Zudem benötigen sie eine hohe Reaktionsbereitschaft, um zu agieren und zu reagieren.

Nicht zuletzt ist auch das Sprechwerkzeug in Reaktionsbereitschaft zu bringen, die Atmung zu aktivieren, die Stimme zu erwärmen etc.

Sie sehen nur an diesen kurzen Ausführungen, wie umfangreich ein Warm-UP im Schauspiel sein kann. Welche Warm-UP Sie nun verwenden, hängt davon ab, was Sie mit der Gruppe tun wollen und in welchem Zustand sich die Gruppe befindet. Es hängt davon ab, ob es Anfänger, Fortgeschrittene oder Profis sind. Wollen Sie z.B. improvisieren, so empfiehlt sich alles an Übungen, was den Energiestatus, die Reaktionsbereitschaft und Spontanität erhöht. Wollen Sie überwiegend Textarbeit machen, empfiehlt sich ein Warm-UP für die Stimme und die Sprechwerkzeuge.

Sind Teilnehmer*innen sehr müde, z.B. in der Abendgruppe, empfiehlt sich zunächst einer der Entspannungsübungen und/oder energetischen Übungen. Kennen sich Teilnehmer*innen noch nicht, so empfiehlt sich ein Begrüßungs-Warm-UP. Sie sollten sich als Lehrperson dringend ein paar

Warm-UP auswendig drauf schaffen, die Sie auch spontan „auspacken" können. Denn trotz aller Vorbereitung, werden Sie immer wieder überrascht, was das Bedürfnis der Gruppe angeht. Eventuell verlangt aber auch ein spontan geändertes Programm nach einem anderen Warm-UP.

Im Folgenden sind allgemein ein paar Warm-UP beschrieben. Sie finden aber auch in den anderen Kapiteln und Unterkapiteln Übungen, die sich thematisch jeweils als Warm-UP eignen.

2.2.1 Übungen

Übung 11: Anna albern und Berta böse

Gruppenübung

Trainingsziele: Kennenlernübung, Konzentration, Gedächtnis

Im Kreis, ein Ball wird geworfen: Person A beginnt, nennt ihren Namen und ein Adjektiv, welches mit dem Anfangsbuchstaben ihres Vornamens beginnt, z.B. Andrea, albern etc. Das sollte spontan geschehen. Dann wird einer Person B zugeworfen, diese wiederholt Namen und Adjektiv von A, nennt ihren Namen und das Adjektiv, wirft dann zu C, C wiederholt Namen und Adjektiv von A und B, nennt den eigenen Namen und das Adjektiv und wirft zu D usw. Jede Person merkt sich alle Namen und Adjektive, in der richtigen Reihenfolge von A beginnend und merkt sich wohin sie geworfen hat. Die letzte Person wirft wieder zu A. A benennt nun alle Namen/Adjektive, beginnend mit sich, in der richtigen Wurfreihenfolge, und endend mit der zuletzt beworfenen Person, wirft dann zu B. B benennt alles von A beginnend, über sich selbst bis zur letzten Person usw. In der ersten Runde, wenn man beworfen wurde, eine Hand auf den Kopf legen, damit niemand zweimal beworfen wird.

Wenn eine Person hängt, dürfen die Anderen helfen. Machen Sie die Runde ruhig mehrmals, bis alle Namen sitzen. Die Übung soll Spaß machen, machen Sie deutlich, dass niemand hier Gedächtnishöchstleistungen erbringen muss.

Variation: Statt dem Adjektiv, kann auch eine Frucht benannt werden, Bsp: Anna Apfel.

Hinweis: Die Übung mit Adjektiven ermöglicht auch etwas über die Person zu erfahren. Wenn sich z.B. jemand Willi winzig nennt, haben Sie hier möglicherweise schon eine wichtige Information über die Person, wenn er sich Willi witzig nennt auch.

Übung 12: Hello-Übung, im Raum

Gruppenübung im Raum

Trainingsziele: Kennenlernen, Raumkoordination

Phase A:

Personen bewegen sich im Raum und begrüßen sich, wenn sie sich begegnen, sagen jeweils ihren Namen. Dann gehen sie wieder auseinander und erneut auf Andere zu. Wichtig dabei, die Personen bewegen sich immer im ganzen Raum.

Phase B:

Das Gleiche wie in Phase A, nur jetzt sagen die sich Begegnenden jeweils den Namen des Gegenübers.

Hinweis:

Wenn Sie Raumübungen zum ersten Mal mit der Gruppe machen, motivieren Sie von Anfang an, dass sich die Gruppenmitglieder gleichmäßig im Raum verteilen. Als Modell können Sie ein Gas anführen, dessen Teilchen sich stets gleich verteilen. Oder geben Sie die Vorstellung eines

Bootes/ Schiffes, welches untergeht, wenn sich alle auf einer Seite befinden.

Übung 13: Hey Alter, gib die Kralle

Gruppenübung

Trainingsziele: Spielmotivation, Spontanität, Reaktivität

Die Gruppenmitglieder begrüßen sich auf eine bestimmte Art und Weise. Art und Weise, kann im Tempo, in der Intensivität, in der Vertrautheit, Nähe, Ferne, Freundlichkeit, Sympathie etc. variieren.

Übung 14: Klatschkreis

Gruppenübung

Trainingsziele: Erhöhung des Energieniveaus, Konzentration, Agieren, Reagieren aus Impulsivität-Spontanität, Tempo, Gruppendynamik, Körperspannung, Stimme und Spaß.

Im Kreis:

Phase A:

Personen klatschen sich nach links oder rechts im Kreis an. Das Anklatschen geschieht mit beiden Händen, energiegeladen, dynamisch und mit körperlicher Zuwendung und in Körperspannung, also nicht lasch. Wenn A zu B klatscht, dann kann B in der Richtung den Klatscher weiter geben, oder B klatscht zu A zurück. Das Gleiche gilt für A. Man hat also immer 2 Richtungen, Klatscher weiter bzw. zurückzugeben.

Phase B:

Wie Phase A, aber jetzt kann der/die Angeklatschte blocken. Dies sollte quasi mit dem Klatscher synchron geschehen, indem beide Arme in Abwehrhaltung ausgestreckt werden und laut: Block oder Stop gerufen wird. Nun muss der/die

Klatschende den Klatscher sofort, möglichst ohne Verzögerung, in die andere Richtung geben. Wir haben hier also links, rechts Klatscher und Block/Stop.

Phase C:

Wie Phase A und B, aber nun kommt noch ein Klatscher in diagonaler Richtung dazu. Es ist aber <u>verboten,</u> diagonal sowohl an die gleiche Person zurück zu klatschen, als auch zu blocken. Wichtig ist, dass die diagonal stehende Person präzise angeschaut und angeklatscht wird, sonst kommt es zu Irritationen.

Hinweis:

Sie können sich beliebige Klatschkreise selber ausdenken. Die oben beschriebene Variante ist aus meiner Erfahrung aber sehr gut geeignet, um die Trainingsziele zu erreichen.

Schön ist, wenn Sie mit der Gruppe Fluss und Tempo im Klatschkreis hinbekommen, also ohne Stopper und immer schneller! Motivieren Sie dazu, dass die Personen nicht denken, sondern nur agieren und reagieren.

Übung 15: Seifenblase

Gruppenübung

Trainingsziele: Körperspannung, Gruppenkoordination, Ertüchtigung der Muskulatur

Im Kreis:

Alle dehnen und strecken sich, als wären sie in einer Seifenblase und müssen diese auseinanderhalten.

2.2.2 Warm-UP: Atmung, Stimme, Sprechen und los

Dieses Kapitel soll Übungen vorstellen, die sowohl als Warm-UP, aber mitunter auch als regelmäßiges Training verwendet werden können. Natürlich kann das hier nur eine Auswahl sein und kann keineswegs eine didaktisch gut strukturierte Atem- und Sprechschule ersetzen. Ich lege den Schwerpunkt also auf das Warm-UP!

Übung 16: Atmung, Stimme, Warm-UP

Einzelübung in der Gruppe oder allein

Trainingsziele: Körperliche Vorbereitung, Atmung aktivieren

Phase A:

Stehen im Kreis, unter Anleitung, wird der Körper von oben bis unten gelockert, durch bewegen der Körperteile, reiben, abklopfen der verspannten Körperstellen, evtl. progressiver Muskelentspannung. Vergessen Sie den Kiefer und die Kiefermuskulatur nicht. Wenn Sie unten angekommen sind, heben sie das rechte Bein und kreisen sie den rechten Fuß nach rechts und dann nach links. Dann links das Gleiche.

Phase B:

Richten Sie sich auf, Knie locker, Füße hüftbreit, parallel

Pendeln Sie nach vorne und dann nach hinten, lassen Sie die Atmung fließen. In der Regel atmen Menschen nach hinten ein und nach vorne aus. Davon gibt es aber auch Ausnahmen. Sie können eine Hand auf den Solar-Plexus oder den Bauch dabei legen. Spüren Sie, wann Sie kippen. Wie weit können Sie nach vorne bzw. nach hinten? Kommen Sie in einen Fluss.

Phase C:

Nun bleiben Sie stehen, zentrieren sich, Sie pendeln nicht mehr physisch, aber in Ihrer Vorstellung pendeln Sie leicht weiter. Sie können auch ganz leicht um Ihre Achse pendeln, stehen Sie also nicht steif-statisch. Atmen Sie ruhig ein und aus, legen Sie dabei Ihre Hand auf den Bauch. Dann atmen Sie mit fffff aus. Lassen Sie die Luft fließen. Nicht pressen! Deutlich bevor Sie die Rest-Luft rauslassen, lassen Sie los und Ihr Unterkiefer „fällt" nach unten. Dabei atmen Sie automatisch ein. Lassen Sie unbedingt die Luft kommen, nicht einsaugen. (Das braucht aber Training, das heißt, gelingt Ihnen das nicht, wie beschrieben, brauchen Sie unbedingt Atem- und Sprechtraining!)

Variation zu Phase C:

Kurz bevor Sie auf Rest-Luft ausatmen, artikulieren Sie ein t, also fffffff...t. Legen Sie eine Hand auf den Bauch. Diese Übung ist eine gute Vorübung, wenn Phase C noch nicht klappt und eine gute (Vor-) Übung zum sogenannten „Abspannen" bzw. der Atemrhythmisch Angepassten Phonation (siehe Coblenzer/Muhar 1996 und Schürmann 2010). Was passiert, kurz erklärt: t ist ein sogenannter alveolarer Plosiv. Also ein Verschlusslaut: Mit der Zunge wird am oberen Zahndamm (dem Wulst hinter den oberen Schneidezähnen) ein Verschluss gebildet. Wird dieser Verschluss wieder plötzlich gelöst, so „schießt" etwas Rest-Luft heraus. Damit wird das Zwerchfell nach oben „gesogen" (Ausatmen-Stellung) und spannt sich dann reflektorisch innerhalb von 0,2 Sekunden nach unten ab. Luft strömt ein. Sie brauchen nicht „nach atmen".

Übung 17: Luft einschnüffeln

Einzelübung in der Gruppe und allein

Trainingsziele: Kräftigung und Flexibilisierung der Zwischenrippenmuskulatur; Aktivierung, gedankliche und physische „Weitung" und Offenheit

Phase A:

Stützen Sie Ihre Hände in die Seite, und achten Sie darauf, dass sich Ihre Schultern dabei nicht anheben. Fühlen Sie mit Ihren Daumen die hinteren unteren Rippen und mit Ihren vier Fingern die vorderen unteren Rippen. Diese sind nicht am Brustbein festgewachsen und daher besonders flexibel.

Stellen Sie sich vor, Sie stehen im Gebirge, auf dem Land oder am Meer, ganz was Ihnen lieber ist. Es ist ein wunderschöner angenehmer Ort. Nun atmen Sie durch die Nase ein und füllen sich mit der in Ihrer Vorstellung angenehm riechenden, frischen Luft. Genießen Sie das Gefühl mit dieser Luft angefüllt zu sein und behalten Sie sie eine Weile in Ihrem Körper. Dann setzen Sie die Luft mit einem stimmlosen haaa aus Ihrem geöffneten Mund frei. Lassen Sie den Atem mit einem guten Gedanken/Gefühl los: „Das tut gut", etc.

Sie werden unter Ihren Händen fühlen, wie sich die unteren Rippen weiten, wenn Sie Luft einsaugen. Auch der gesamte Brustkorb wird sich weiten, die Interkostalmuskeln sind aktiviert und ermöglichen die zunehmende Ausdehnung der Lunge. Beim ausgehenden Atem werden Sie unter Ihren Händen fühlen, wie die Rippen wieder zusammenfallen. Achten Sie darauf, dabei optimal aufgerichtet zu bleiben, so dass sich die Muskeltätigkeit ganz auf die Zwischenrippenmuskulatur beschränkt.

Phase B:

Wiederholen Sie das Luft einschnüffeln noch einmal. Sie verstärken die Aktivität der Atemmuskeln, wenn Sie die Luft in zwei Schnüfflern hintereinander über die Nase einziehen – und wieder auf haaa durch den Mund ausatmen. Vorsicht, die Schultern bleiben unten!

Phase C:

Saugen Sie nochmals gute Luft ein und versuchen Sie jetzt beim ausgehenden Atem (haaa) den Raum in Ihrer Brust relativ weit zu halten und die Rippen dieses Mal nicht so stark zusammenfallen zu lassen. Das Zwerchfell entspannt sich und damit sicht- und fühlbar auch der Bauch, jedoch die unteren Rippen bleiben ein wenig weit gestellt.

Übung 18: Atem freisetzen auf haaa

Einzelübung in der Gruppe oder allein

Trainingsziele: Atem loslassen und „Aufmachen".

Im Liegen oder Stehen oder Sitzen. Denken Sie an eine angenehme Erfahrung, bei der Sie Erleichterung oder Freude empfunden haben. Lassen Sie in Erinnerung an das Gefühl einen Atemseufzer los, ein stimmloses, geflüstertes haaa.

Beispiel: Stellen Sie sich vor, wie Sie nach langem Flug und Anreise nun endlich an Ihrem Zielort, Ihrem Traumurlaubsziel, Ihrem Traumstrand stehen und gedanklich „endlich Urlaub" denken, während Sie den Seufzer loslassen. Achten Sie darauf, dass Sie die Luft nicht einsaugen, sondern die Luft einfällt beim Gedanken an das angenehme Gefühl. Der Seufzer, das Loslassen des Atems geschieht plötzlich und ungebremst.

Nachdem Sie einige Male tief geseufzt haben, kehren Sie wieder zu Ihrem natürlichen Atemrhythmus zurück. Beobachten Sie, ob sich was verändert hat.

Übung 19: Klang ausseufzen

Einzelübung in der Gruppe oder allein.

Trainingsziele: Stimme aktivieren, „Aufmachen", Druck vermeiden, „Eintönen"

Im Liegen oder Stehen:

Denken Sie an Erleichterung/Erstaunen/ Freude, so wie in der vorangegangenen Übung.

Nehmen Sie wahr, wie entsprechender Atem einfällt!

Visualisieren Sie ein breites, großes O und stellen Sie sich vor, Sie produzieren dieses O nicht nur im Kehlkopf, sondern es entstünde schon im Bauchraum und würde sich bis in den Mund ausbreiten. (Das soll ein wohliges Gefühl ergeben und keinen Krampf! Es soll alles „öffnen".)

Richten Sie die Stimme, das O, auf ein Ziel an der Decke, bzw. an der Wand.

Lassen Sie es nun los, dabei können Sie ein kleines h davorsetzen, also hoooo. Aber versuchen Sie es auch immer wieder mal ohne h, nur O.

Bleiben Sie bei dieser Übung während der jeweiligen Phonation auf einer Tonhöhe.

Dann das Ganze, genauso, mit aaa, eee, iiii, uuu. Und hier können Sie sich auch wieder diese O-Öffnung vor Ihrem geistigen Auge vorstellen und, dass Sie dann die anderen Vokale dadurch leiten, sowie der dressierte Hund durch den Reifen springt. Der Sinn dahinter ist, dass Sie auch bei eher „spitzen" Vokalen, wie i, eine große Öffnung behalten.

Hinweis:

Häufig wird mit a begonnen. Das O ist aber in der Visualisierung runder und symmetrischer, und so können Sie möglicherweise eine bessere „Öffnung" erhalten. Probieren Sie es einfach aus!

Übung 20: Warm-UP der „Sprechwerkzeuge" und Artikulation, Stimme

Einzelübung in der Gruppe oder allein

Trainingsziele: Sprechwerkzeug in Bereitschaft bringen, Training der Sprechwerkzeuge, Artikulation, Stimmkraft

Phase A:

Lockern Sie den Kiefer, öffnen Sie den Kiefer, massieren Sie die Kiefermuskulatur!

Phase B:

Schließen Sie Ihre Lippen und formen Sie eine Schnute, dann ziehen Sie die Lippen geschlossen auseinander in die „Grinse Stellung", machen Sie das mehrere Male. Achten Sie aber darauf, das der Kiefer nicht ganz geschlossen ist und entspannt! Die Zähne sind also nicht aufeinander!

Phase C:

Strecken Sie die Zunge raus, dann wieder rein. Führen Sie dann die Zungenspitze an die untere Innenseite der Unterlippe und kreisen Sie diese rechts oder links herum über die Wange, die untere Innenseite der Oberlippe, der anderen Wange und wieder zurück. Ein paarmal ohne Unterbrechung. Sie können auch die Richtung wechseln.

Dann führen Sie die Zungenspitze an die Innenseite der unteren Schneidezähne und lassen den Zungenrücken aus dem geöffneten Mund heraus bewegen, ein paar Mal.

Phase D:

Lippen-Flattern: Schließen Sie die Lippen und atmen Sie aus, lassen Sie die Lippen flattern. Machen Sie das mit unterschiedlichem Druck, sodass die Lippen unterschiedlich stark flattern. Das wird oft bei vielen Anfänger*innen nicht klappen und wird von manchen als „Versagen" angesehen. Machen Sie klar, dass dies einfach eine Sache des Trainings ist.

Phase E:

Sprechen Sie den allgemein bekannten Zungenbrecher: „Der dicke Diener trägt die dicke Dame durch den dicken Dreck, da dankte die dicke Dame dem dicken Diener, dass der dicke Diener die dicke Dame durch den dicken Dreck getragen hat." Sie können damit jetzt beliebig spielen. In der Gruppe können Sie zusammen sprechen, jeder einzeln, jeder nur einen Teil. Sie können das Tempo variieren. Steigern Sie das Tempo. Sprechen Sie so schnell Sie können. Dann so leise Sie können, dann so laut etc.

Phase F:

Im Kreis: Stellen Sie sich vor, in der Mitte sei ein Brunnen und tief in diesen Brunnen ist jemand hineingefallen. Beugen Sie sich nach vorne und stemmen Ihre Hände seitlich in die Hüfte.

Rufen Sie „Haaaaallooooo!" Spüren Sie bewusst, wie beim Einatmen sich die Flanken weiten. Die Schultern sollten nicht hochgehen können. (Stichwort: Hochatmung)

Übung 21: ma, me, mi, mo, mu

Einzelübung in der Gruppe oder allein

Trainingsziele: Stimmsitz nach vorne bringen, Stimme aktivieren.

Phase A:

Stellen Sie sich vor, Sie würden in eine Frucht beißen, abbeißen und leicht kauen (dabei Kiefer locker!). Diese Frucht schmeckt Ihnen gut und Sie machen ein hmmmm. (wenn Ihnen dabei die Lippen kitzeln, ist es ein gutes Zeichen)

Wiederholen Sie das ein paarmal

Phase B:

Fügen Sie an das (h)mmm, ein aaaa, eeee, iiii, ooo, uuuu, achten Sie darauf, wie in Übung 19, dass die Vokale aus dem „weiten Bauch- und Flankenraum produziert werden, durch den weiten Brust, Hals und Mundraum, mit wohligem Gefühl strömen und sich mit dem (h)m zu wohl und offen klingender Stimme verbinden."

Hinweis:

Sie können diese Übungen bzw., die einzelnen Phasen dieser Übungen auch gekreuzt miteinander kombinieren.

2.3 Aufmerksamkeit, Sinnesschulung, Körper, Bewegung, Raum und Fantasie

Aufmerksamkeit, Konzentration war nach Stanislawski keine reine Fokussierung auf ein Ziel, sondern vielmehr eine **Aufmerksamkeit der Sinne**, die in der Lage ist – alles was auf der Bühne passiert – wahrzunehmen. Wobei hier die Aufmerksamkeit nicht nur auf das was ist gerichtet ist, sondern vor allem auf das Dazwischen. Also das, was zwischen den Protagonisten, zwischen Protagonist und Objekt, und zwischen Protagonist und Raum stattfindet. Aufmerksamkeit und Konzentration auf der Bühne oder vor der Kamera, bedeutet also die Fähigkeit eine hohe geistige Agilität, sinnliche Wahrnehmungsfähigkeit und seelische Regsamkeit zu entwickeln.

Das Zweite ist die Bewertung oder Beurteilung. Bewertung setzt notwendigerweise die Wahrnehmung voraus. Wenn Sie nichts wahrnehmen, so können Sie auch nicht bewerten – eigentlich banal.

Das Dritte ist die Reaktion. Eine Reaktion kann erst stattfinden, wenn Sie etwas wahrnehmen, es bewerten und dann erst können Sie reagieren.

Zunächst können wir den Dreiklang, **Wahrnehmen/Aufnehmen, Bewerten, Reagieren,** formulieren.

Dieser Dreiklang ist untrennbar miteinander verbunden und Sie können Ihn als Basis von allem ansehen, was die Schauspielarbeit angeht.

Nach **Stella Adler** ist **Agieren = Reagieren.** Aber dieses Reagieren kann nur als Folge von Wahrnehmen und Bewerten (Beurteilen) stattfinden.

Es gibt aber keine objektive Bewertung und damit keine einheitliche Reaktion, als Folge dieser Bewertung. Wie eine Figur reagiert, hängt von den Umständen und der Bewertung dieser ab, diese Bewertung hängt vor allem von der Perspektive ab, aus der die Umstände betrachtet und bewertet werden. Nämlich der **Rollenperspektive**. Die Figur wiederum hat einen Charakter, eine Biographie, Erfahrungen und einen Status, schlichtweg, es ist ein Mensch, den Sie da darstellen. Und aus der Perspektive dieser Figur sind die Umstände zu bewerten und dementsprechend zu reagieren.

Selbst wenn die Umstände, oder sogar eine Bewertung ähnlich oder gleich ausfällt, so muss die Reaktion auch nicht immer gleich sein. Denn eine Figur ist anders als eine Andere, sowie ein Mensch anders ist, als ein anderer Mensch.

Nehmen wir ein Beispiel: Es kommt leider immer wieder vor, dass auch sogar professionelle Regiepersonen von Ihnen eine Reaktion auf der Bühne oder vor der Kamera verlangen, die der Figur und Ihrem Status nicht gemäß ist. Das kommt daher, dass dann diese Reaktion von der Situation hergeleitet wird und die Figur nicht berücksichtigt wird. Nun ist es aber durchaus so, dass z.B. das Thema der Eifersucht und entsprechende Situationen dazu, nicht zwingend dazu verleiten müssen, auf einen vermeintlichen Liebhaber, den Sie mit Ihrer Lieselotte, Chantal etc. in flagranti beim „Amore" machen erwischt haben, einzuprügeln, als gäbe es „kein Morgen" mehr. Klar, es kann sein, dass Sie das privat so tun würden, aber nicht unbedingt Ihre Figur. Unterstellt, Sie sind im tiefen Ghetto eines deutschen Stadtteils aufgewachsen, dann wäre in diesem Fall die Reaktion „eins auf die Fresse" die womöglich Wahrscheinlichste, aber auch dann könnte Ihre Figur, als individuelle Person, anders, subtiler handeln. Ist ihre Figur, die Sie spielen, aber ein angesehener Ehrenmann mit guten Kontakten, so würde die Rache vielleicht anders und subtiler ausfallen. Möglicherweise ist dem Herrn seine Frau auch egal und er sorgt sich nur um sein Ansehen. Egal wie, aber genau das ist der Punkt! Die Bewertung und eine Reaktion, erfolgt immer unter Einbezug der Rollenperspektive und des individuellen Rollencharakters. Also wie bewertet und reagiert die Figur, der konkrete Mensch, in einer bestimmten Situation. Und auch hier ist es wichtig zu sagen, es geht nicht um Sie, auch wenn Ihre Erfahrung und Ihre Person nicht unwichtig ist, um eine Figur zu erarbeiten. Aber primär geht es um die Figur und die Bewertung und Reaktion der

Figur! Deshalb haben Schauspieler*innen auch die größere Rollenkompetenz, oder sollten sie haben, als die Regieperson (darf man manchen Regisseur*innen aber nicht sagen, sonst werden die mächtig böse – also das bleibt unter uns, nicht wahr?). Also, Sie müssen wissen, wie Ihre Figur in einer bestimmten Situation bewertet und reagiert, bezogen auf den Charakter, den Status und die Erfahrung der Figur. Fragen Sie also immer, wie würde die Figur in einer bestimmten Situation handeln, nicht wie würden Sie handeln und auch nicht wie würde „man" oder „Hinz und Kunz" handeln, sondern Ihre Figur!

Halten wir zunächst fest: Konzentration und sinnliche Aufmerksamkeit sind notwendige Voraussetzungen für Wahrnehmung, dieses Wahrgenommene untersteht dann einer Bewertung (Beurteilung) und führt in Folge zu einer adäquaten Reaktion. Die Bewertung erfolgt immer aus der Rollenperspektive und die Art und Weise der adäquaten Reaktion, hängt immer mit dem Charakter und dem Status der Figur zusammen.

Ich habe zudem festgestellt, dass es im Unterricht sinnvoll sein kann, die **objektive Wahrnehmung** von der **subjektiven Wahrnehmung** zu unterscheiden – aus rein didaktischen Gründen.

Was ist objektive Wahrnehmung?

Sie sehen einen roten Schuh. Ok, es ist ein Schuh, sie können ihn beschreiben als solchen. Ja, und er ist rot. Niemand würde mit Ihnen diskutieren, dass er blau wäre, niemand würde bestreiten, dass das was Sie beschreiben ein roter Schuh ist.

Was anderes ist die subjektive Wahrnehmung. Sie bezeichnen den Schuh als hässlich oder schön, das ist Ihre subjektive Einstellung dazu, denn Sie empfinden, bewerten den Schuh als hässlich oder eben schön. Da wir Schauspieler keine Reporter sind, ist die subjektive Wahrnehmung fast wichtiger, als eine neutrale Bestandsaufnahme.

Alle also, würden objektiv den roten Schuh, als solchen beschreiben, ihn aber unterschiedlich bewerten. Ganz bizarr wird es, wenn sich objektive und subjektive Wahrnehmung vermischen. Nehmen wir beispielsweise Wolkengebilde. Machen Sie ein Experiment: Fragen Sie doch mal Ihre Freunde, was Sie in einer Wolke sehen. Tolle Sachen kommen da raus: Eine Person sieht einen Drachen, eine andere Person ein Eichhörnchen oder völlig andere Dinge darin. Hier vermischt sich objektive Wahrnehmung mit subjektiver Wahrnehmung und sicher auch ein bisschen Fantasie.

Diese Art der Wahrnehmung gilt auch für den Raum. Objektiv kann es in einem Raum 25 Grad sein. Das ist ein Faktum, das können Sie physikalisch messen. Manche empfinden das noch als eher kalt, andere als eher warm. Auch das ist schon subjektiv. Objektiv bleibt die zu messende Temperatur von 25 Grad. Subjektiv die Empfindung. Objektiv mögen Sie wahrnehmen, dass es sich um eine leere Lagerhalle handelt, einige Löcher sind in der Wand, Sie können die Anzahl der Löcher genau auszählen, die Farbe bröckelt ab etc. Das alles ist unerschütterlich faktisch und objektiv. Wie Sie diesen Raum empfinden, ist aber durchaus unterschiedlich. Manche empfinden den Raum als urig, andere einfach nur hässlich und unfreundlich. Alles das ist Bewertung und hängt von Ihnen bzw. Ihrer Figur – von Ihrer Erfahrung und Ihrem Erleben bzw. der Erfahrung und dem Erleben der Figur – ab. Es hängt ebenso von dem Moment, was Ihre Figur jetzt grade empfindet, ab – kann sich also mit der Zeit auch verändern. Diese subjektive Wahrnehmung schließt die Bewertung schon mit ein. Eine entsprechende Reaktion ist die Folge.

Der Raum und Sie, das ist Präsenz. Präsenz geht nur im Raum. Präsenz heißt einerseits sinnliche Wachheit und Bewusstsein über sich selbst, wer bin ich, wie geht es mir jetzt? Bin ich in meinem Körper? Bin ich geerdet? Präsenz ist andererseits die Fähigkeit wahrzunehmen, zu bewerten und zu reagieren. Nicht nur auf Spielpartner*innen, sondern ganz besonders auch auf den Raum. Der Raum ist also nicht tot. Er lebt durch meine subjektive Wahrnehmung und meine Reaktion, mein Verhalten, meine Bewegung im Raum.

Präsenz also ist auch Beziehung. Bühnenpräsenz ist also keine rein egozentrische isolierte Erscheinung, sondern präsent ist, wer es schafft das Ego mit dem Raum zu verbinden und das heißt eben: Konzentration, als Aufmerksamkeit der Sinne, objektive und subjektive Wahrnehmung und volle Reaktionsbereitschaft. Innenleben der Schauspielerperson, Bewegung und Raum, also Innen und Außen verschmelzen zu einer Einheit. Ich mache was im Raum, aber der Raum macht auch was mit mir und durch mich bekommt der Raum eine andere Bedeutung. **Präsenz** ist also auch ein **dynamischer Vorgang**.

Zur Erläuterung nehmen Sie folgendes Modell: Stellen Sie sich vor, Sie sind ein Reflektor. Alles was Sie sind, was Sie bewusst, aber auch unbewusst (für die Darstellung ein gewisses Problem), ausstrahlen, wie Sie sich im Hier und Jetzt fühlen, das reflektieren Sie im Raum! Aber auch der Raum reflektiert. Sie nehmen die Gegebenheiten des Raums, aber auch den Raum als Ganzes, wahr. Im Sinne der Subjektiven Wahrnehmung bewerten Sie ihn und reagieren auf ihn.

Indem Sie auf den Raum reagieren, bekommt der Raum Bedeutung. Sie verändern den Raum, indem Sie ihm Bedeutung geben. Da der Raum auf Sie wirkt, strahlt, verändert er auch Sie. Das ist der dynamische Prozess: Ich verändere den Raum und er mich.

Das funktioniert nur über Bewertung und Beziehung, über die Koordination des darsteller-bezogenen mit dem raumbezogenen Zeichensystem. Wenn Ihnen klar wird, als was Sie ein Requisit benutzen (Polyfunktionalität, s. Kapitel 1) und wie Sie dieses Requisit bewerten, in welchen Gesamtzusammenhang Sie es bringen, was es Ihnen bedeutet, so handeln und verhalten Sie sich so, wie es von Ihrer Subjekt-Objekt Beziehung her angemessen ist. Sie geben dem Requisit Bedeutung, aber auch umgekehrt, das Requisit, ein Bühnenbild etc., kann auf Sie wirken, Sie gar verzaubern. Es ist und bleibt ein dynamischer Prozess!

Erinnern Sie sich womöglich an die Mobilität der Zeichensysteme (Kapitel 1), so können auch visuell darstellerbezogene Zeichen, wie Gestik, visuell raumbezogene Zeichen ersetzen bzw. dessen Funktion übernehmen. Beispielsweise in der Pantomime, stellt der Protagonist einen Tisch mit seinem Körper dar. Das setzt natürlich eine andere Körperverwendung voraus, als wenn eine Schauspielerperson den Tisch bespielt, also ihre Handlungen, über die Beziehung zum Tisch, das heißt, seine Bedeutung im Raum und seine Bedeutung für den Protagonisten, abstimmt.

In der dramatischen Schauspielausbildung, ist also die Kunst zu erlernen, einerseits die Mobilität der Zeichensysteme zu nutzen und andererseits die Zeichensysteme miteinander zu koordinieren.

Und für die Koordination der Zeichen brauchen Sie Beziehung und Einstellung. Einstellung des Subjekts zu sich, des Subjekts zu den anderen Subjekten und des Subjekts zum Objekt, bzw. zum ganzen Raum.

Bühnenpräsenz existiert immer im ganzen Raum, als Ganzheit von **Bewusst Sein über sich selbst** und dem

Bewusstsein über die Beziehung zum Raum, über die Ausstrahlung in den Raum und seiner „Veränderung", aber auch die Ausstrahlung des Raums und die Veränderung des Protagonisten, durch seine subjektive Wahrnehmung des Raums. Also ein komplexer dynamischer Prozess, kein egozentrierter, allein innerer Prozess.

Beziehung ist also auch Interaktion, wobei, wie schon erwähnt, Objekte nicht passiv sind, wenn wir sie auf uns wirken lassen, wenn wir ihnen Bedeutung geben, sind sie sehr aktiv.

Im Film oder im illusionistischen Theater mit Vierter Wand, welches heute nicht mehr normativ existiert, gibt es keine (Film) oder nur eine indirekte Beziehung (Theater) zum Publikum. Das heißt, nur über die Subjekt-Subjekt bzw. Subjekt-Objekt-Beziehung auf der Bühne, wird eine indirekte Beziehung von Protagonisten und Publikum aufgebaut.

Heute wird selbstverständlich viel und oft mit dem Publikum interagiert und das natürlich nicht nur von der Guckkastenbühne herunter. Denken Sie nur an Grotowski und seinen Fokus auf die Stück gemäße Schauspieler-Zuschauer-Beziehung und entsprechende Schauspieler-Zuschauer-Raumanordnungen. (s. Kapitel 1)

Stanislawski entwickelte eine – aus meiner Sicht – wichtige Technik. Er teilte den Bühnenraum in **Aufmerksamkeitskreise** ein. Diese Kreise sind als konzentrische Kreise gedacht, dessen Mittelpunkt die Schauspielerperson ist:

Der erste Kreis ist ungefähr so groß, wie der Schein einer Tischlampe.

Hier sind Sie für sich, die Aufmerksamkeit konzentriert sich auf sich selbst. Das ist in Monologen, in intimen Momenten auf der Bühne der Fall.

Der zweite Kreis ist ungefähr so groß, wie ein Zimmerteppich, hier konzentriert sich die Aufmerksamkeit zwischen Ihnen und den anderen Figuren oder Objekten und Teilen des Raums.

Der dritte Kreis geht bis zu den Raumgrenzen, also nicht nur bis zur Bühnengrenze, sondern darüber hinaus. Im Freilichttheater also auch über Feld und Flur.

Hier sind Sie im größten Kreis. Sie nehmen Kontakt mit dem Publikum auf oder blicken in einen erweiterten imaginären Raum. Im Film benutzen Sie in der Regel eher nur die beiden ersten Kreise.

Wichtig ist, dass es hier nur um eine Aufmerksamkeitsverdichtung geht, aber Sie immer im ganzen Raum präsent sind. Vor allem der erste Kreis sollte nicht als Legitimation verstanden werden, abzutauchen. Sondern nur Ihre Aufmerksamkeit verdichtet sich in dem Moment im ersten Kreis, sie sind als Figur intim, voll bei sich. Die Aufmerksamkeitskreise sind also dynamische Kreise. Ständig wechselt Ihre Aufmerksamkeit zwischen Kreis 1, 2 und 3. So bekommen Sie auch Dynamik ins Spiel.

Da es sich hier um Kreise handelt, sollten Sie sehen, dass diese auch hinter Ihnen existieren. Also nicht nach dem Motto: „Raum ist nur vor mir". Raum ist vor, neben, hinter Ihnen, sogar über und unter Ihnen.

Fantasie

Was ist Fantasie?

Konstantin Stanislawski hat zwischen aktiver und passiver Fantasie unterschieden. Dabei geht es darum, Bilder, Vorstellungen vor dem geistigen Auge zu entwickeln, die aktiv sind. Es gibt aber Bilder, die passiv sind, das bedeutet, dass mit einem gehandelt wird, oder es handelt sich um Vorstellungen, die vage und schwach sind. Aktive Fantasie meint Bilder, die Sie vor Ihrem geistigen Auge sehen, die die aktive Kraft haben, Sie zu Handlungen zu motivieren. Das heißt, nur aktive Fantasie ist für die darstellende Kunst geeignet.

Ein Beispiel: Sie berichten als Kriegsveteran über eine Schlacht. Sehen Sie die Bilder vor sich, wenn Sie sie wirklich sehen, dann ergeben sich auch Handlungen. Es wird etwas bewegt in Ihnen und von Ihnen. Aktive Fantasie ist also die Fähigkeit eine aktive Vorstellung zu entwickeln, die zu Handlung motiviert.

Reihen Sie die Bilder der Fantasie hintereinander und lassen Sie sie wie ein Kinofilm vor Ihrem geistigen Auge abspulen.

Aber nicht nur Bilder, auch Geräusche, Gerüche usw. müssen Sie imaginieren können. Dabei wird Ihnen das, in den Übungen beschriebene sense memory Training helfen.

Zudem ist Fantasie auch die Fähigkeit eine imaginäre Geschichte erzählen zu können, bzw. eine Geschichte weitererzählen zu können. Ein dramatisches Werk enthält Informationen über die Situation, über die Rolle etc. Aber es fehlt vieles an Informationen, vor allem das Wie betreffend. Wie ist die Figur? Wer könnte das sein? Wie verhält sie sich in der Situation? Alles Fragen, wo die Fantasie und die impulsive Kreativität der Schauspielerperson gefordert ist. Fantasie füllt also auch die Lücken in einem dramatischen Werk. Fantasie sorgt überhaupt erst dafür, dass ein dramatisches Werk lebendig wird!

Schauspielerisches Talent hat also ganz elementar auch mit Fantasie und Vorstellungskraft zu tun. Ohne das geht es nicht! Inwiefern man Fantasie und Vorstellungskraft entwickeln kann, ist umstritten. Sicher ist aber, dass man das, was da ist, trainieren und weiterentwickeln kann und sollte.

Übung 22: David sagt

Gruppenübung

Trainingsziele: Konzentration, Zuhören, Koordination, Hemmungsabbau, Spaß (Motivation)

Die Gruppe bewegt sich durch den Raum, die Übungsleitende Person gibt Anweisungen, wie hüpfen, laufen etc. Diese werden nur ausgeführt, wenn vorher „David sagt" angeführt wird: Also z.B. „David sagt, rückwärts" und die Gruppenmitglieder laufen alle rückwärts durch den Raum. Ohne „David sagt" behalten die Gruppenmitglieder ihre ursprüngliche Tätigkeit, Bewegung, Position bei. Bsp: „David sagt vorwärts gehen" und die Gruppe geht vorwärts durch den Raum, anschließend sagt die Übungsleitende Person, „rennen", die Gruppe reagiert darauf nicht, weil nicht David sagt angeführt wurde, die Gruppe geht also weiter vorwärts. Sie werden immer sehen, dass einige den Befehl ausführen, obwohl David sagt fehlt. Je länger, je öfter Sie die Übung durchführen, desto besser funktioniert sie.

Befehl kann alles sein, was man im Raum ausführen kann.

Ich empfehle folgende Befehle hinzunehmen, nachdem die Übung mit drei, vier einfachen Befehlen funktioniert:

Freeze = Einfrieren auf der Stelle, ohne eine Bewegung.

Position: Es wird eine Position (ein Standbild) von den Gruppenmitgliedern vorher selber festgelegt, die dann auf Befehl eingenommen wird. Sie können auch 1 bis 3 verschiedene Positionen festlegen lassen, die auf Befehl eingenommen werden. Sie sagen dann: David sagt, und Position 1,2,3 etc.

Stop and Sing = Stehen bleiben und auf der Stelle singen.

Sing and Dance = einfach irgendwas singen und „tanzen", bewegen.

Übung 23: Schau mir auf die Hände „Kleine(r)"

Einzelübung in der Gruppe

Trainingsziele: Konzentration, Beobachtung

Die Gruppenmitglieder sitzen im Raum verteilt, mit gewissem Abstand zueinander. Jedes Mitglied hat einen Block und Bleistift neben sich gelegt. Die Übungsleitende Person hat fünf kleine Gegenstände auf der Handfläche angeordnet, die sie mit der anderen Handfläche verdeckt. Nun geht sie zu jedem Mitglied deckt die Handfläche jeweils auf. Nach höchstens 2 bis 3 Sekunden verdeckt die Übungsleitende Person wieder die Handfläche und geht zum nächsten Mitglied usw. Die Studenten warten, bis alle an der Reihe waren, und schreiben oder zeichnen dann jeder für sich auf, was auf der Hand der Übungsleitenden Person gelegen hat. Danach vergleichen die Gruppenmitglieder ihre Ergebnisse untereinander, sowie mit den tatsächlichen Gegenständen auf der Hand der Übungsleitenden Person.

Übung 24: Der freie Platz

Gruppenübung

Trainingsziele: Reaktionsfähigkeit, Wachheit, Schnelligkeit, Gruppendynamik und Koordination der Gruppe.

Die Gruppe sitzt auf Stühlen im Kreis. Die Stuhlanzahl ist gleich der Anzahl an Gruppenmitgliedern. A steht in der Mitte, die anderen Gruppenmitglieder sitzen. A soll nun den übrig gebliebenen freien Platz besetzen, sich also hinsetzen. Die anderen sollen das verhindern, durch rechtzeitiges Platz tauschen. Gelingt es jemanden nicht, zu verhindern, dass A sich setzt, so wechselt diese Person in die Mitte.

Variation:

Stühle im Raum verteilt, die Ausgangssituation ist gleich. Die Gruppe sitzt auf Stühlen, nur stehen diese jetzt gleichmäßig im Raum verteilt. Ein Stuhl bleibt frei. A nähert sich aus einer entfernten Ecke des Raumes in einem normalen Tempo dem freien Stuhl. Das Tempo, in dem sich A bewegt, sollte während der Übung gleichbleiben. A soll sich setzen, die Gruppe soll das verhindern.

Übung 25: Obstsalat

Gruppenübung

Trainingsziele: Schnelligkeit, Wachheit, Körperliche Aktivität

Die Gruppe sitzt auf Stühlen im Kreis. Es werden drei Früchte festgelegt, z.B. Apfel, Birne, Banane.

Jeder Frucht wird eine möglichst gleiche Anzahl von Gruppenmitgliedern zugeordnet. A geht in die Mitte und nennt eine Frucht, z.B. Birne. Alle Birnen tauschen nun die Plätze und A versucht dabei einen leer werdenden Platz zu besetzen. Bei dem Wort „Obstsalat" wechseln alle ihren Platz. Wer keinen Platz bekommt, geht in die Mitte.

Übung 26: Platzwechsel

Gruppenübung

Trainingsziele: Beobachtung, Reaktion, Partnersensibilität, Tempo

Die Gruppe steht im Kreis. Jeweils zwei Gruppenmitglieder finden ohne zu sprechen einen gemeinsamen Impuls und tauschen synchron ihre Plätze. Es sind auch Platzwechsel verschiedener Paare zur gleichen Zeit möglich. Ist der Platzwechsel vollzogen, so wird natürlich wieder nach einer anderen Person Ausschau gehalten. Es geht immer so weiter.

Übung 27: Blind Walk

Partnerübung

Trainingsziele: Raumgefühl, Koordination, Aufmerksamkeit, Vertrauen, Achtsamkeit

A werden die Augen verbunden oder schließt die Augen die ganze Zeit. Es werden Zeichen abgemacht: rechte Schulter tippen, heißt nach rechts, auf die linke Schulter tippen, nach links, auf den Rücken tippen, vorwärtsgehen. Zweimal tippen = rückwärtsgehen. Handfläche auf den Kopf legen, stehen bleiben. Sie können natürlich auch andere Zeichen abmachen. B führt A durch den Raum. B hat die ganze Verantwortung, da A nichts sehen kann.

B gibt die Zeichen rechtzeitig, erblickt mögliche potentielle Zusammenstöße rechtzeitig und vermeidet diese.

Am Schluss soll A sagen, wo er/sie sich im Raum befindet, bevor die Augen geöffnet werden.

Übung 28: Geräuschübung

Partnerübung

Trainingsziele: Senden einer Botschaft, Aufmerksamkeit, Wahrnehmung, Zuhören und Reagieren, Partnersensibilität, Raumorientierung, Vertrauen

A werden die Augen verbunden, vorher merkt sich A den Startpunkt. B stellt sich auf einen Zielpunkt des Raums und dirigiert A mit Hilfe eines Tons oder Geräuschs durch den Raum zu sich. Damit es keine Zusammenstöße mit anderen „Raumwanderern" gibt, sollte ein Signal ausgemacht werden. Wenn B dieses Signal sendet, bleibt A sofort stehen. „Tönt" B dann wieder, geht es weiter. Wenn A am Zielpunkt angelangt ist, soll A sagen, wo sich der Zielpunkt im Raum befindet, bevor A die Binde ablegt bzw. die Augen öffnet.

Übung 29: Polizist und Dieb

Gruppenübung

Trainingsziele: schnelles körperliches Agieren, Wachheit, umschalten und kombinieren können.

Es wird ein Dieb und ein Polizist festgelegt. Der Rest der Gruppe steht in Zweiergruppen verteilt im Raum. Die Arme sind wie bei Spaziergängern eingehängt. Der Dieb flüchtet nun zwischen den Zweiergruppen hindurch vor dem Polizisten. Das Ziel der Übung besteht darin, dass der Polizist den Dieb fängt. Hat er ihn, wechseln blitzschnell die Rollen. Der Dieb wird zum Polizist und umgekehrt. Für den Dieb besteht auch die Möglichkeit, sich bei den im Raum stehenden Zweiergruppen einzuhängen. Auch in diesem Fall wechseln die Rollen. Der Polizist wird zum Dieb und aus der Zweiergruppe, zu der sich der Dieb geflüchtet hat, löst sich von der anderen Seite ein Polizist heraus. Dieser Polizist jagt nun wieder den „neuen" Dieb.

Übung 30: Geometrische Action

Gruppenübung

Trainingsziele: Gruppenkoordination, Teamgeist, Reaktionsbereitschaft, Schnelligkeit, Gruppenaufgabe unter Stress lösen.

Im Raum verteilt, möglichst gleichmäßig, sollen die Gruppenmitglieder auf Ansage blitzschnell

eine geometrische Figur formen, wie ein Dreieck, Viereck, Kreis, Kreis mit einem Mittelpunkt etc. Es ist nicht erlaubt zu reden, aber Blickkontakt ist erlaubt. Alle werden eingebunden, alles so schnell wie möglich.

Variation: Sie können am Anfang ohne Zeit arbeiten. Dann können Sie einfach herunter zählen z.B. von 20 auf null oder

30 auf null etc. Die Aufgabe sollte innerhalb dieses Zeitrahmens gelöst werden.

Übung 31: Bewegungsformen im Raum

Gruppenübung

Trainingsziele: Aufmerksamkeit, Reaktionsbereitschaft, Körperliches Warm-UP

Akustische Zeichen werden bestimmten Bewegungsformen zugeordnet, z.b. zweimal Hände klatschen = Hüpfen usw. Zusätzlich wird ein Zeichen für neutrales Gehen ausgemacht.

Variation

Es werden Zeichen von außen vorgegeben, aber die Gruppe bestimmt die Bewegung spontan selbst. Wird dieses Zeichen wiederholt, so wird die gleiche Bewegung von der Gruppe durchgeführt.

Übung 32: Ohnmacht

Gruppenübung

Trainingsziele: Reaktionsfähigkeit, körperliche Schnelligkeit, Gruppengefühl.

Alle bewegen sich durch den Raum. Plötzlich fällt jemand in Ohnmacht. Das macht die betreffende Person dadurch deutlich, dass sie den Handrücken vor die Stirn hält und seufzt. Die Gruppe hat die Aufgabe, die Person rechtzeitig aufzufangen. Dann fällt wieder eine Person usw. Zur gleichen Zeit fällt aber immer nur eine Person.

Übung 33: Dreh Dich nicht um

Gruppenübung

Trainingsziele: Reaktionsvermögen, körperliche Schnelligkeit, Koordination, Konzentration

A steht mit dem Rücken zur Gruppe auf einer Seite des Raumes. Die Gruppe soll sich nun auf A zubewegen. In zeitlichen Abständen dreht sich A um. Die Gruppe soll sofort einfrieren. Wer von A noch „bewegend" ertappt wird, muss zur Ausgangsposition zurück. Wer A zuerst erreicht, übernimmt die Position von A. Die Übung beginnt von Neuem.

Übung 34: Bilde einen Satz

Gruppenübung

Trainingsziele: Konzentration, Zuhören, Rhythmusgefühl

Die Gruppe steht und bildet einen Kreis. Ein Ball oder ein ähnlicher Gegenstand wird sich in einem möglichst gleichmäßigen Rhythmus gegenseitig zugeworfen. Wer wirft, sagt dazu ein Wort und gibt dieses mit dem Ball weiter. Das Wort soll, wie auch der Ball, seinen Empfänger erreichen. Die Aufgabe besteht darin, ganze Sätze entstehen zu lassen und dabei den Rhythmus beizubehalten. Wer einen Satz beendet, wiederholt diesen einmal im Ganzen und beginnt einen neuen Satz, wieder mit einem Wort, und gibt dieses ebenfalls mit dem Ball weiter.

Übung 35: Ball-Action

Gruppenübung

Trainingsziele: sinnlich-körperliches Agieren, Umschalten in Bewegung und körperlichem Ausdruck, Offenheit, Reaktionsbereitschaft, Konzentration und Gedächtnis.

Die Gruppe bewegt sich durch den Raum.

Es werden vier verschiedene, farbige Bälle oder Ähnliches in der Gruppe einander zugeworfen. Immer wenn eine Person einen Ball hat, so verhält sich diese wie zugeordnet, wirft den Ball aber sofort weiter. Niemand darf 2 Bälle gleichzeitig besitzen. Das Gefühl bzw. die Tätigkeit, wird solange ausgedrückt bis man wieder beworfen wird. Dann wird das andere Gefühl ausgedrückt oder die andere Handlung ausgeführt.

Ball 1 = Traurig gehen

Ball 2 = laut singen

Ball 3 = verliebt tanzen

Ball 4 = albern rumlaufen

Hinweis:

Das ist für mich eine ganz wichtige Übung und Vorstufe zum Szenischen Spiel. Sie können selbstverständlich die Ballzuordnung variieren, genauso wie die Anzahl der Bälle reduzieren oder erhöhen. Sie können auch erst mit 2 Bällen, dann mit 3 usw., schrittweise den Schwierigkeitsgrad erhöhen.

Übung 36: Bewegungskanon

Gruppenübung

Trainingsziele: Beobachtung, Imitation, Koordination, Reaktionsbereitschaft, körperliches Umsetzen/Ausdruck

Die Gruppe stellt sich in einer Reihe hintereinander auf. A steht am Anfang der Reihe. Beim ersten akustischen Signal der Übungsleitenden Person, z.b. einem Klatschen, nimmt A eine möglichst klare Körperhaltung ein. Nächstes Klatschen: B übernimmt die Haltung von A und A nimmt eine neue Haltung ein. Nächstes Klatschen: C übernimmt die Haltung von B, B die von A und A wählt einen neue. So werden alle Körperhaltungen von vorn nach hinten durch die Reihe gegeben. Nach einer bestimmten Zeit wechselt A von der ersten Position an das Ende der Reihe. Die Übung endet, wenn alle einmal an erster Position waren.

Übung 37: Zug um Zug

Partnerübung

Trainingsziele: Agieren und Reagieren, Wahrnehmen, Aufmerksamkeit, Körperausdruck, Raumgefühl entwickeln.

Auf der Bühne werden neun Punkte so markiert, dass ein möglichst quadratisches Spielfeld entsteht.

Die Bühne bzw. der Raum, sollte dabei möglichst optimal ausgenutzt werden. A und B stellen sich jeweils auf eine selbstgewählte Position. Abwechselnd führen beide einen Spielzug nach dem anderen aus (Zug um Zug). Ein Spielzug besteht aus einer Bewegung von einer Position auf dem Spielfeld zu einer nächstliegenden Position. Dabei kann man sich waagerecht, senkrecht oder diagonal positionieren, ohne eine Position zu überspringen. Der Sinn des Ganzen ist ein Partnerspiel entstehen zu lassen, sich wahrzunehmen und auf das, was die Partnerperson macht, zu reagieren.

Beispiel: A geht auf B zu und lächelt, B kann nun auf A zugehen oder weggehen, B kann das Signal aussenden, auf A zugehen zu wollen, aber sich nicht zu trauen. B kann A ignorieren.

Es ist wichtig im wahrsten Sinne des Wortes, eine Position, eine Haltung einzunehmen, klar zu reagieren, eindeutige Entscheidungen zu treffen, wahrzunehmen und zu reagieren.

Übung 38: Stockübung

Partnerübung

Trainingsziele: Partnergefühl, gemeinsames Spiel

Zwischen A und B klemmt ein Stock. Die Aufgabe ist, sich gemeinsam durch den Raum zu bewegen, der Stock soll dabei nicht herunterfallen. Ebenfalls soll es keine Absprachen geben. Man kann parallel zu dieser Bewegung Dialoge trainieren.

Übung 39: Körperkontakt

Partnerübung

Trainingsziele: Körperkontakt, Körperbeherrschung, Partnergefühl

A und B sind in Bewegung und haben dabei an einer Stelle, die sich ständig ändert, Körperkontakt. Ziel der Übung ist es, trotz Änderung, den Körperkontakt nicht abreißen zu lassen, aber ihn zu variieren und dabei in Bewegung zu bleiben.

Übung 40: Alle auf die Stühle

Gruppenübung

Trainingsziel: Gemeinsames Bewältigen einer Aufgabe, Körperkontakt, Körperbeherrschung, Partnersensibilität.

Je nach Gruppengröße werden drei bis X Stühle nebeneinander gestellt. Die Gruppe bildet einen Kreis darum. Auf Kommando sollen alle so auf die Stühle kommen, dass am Ende keiner mehr den Boden berührt.

Hinweis:

Sie können diese Übung in der Wiederholung auch unter Zeitdruck machen, so erhöhen Sie den Schwierigkeitsgrad und trainieren zudem „Aufgabe unter Stress lösen."

Übung 41: Imitation

Gruppenübung

Trainingsziele: Beobachten, Imitation

A nimmt eine Position auf einem Stuhl auf der Bühne ein, verharrt in dieser Position, merkt sich auch seine Position genau! Die anderen Gruppenmitglieder beobachten genau die Position. Jedes Detail, wie Fußstellung, Kopfhaltung etc., ist wichtig. Dann steht A auf und B nimmt genau die gleiche Position von A ein, so exakt und detailgetreu wie möglich. C nimmt dann die Position von B ein, auch so exakt wie möglich usw. Am Schluss nimmt A seine Ausgangsposition, auf einem 2. Stuhl, auf der Bühne ein und es wird mit der Schlussposition verglichen. Was stimmt überein, was hat sich verändert?

Übung 42: Finde den Fehler!

Gruppenübung/ Einzelübung

Trainingsziele: Aufmerksamkeit, Wahrnehmung, Gedächtnis.

Eine Person wird aus dem Raum geschickt. 3 bis X Personen bilden ein Standbild zusammen. Die Person wird wieder hereingeholt. Sie hat 2 bis 3 Minuten Zeit, sich das Standbild einzuprägen. Dann geht sie wieder heraus. Details am Standbild werden verändert. Die Person wird hereingeholt und soll erkennen, was verändert wurde!

Übung 43: Beobachtung zu Zweit

Partnerübung

Trainingsziele: Aufmerksamkeit, Beobachtung

Zwei Personen stehen sich gegenüber. A beobachtet B, dann schließt A die Augen, B verändert ein Detail an sich, z.B. macht einen Knopf auf. Wenn B fertig ist, kann A die Augen öffnen und soll das veränderte Detail erkennen.

Hinweis:

Sinnvoll ist es, wenn Sie einfach anfangen und dann immer feiner werden. Z.B., Sie legen eine Strähne in die Stirn etc.

Übung 44: Hast Du mich wahrgenommen?

Gruppen- und Partnerübung

Trainingsziele: Aufmerksamkeits- und Beobachtungsschule

Phase A:

Zunächst bewegt sich die Gruppe durch den Raum. Die Aufgabe besteht darin, sich zu zweit zu begegnen und sich gegenseitig ein bis zwei Minuten zu beobachten, wie sieht er oder sie aus? Haarfarbe, Augenfarbe, Kleidung etc., dann weitergehen und das nächste Paar beobachtet sich. Wenn sich alle einmal begegnet sind und sich beobachtet haben, dann geht es über in Phase B

Phase B:

Es werden nun Paare ausgelost, wie folgt: Die Übungsleitende Person lässt Zettel ziehen. Auf der Hälfte der Zettel stehen Zahlen von 1 bis X, auf der anderen Hälfte der Zettel die gleichen Zahlen. Beispiel: Sie haben 10 Gruppenmitglieder, dann brauchen Sie 10 Zettel und schreiben Zahlen von 1 bis 5 auf die ersten fünf Zettel und das gleiche dann nochmal auf die zweite Hälfte. Nachdem alle einen Zettel gezogen haben, finden sich nun alle Einsen zusammen, alle Zweien usw., und setzen sich jeweils Rücken an Rücken auf den Boden und schließen die Augen.

A beschreibt nun B, ohne B zu sehen. Haar, Augenfarbe, Kleidung, Schmuck, wie die Schuhe gebunden sind etc., ohne sich umzudrehen. Dann das Ganze umgekehrt, B beschreibt A. Am Ende drehen sich beide um und betrachten einander, beide sprechen über ihre Treffergenauigkeit.

Übung 45: Hast Du das wahrgenommen?

Gruppenübung

Trainingsziele: bewusste Wahrnehmung der Umgebung, des Raums.

Die Gruppe bewegt sich durch den Raum und nimmt bewusst wahr, was sich alles im Raum befindet, wo sich was befindet und wie das aussieht, ob alle Lampen an sind, alle Fenster zu, auf Kippe oder ganz offen etc. Ebenfalls beobachten die Gruppenmitglieder sich auch gegenseitig. Nach einer Zeit bekommt die Gruppe die Anweisung stehen zu bleiben und die Augen zu schließen. Die Übungsleitende

Person stellt eine Frage zum Raum oder zu den Gruppenmitgliedern.

Beispiele: Wie viele Scheinwerfer befinden sich im Raum?

Welche Farbe hat Olafs T-Shirt? Welche Fenster sind auf?

Die Gruppenmitglieder beantworten, jeder für sich, still die Frage, ohne Kommentar. Wenn sie denken, sie haben die Frage beantwortet, so öffnen sie die Augen und überprüfen, ohne Kommentar, ob es richtig war. Nun geht die Gruppe weiter beobachtend durch den Raum, bis die nächste Frage gestellt wird. Analyse kann nach der Übung stattfinden.

Hinweis:

Diese und die vorherigen Übungen sind sehr wichtige Übungen der Wahrnehmungsschulung. Wir alle nehmen selektiv wahr, d.h. wir blenden den meisten Teil unserer Wahrnehmung aus. Das ist gut so! Stellen Sie sich vor, sie würden beim Autofahren alles wahrnehmen, gleichzeitig. Aber für die künstlerisch-darstellende Arbeit führt eine zu sehr selektive oder auch oberflächliche Wahrnehmung zu einseitiger Betrachtung, zu einseitigen Figuren und zu einem einseitigen, unlebendigen Spiel. Dieses Training ist für die dramatische und performative Schauspielarbeit, aber auch generell für die theaterpädagogische Arbeit sehr wertvoll.

Übung 46: Fühl den Raum

Gruppenübung im Raum

Trainingsziele: Schulung der subjektiven Wahrnehmung, Aufbau und Erhalt der dynamischen Beziehung zum Raum

Phase A:

Machen Sie Übung 45

Phase B:

Nachdem alles objektiv wahrgenommen wurde, motivieren Sie die Gruppenmitglieder dazu den Raum subjektiv zu beobachten. Also, die Mitglieder sollen den Raum im wahrsten Sinne des Wortes fühlen. Dabei können sie auch für einen Moment irgendwo im Raum stehen bleiben. Wie fühlt sich das an? Das Tempo kann gewechselt werden, wie verändert das den Raum? Die Mitglieder bewegen sich durch den Raum, mal groß und erhaben, mal klein. Wie verändert das den Raum? Zum Ausdruck von Gefühlen können Töne und Geräusche gemacht werden. Die Gruppenmitglieder bleiben jeder für sich.

Phase C:

Die Gruppenmitglieder bleiben jeder für sich. Nun sollen sie Töne (am besten Vokale, wie a oder o) in den Raum schicken. Wie klingt die Stimme im Raum? Wie wirken Stimme und Raum zusammen?

Phase D:

Reflexion zu zweit oder in der Gruppe: Wie waren die subjektiven Erfahrungen im Raum? Was hat sich warum, wann, wie verändert?

Übung 47: Präsentation

Einzelübung vor der Gruppe

Trainingsziele: Bewusste Aktion im Raum und Wahrnehmung des Raumes und der eigenen Befindlichkeit, bewusste Reflexion.

Jedes Gruppenmitglied stellt sich vor der Gruppe vor. Das heißt, Name, Alter, Beruf, Hobbys und erzählt etwas aus seinem Leben. Dabei spürt die Person in den Raum und unterbricht die Erzählung immer wieder und artikuliert dabei, wie der Raum sich anfühlt und wie das eigene

Befinden ist bzw. sich dabei evtl. verändert. Wie klingt die Stimme im Raum? Wie verändert die Stimme den Raum und evtl. umgekehrt?

Beispiel: „Ich fühle die kahle Wand hinter mir und die Scheinwerfer über mir, mir ist dabei warm, ich bin nervös." etc. Oder: „Ich spüre diesen mächtigen, großen Raum, meine Stimme scheint sich darin zu verlieren."

Immer wieder unterbricht die Person ihre Erzählung, in diesem Sinne, und erzählt dann weiter. Immer, wenn sie das Bedürfnis hat, Änderungen und Auffälligkeit über den Raum und ihren eigenen Zustand zu erzählen, tut die Person das und erzählt danach wieder weiter.

Übung 48: Spiegel Dich

Partnerübung

Trainingsziele: Konzentration, Kommunikation, Imitation

Zu zweit, gegenüber: A macht eine nicht zu komplizierte Bewegung vor, B versucht quasi synchron die Bewegung zu spiegeln. Seien Sie genau, präzise und nicht zu schnell und kompliziert. Nehmen Sie einfache Bewegungen. Die Übung kann zunächst auf der Stelle stattfinden und später mit Bewegung durch den Raum. Nach einer Weile übernimmt B.

Variation:

Wenn alles gut läuft und das Pärchen aufeinander eingespielt ist, so kann die Übung synchron ablaufen, sodass keiner mehr weiß, wer führt.

Sie können die Übung, wenn sie gut läuft, auch zur Vorführung bringen.

Übung 49: Der heiße Stuhl

Vierer Übung

Trainingsziele: Konzentration, Aufmerksamkeitsteilung, Koordination (Training der Zusammenarbeit zwischen rechter und linker Gehirnhälfte)

Vier Gruppenmitglieder bekommen die Zuordnung A, B, C, D und jeder hat einen Stuhl. Sie ordnen sich kreuzförmig an, A und B sitzen sich auf einer Achse gegenüber, C und D auf der anderen Achse. A ist das Mitglied auf dem heißen Stuhl. B beginnt langsame Bewegungen erst im Sitzen zu machen, am besten erst nur mit den Armen. A spiegelt diese. Das Spiegeln erfolgt während der ganzen Übung kontinuierlich, ohne Unterbrechung. Beide können später aufstehen und mit dem ganzen Körper arbeiten. Nachdem A, B eine Weile gespiegelt hat, setzt C ein und stellt A eine Rechenaufgabe – das Spiegeln wird zu keinem Zeitpunkt unterbrochen. Direkt nachdem A das Ergebnis der Rechenaufgabe geliefert hat, stellt nun D eine persönliche emotionale Frage, die nicht mit Ja oder Nein beantwortet werden kann. Beispiel: Was war dein schlimmstes Erlebnis in der Schule? Oder, was war Dein schönstes Erlebnis als Kind im Freizeitpark?

Nachdem A seine Geschichte erzählt hat, startet C sofort wieder mit einer Rechenaufgabe, danach D wieder mit einer Frage usw. A bleibt dabei immer kontinuierlich spiegelnd in Bewegung. Das Ganze geht solange, bis die Übungsleitende Person abbricht.

Übung 50: Erzähl mir Deine Geschichte 1.

Partnerübung

Trainingsziele: Zuhören, Gedächtnis, Kommunikation

Diese Übung ist auch als Übung zum Kennenlernen in kleiner Gruppe oder bei viel Zeit geeignet.

Zu zweit: A erzählt B seine/ihre Biographie und ein prägnantes Erlebnis. Das kann ein heiteres oder trauriges oder einfach nur ein besonderes Erlebnis sein. Dann wird getauscht und B erzählt, A hört zu. Beide hören einander gut zu. Am Schluss soll A, vor der Gruppe, Person B (Biographie+ Erlebnis) vorstellen. Danach stellt B Person A vor.

Übung 51: Erzähl mir Deine Geschichte 2

Partnerübung, vor der Gruppe

Trainingsziele: Zuhören, Gedächtnis, Fantasie, Überzeugungskraft, Kommunikation

Das Gleiche wie Übung 50, nur das die Erzähler*innen jetzt jeweils etwas zur wahren Biographie bzw. zu dem Erlebnis hinzuerfinden oder abändern. Die Gruppe soll dann herausfinden, was nicht stimmt.

Übung 52: Das Interview

Partnerübung vor der Gruppe

Trainingsziele: Spielmotivation, Kommunikation, Hemmungsabbau, Spontanität, Fantasie

Zu zweit: A interviewt B, befragt ihn/sie nach der Biographie etc. Hier kann auch Fantasie mit Realität vermischt werden.

Übung 53: Story-Telling

Gruppenübung

Trainingsziele: Zuhören, Fantasie, Motivation

Die Gruppe einigt sich auf einen Ort, wo die Geschichte stattfindet. Dann fängt A an eine Geschichte zu erzählen, gibt dann irgendwann an B ab, B führt die Geschichte fort, gibt dann an C weiter, usw.

Hinweis:

Eignet sich auch hervorragend als Abschlussübung, am Ende einer Stunde.

Übung 54: Fantastische Wesen

Einzelübung vor der Gruppe

Trainingsziele: Fantasie, Präsentation, Körperlichkeit im Spiel.

Am besten ist es, wenn Sie hier eine Hausaufgabe geben. Jedes Gruppenmitglied soll sich einen Gegenstand, eine Person, ein Fantasie-Wesen, eine Pflanze oder ein Tier ausdenken. In der Unterrichtseinheit sollen die Mitglieder dann ihre Dinge, Figuren etc. vorstellen. Sie sollen eine Geschichte über sich als Gegenstand, Pflanze etc. erzählen, idealerweise auch verkörpern. Die Übungsleitende Person kann als Interviewer*in helfen, falls die Person Schwierigkeiten bei der Präsentation hat.

Hinweis:

Geben Sie so wenig wie möglich vor, helfen Sie als Interviewer*in nur wenn jemandem „die Luft ausgeht". Ich bin bisher auch von Anfängern und Amateuren überrascht worden, wie flüssig und fantasievoll sie diese Übung mit tollen Ideen vollführen.

Sehr eindrucksvolle Beispiele: Ein Nein, Ein Stift, Ein Damenschuh, ein Baumwächter und vieles mehr.

Übung 55: Figuren assoziieren

Gruppenübung

Trainingsziele: Assoziation, Fantasie

Die Gruppe steht im Kreis. In die Mitte des Kreises wird ein Gegenstand gelegt. Nacheinander sagt jeder einen Satz über die fiktive Person, der dieser Gegenstand gehört. Dabei wird versucht, ein möglichst genaues Bild der Person entstehen zu lassen, Alter, Geschlecht, Vorlieben, Abneigungen etc. Aus den Umständen der Person entsteht so eine plastische, mehrdimensionale Figur.

Übung 56: Ich bin ein und gehe

Gruppenübung

Trainingsziele: Assoziation, Fantasie, Körperliches Umsetzen

Die Gruppe steht im Kreis. A geht in die Mitte des Kreises und behauptet etwas zu sein und stellt dieses dann körperlich, soweit möglich, so genau wie möglich, dar und friert als Standbild ein. Z.B. „Ich bin ein Motorrad". Dann kommt eine andere Person B aus dem Kreis dazu, äußert die Behauptung und setzt sich körperlich in Beziehung zu A. Z.B: „Ich bin das Lenkrad". Dann C alles genau so, z.B. „Ich bin ein Biker". Jetzt geht A aus der Kreismitte und nimmt entweder B oder C mit. A sagt: „Ich nehme das Lenkrad mit" oder „Ich nehme den Biker mit." A und B oder A und C gehen raus. B oder C bleibt zurück und wiederholt: „Ich bin ein Lenkrad" bzw. „Ich bin ein Biker".

Damit beginnt die Übung von vorn.

Übung 57: Münchhausen – oder einfach gut?

Einzelübung vor der Gruppe

Trainingsziele: Fantasie, Glaubwürdigkeit, Szenische Aufmerksamkeit und Präsenz

Jedes Gruppenmitglied bekommt die (Haus-)Aufgabe, drei Gegenstände mitzubringen. Zu jedem dieser Gegenstände soll vorher eine persönliche Geschichte vorbereitet werden. Dabei darf nur eine der Geschichten wahr sein. Die anderen Geschichten müssen frei erfunden sein. Die Gegenstände werden in der Unterrichtseinheit präsentiert. Die Gruppe versucht herauszufinden, welche der drei Geschichten wahr ist. Anschließend findet eine Reflexion statt.

Hinweis:

Stellen Sie in der Reflexion die Frage, woran es gelegen hat, dass man herausfinden konnte, welche der Geschichten wahr bzw. nicht wahr ist?

Wie spezifisch oder allgemein waren die in der Geschichte beschriebenen Umstände? Hatte das Einfluss auf die Glaubwürdigkeit?

Und jetzt die vielleicht wichtigste Frage: Glaubte die erzählende Person selbst an die Geschichte?

Übung 58: Charakter assoziieren

Dreiergruppe

Trainingsziele: Spontane Fantasie, Assoziationsfähigkeit

Die Dreier-Gruppe soll sich einen Namen für eine fiktive Person ausdenken und dann assoziieren wer bzw. wie diese Person ist.

Beispiel: Sarah Brunftmeier

A sagt: Bauernmädchen

B sagt: Liest Hanni und Nanni

C sagt: Trägt Brille

A sagt: Hornbrille

B sagt: Nein, eine kleine süße Brille

C: Ok, und sie hat Sommersprossen

Usw., wichtig ist, dass die Gruppenmitglieder sich einig sind. Wenn nur ein Mitglied nicht zustimmt, dann lässt man die Figur so stehen und fängt mit einer neuen an. Im Idealfall aber, treibt man es solange, bis man alles über die Person geklärt hat.

Übung 59: Sense memory: Do you like a cup of coffee?

Einzelübung

Trainingsziele: Sinnes-Schulung, Verbindung von Sinneseindrücken und Empfindungen, Echtheit im Ausdruck.

Die sense memories sind ein Kernbestandteil der Method-Acting und sie gibt es in vielen didaktischen Variationen. Diese Übung versteht sich also als ein Übungskomplex und nicht als eine Übung, die man an einem Tag macht. Bis Sie also zu Phase E gelangen, können Tage, Wochen oder Monate vergehen.

Phase A:

Auf dem Stuhl: beobachten Sie eine leere Kaffeetasse mit allen Sinnen, soweit möglich. Wie schwer ist die Tasse? Ist da etwas drin? Wie schmeckt das? Wie riecht das? Wie hält sich die Tasse; wie fühlt sie sich an? Wie hört sich die Tasse an, wenn Sie dagegen klopfen? Welche Farbe hat die Tasse, ist da was drauf, ein Bild, etc.? Lassen Sie sich Zeit und beobachten Sie genau.

20 bis 30 Minuten sind für den Anfang durchaus nicht zu viel.

Vielleicht machen Sie das dreimal, in unterschiedlichen Stunden. Wenn Gefühle in Ihnen aufsteigen, drücken Sie sie aus, durch Töne, Seufzer, Babysprache. Achten Sie darauf, dass der Kiefer locker bleibt!

Phase B

Jetzt machen Sie die gleiche Übung, nur imaginär, also ohne Tasse. Halten Sie die Tasse, war Sie schwer oder leicht?

Wie haben Sie sie gehalten? Wenn Empfindungen in Ihnen hochsteigen, lassen Sie das zu. Bleiben Sie aber beim Objekt und drücken Sie die Empfindungen durch Töne aus. Oder benutzen Sie Babysprache.

Phase C

Studieren Sie ein 2. Objekt, einen 2. Eindruck.

Erst real, wenn möglich, dann imaginär.

Phase D

Jetzt werden beide Eindrücke Kaffeetasse/Kaffee trinken und 2.Objekt/Eindruck kombiniert.

Wenn Sie beide Eindrücke gut entwickelt haben und gut imaginieren können, dann können Sie auch eine kleine Szene mit diesen Eindrücken spielen. Z.B. In der Küche Kaffee trinken und der Wasserhahn tropft. Was empfinden Sie und zu was werden Sie motiviert, zu tun. Also welche Handlungen ergeben sich daraus? Das ist die Frage!

Phase E

Wenn Sie die sense memories mit 2 Eindrücken beherrschen, dann nehmen Sie einen Dritten dazu.

Zunächst empfehle ich den dritten Eindruck, das dritte Objekt allein zu studieren.

Dann können Sie vielleicht die beiden anderen wiederholen und dann kombinieren Sie sie.

Es ist völlig normal, wenn Sie nicht alles auf einmal wahrnehmen, das geht gar nicht in gleicher Intensität. Auch ist es normal, wenn Sie einen Eindruck mal verlieren.

Beispiele für sense memory-Kombinationen:

Kaffeetasse beobachten/Kaffee trinken, Geräusch hören, Wärme oder Kälte fühlen.

Whiskey trinken, Musik hören, den Boden unter den Füßen spüren.

Wurst schmecken, essen, Wiese unter den Füßen spüren, einem Gespräch lauschen

Sand fühlen, Sonne auf der Haut, Sonnencreme riechen

Zahnschmerz fühlen, eine Zeitung lesen, einen Duft/Geruch wahrnehmen.

Hinweis:

Es können unterschiedlich viele sense Kombinationen erfunden werden. Die Kombinationen können so gewählt werden, dass sie sich a.) ergänzen, wie Sand, Sonne, Sonnencreme oder b.) in Spannung zueinanderstehen, Zahnschmerz, lesen, Duft. Bei b.) werden Sie abgelenkt, stehen die Aufgaben gegen einander. Mal gelingt es Ihnen zu lesen, mal werden Sie vom Duft abgelenkt und mal nervt Sie der Schmerz. Das ist szenisch gesehen eine wunderbare Ausgangslage. Es ist die Arbeit mit dem **gegenläufigen Prinzip**. Sie wollen lesen, das ist Ihr Ziel, Ihre Aufgabe, doch da ist immer wieder dieser Schmerz. Dann verschwindet der Schmerz und Sie wollen wieder lesen. Kaum konzentrieren

Sie sich auf das Lesen, werden Sie wieder abgelenkt: verflixt, da ist dann dieser Duft, erinnert er nicht an die flotte Kathrin oder den charmanten Kevin-Jason. Immer wieder führen die in Spannung stehenden Eindrücke weg von Ihrer eigentlichen Aufgabe, Ihrem Ziel, dass Sie eben lesen wollten. So erzeugen Sie schon eine Grundspannung, die Sie beim Spiel brauchen. Denn niemand auf dieser Welt, will Ihnen beim Lesen zuschauen – wirklich nicht. Wenn Sie mit a.) arbeiten, so können Sie Harmonie erzeugen, in die nun plötzlich jemand oder etwas hinein bricht. Beispiel: Sie sitzen am Strand, Sonne, Cocktail, vor Ihnen der schönste Hintern der Welt – Sie denken schön, „Malle is nur einma im Jahr"... und bums, zack, fliegt Ihnen ein Volleyball mitten ins Gesicht. Sie beseitigen das störende Ereignis wütend, regen sich ab, gehen wieder in die wunderbare Harmonie und dann wenig später, wieder dieser Ball und frech grinsende pubertierende Volleyball-Möchtegern-Beach-Boys, usw. Ich möchte Ihnen hiermit aufzeigen, dass Sie mit den sense-memories nicht nur ein wunderbares Training haben, sondern Sie es auch szenisch benutzen können. Auf das gegenläufige Prinzip gehe ich auch nochmal in Kapitel 2.4 ein.

Übung 60: szenische Arbeit mit 2 Eindrücken

Einzelübung vor der Gruppe

Trainingsziele: Szenische Arbeit mit sensorischen Eindrücken.

Spielen Sie eine kleine Szene mit 2 Eindrücken. Es empfiehlt sich zwei Eindrücke zu nehmen, die in Spannung zueinanderstehen (s. Hinweis, oben), z.B. Zahnschmerz und Sie lesen die Aufbauanleitung für das Küchenregal „Eike".

Hinweis:

Bei dieser Übung geht es nicht um das „große" Drama. Sondern um die Imagination der Eindrücke und das lebendige Spiel damit!

Übung 61: Original-Strasberg Übung (vgl. Strasberg 2005: S.39)

Einzelübung

Trainingsziele: sensorische Wahrnehmung, Imagination und spielerische Entwicklung

Sie kommen spät nach Hause, da Sie niemanden wecken wollen, aber Kopfschmerzen haben, gehen Sie im Dunkeln an den Medikamentenschrank. Sie nehmen eine Tablette aus dem Schrank, nehmen die Tablette ein. Dann aber fällt Ihnen auf, dass da auch noch Gift im Schrank war. Der Protagonist soll selber einen Schluss finden.

Übung 62: Aufmerksamkeitskreise 1

Gruppenübung

Trainingsziele: Arbeit mit den Aufmerksamkeitskreisen.

Zur Theorie der Kreise, lesen Sie bitte oben. Die Gruppe geht durch den Raum. Abwechselnd fokussieren die Gruppenmitglieder ihre Konzentration auf sich (erster Kreis); dann nehmen Sie die anderen Teile des Raums wahr (zweiter Kreis), dann den ganzen Raum (dritter Kreis).

Übung 63: Aufmerksamkeitskreise 2 – Das Traumschiff

Gruppenübung

Trainingsziele: Imagination eines fiktiven Raums und Anwendung der Aufmerksamkeitskreise, Verbindung und Wechsel intimer Momente mit Interaktion und Raum, Agieren und Reagieren, Improvisation

Die Gruppe oder einige Mitglieder bauen mit Hilfe von Requisiten die Kulisse des Decks eines Traumschiffs. Überlegen Sie, was alles auf diesem Deck vorhanden ist: Eine Bar, ein Pool, Liegestühle etc. Verabreden Sie die Raumgrenzen. Da wo das Publikum ist, befindet sich im **erweiterten imaginären Raum,** das Meer. Es werden die Rollen, Personal und Gäste, verteilt.

Die Protagonisten sollen nun zunächst, ihrer Rolle gemäß „intime" Tätigkeiten, wie sonnen, eincremen, einen Drink einnehmen, die Barfläche oder das Deck putzen etc., ausführen (erster Kreis). Nach einer Zeit sollen sie Blickkontakt oder auch Small Talk mit den anderen Protagonisten (zweiter Kreis) aufnehmen, z.B. fragen sie nach einer Zeitung, servieren einen Drink, flirten mit dem Gegenüber. Zudem fällt der Blick immer wieder in den imaginären Raum, ins Weite (dritter Kreis). Die Blicke schweifen, aber das Meer oder die Möwen werden konkret imaginiert. Immer wieder kommen die Protagonisten zurück zum zweiten bzw. ersten Kreis usw.

Erst wenn das „Spiel" mit den Kreisen gut funktioniert, können Sie auch eine richtige Massenimprovisation starten, indem sich z.B. ein Ereignis, ein Konflikt oder bestimmte Querbeziehungen der Protagonisten entwickeln.

Wenn Sie eine noch nicht Spiel und Improvisation erfahrende Gruppe haben, beschränken Sie die Übung erst mal nur auf die Kreise, sonst versinkt die Übung im Chaos.

Hinweis:

Sie können mit den Kreisen und konkreten Anspielpunkten im Raum wunderbar Monologe arbeiten. Vor allem mit Anfängern, die noch nicht auf dem Punkt sind und die Form sprengen. Nur sollten die Kreise eine wertvolle Hilfe sein, eine Orientierung, keinesfalls ein Korsett.

2.4 Tempo und Rhythmus, Spannung und Dynamik

Tempo, das ist die Schnelligkeit einer Handlung, einer Bewegung, eines Sprechvorgangs etc.

Rhythmus, das ist in der Musik, die Akzentuierung der Schläge eines Metronoms bei konstanter Geschwindigkeit. Die Betonung, beispielsweise jedes dritten Schlags eines Metronoms, führt zu einem Walzer. Im Schauspiel sind Tempo und Rhythmus viel subjektiver, als in der Musik, daher auch schwieriger zu beschreiben. Aber beides gehört zu den elementaren spielerischen Mitteln bzw. Gegebenheiten.

Zunächst können wir ein **inneres Tempo** vom **äußeren Tempo** unterscheiden:

Angenommen Sie sitzen in einem Aufenthaltsraum, äußerlich ruhig wirkend. In Ihnen brodelt es aber gewaltig, denn Sie erwarten das Ergebnis Ihrer Prüfung mitgeteilt zu bekommen. So ist ihr inneres Tempo konträr zum eher ruhigen Sitzen (äußeres Tempo). Sie können aber auch inneres Tempo und äußeres Tempo synchron haben, indem Sie wild und hektisch hin und herlaufen, wie ein „Rumpelstilzchen". Nur ist es so schwer Spannung aufzubauen. Und auf Dauer würde das Publikum genervt sein.

Wenn Sie einen Kontrast zwischen Innen und Außen aufbauen, so erzeugen Sie Spannung durch das **gegenläufige**

Prinzip, durch zwei entgegen verlaufende Kräfte. Die eine Kraft will Contenance bewahren und so das Tempo reduzieren. Die andere Kraft entsteht durch die Unruhe, durch die Gedanken: „Hoffentlich bin ich nicht durchgefallen, hoffentlich erreiche ich meinen „Numerus Clausus"; und vieles mehr. Das treibt die Nervosität und erhöht das Tempo. Beides steht gegeneinander, beides kämpft miteinander. So entsteht **Spannung.** Die eine Kraft, die Unruhe, will nach außen und erhöht das äußere Tempo auch zeitweise. Das macht sich spielerisch deutlich, durch z.b. ein nervöses Kramen in der Handtasche, ein nervöses leichtes Gezappel oder Aufstehen und hin und her laufen. Die andere Kraft will nach innen, will beruhigen und wieder setzt sich die Figur und regt sich ab. Die Kraft, die das Tempo erhöht oder erniedrigt, erzeugt **Dynamik.**

Wir halten fest:

Spannung entsteht in einer Figur durch das **gegenläufige Prinzip,** durch die entgegengesetzt verlaufenden Dynamiken zweier Kräfte, innen und außen, die zwei unterschiedliche Tempi zur Folge hat, die gegeneinanderstehen.

Dynamik entsteht, wie in der Physik, durch eine Kraft, als Ursache von Bewegung (Beschleunigung). Ständig beschleunigt oder reduziert sich ein Tempo. Innen gegen außen.

Wenn nun aber nicht endgültig ein Tempo dominiert, sondern immer beide in Konkurrenz stehen, so bleibt Spannung erhalten. Durch das Spiel der Kräfte, im Wettstreit gegeneinander, erhalten Sie ein dynamisches und spannendes Spiel.

Neben dem inneren und äußeren Tempo gibt es auch das **individuelle** und **kollektive** Tempo, Stanislawski nannte es **Tempo-Rhythmus.**

Der kollektive Tempo-Rhythmus ist sozusagen die Summe aus allen Individuellen Tempo-Rhythmen. Der individuelle Tempo Rhythmus ist von der Figur und der Situation abhängig. Die **Dynamik entsteht aus dem Wechselspiel der individuellen Tempo-Rhythmen.** **Spannung** entsteht aus den **unterschiedlich gerichteten Kräften,** den unterschiedlichen Absichten und den unterschiedlichen Charakteren der Figuren und den damit einhergehenden unterschiedlichen Tempo-Rhythmen.

Es kann aber auch sein, dass ein einzelner Tempo Rhythmus dem kollektiven Tempo Rhythmus anzugleichen gilt, weil dieser gerade nicht passt. So kann ein langsamer Tempo Rhythmus einer Figur in einer insgesamt schnellen, flotten Komödie bremsend wirken und muss verändert werden.

So wie innere dynamische Vorgänge dafür sorgen können, dass sich der Tempo-Rhythmus erhöht oder erniedrigt, so kann auch von außen die Erhöhung, Erniedrigung bzw. Veränderung von Tempo-Rhythmus einen kreativen Impuls nach innen setzen. Sie können also einfach durch Veränderung und dem Spiel mit dem Tempo Rhythmus und äußerer Dynamik eine Figur entwickeln, indem Sie zu neuen Ideen und Gedanken angeregt werden. Die Veränderung Außen hat unmittelbare Folge auf das Innere, was ja allgemein bekannt sein dürfte. Also, die Veränderung von äußerem Tempo-Rhythmus, also der Geschwindigkeit und der Betonungsabfolge einzelner Elemente des äußeren Vorgangs, wirkt unmittelbar ins Innere.

Wenn Sie Schwierigkeiten mit der Rollenentwicklung haben, dann versuchen Sie doch einfach mal ihr Tempo im Sprechvorgang oder ihr Bewegungstempo zu verändern. Versuchen Sie Betonungen in Ihrem Sprechvorgang zu verändern. Ändern Sie den Rhythmus. Akzentuieren Sie bestimmte Bewegungen, Gesten, Mimik in Ihrer physischen Handlung. Spielen Sie mit dem Tempo-Rhythmus.

Sie werden sehr erstaunt sein, welche Inspiration dies für Ihre Figur sein kann.

Wir können zudem den **äußeren Vorgang**, von einem **Zustand** unterscheiden:

Wenn Anfänger*innen bzw. Amateure betrunken spielen, so ist das immer das Gleiche. Ein völliges Hingeben in den Zustand des Betrunken Seins. Da wird getorkelt, gestolpert, gegröhlt, gesungen vernuschelt etc. Alles gut gemeint, war doch schließlich die Aufgabe eine betrunkene Person darzustellen. Würden Sie aber selber betrunken sein, so würden Sie eher gegen Ihren Zustand ankämpfen und ihn nicht auch noch forcieren. Das heißt, Sie würden sich redlich bemühen deutlich zu sprechen, grade zu gehen etc., was Ihnen aber immer mehr misslingt, da der Alkohol ihre Koordination zunehmend durcheinanderbringt. Bis zuletzt ist es ein Kampf gegen den Zustand. Sie spielen also einen Vorgang und keinen Zustand. Einen Vorgang, der darin besteht gegen einen Zustand zu kämpfen. Nehmen Sie noch ein Beispiel: Sie sind müde und wollen nach Hause, ein weiter Weg liegt noch vor Ihnen, Ihre Glieder sind schwer, aber Sie müssen nach Hause. Ihr Geist, Ihr Willen kämpft gegen den Zustand der Müdigkeit. Und dieser Vorgang ist dynamisch. Der Zustand selbst ist statisch, aber der Kampf dagegen, auch hier das Gegenläufige Prinzip, die verschiedenen Kräfte gegeneinander, das ist dynamisch und erzeugt und hält Spannung. Dynamik ist aktiv, Verharren in einem Zustand ist passiv und für die Bühne oder den Film nicht geeignet. Stellen Sie sich vor, Sie spielen jemanden, der oder die im Kino sitzt und der Müdigkeit erliegt und nun zehn Minuten schläft. Das will keiner sehen! Wenn ein Zustand gleichbleibt und man darin verharrt, ist das Spiel vorbei. Wenn Sie aber mit Ihrer Müdigkeit ringen, alles tun, um wach zu bleiben, aber immer wieder der Müdigkeit erliegen, wieder wach werden etc., so kann das ganz spannend sein. Wenn Sie dann nicht nur alles Mögliche, sondern auch

Unmögliche, Übertriebene tun, um wach zu bleiben, kann dies auch noch sehr komisch wirken. Sie sehen also auch hier, dass das **Gegenläufige Prinzip, als Kampf gegen den Zustand, Spannung erzeugt bzw. hält und dass das ständige Spiel der Kräfte, im Wettstreit zueinander, ein dynamisches Spiel ermöglicht.**

Übung 64: Tempo

Gruppenübung

Trainingsziele: Variation im Tempo, nach Ansage, im Raum und synchron, Gruppengefühl

Phase A

Gruppenmitglieder bewegen sich durch den Raum, auf Kommando der Übungsleitenden Person, mit dem Tempo 1 (niedrigstes Tempo) bis 6 (höchstes Tempo).

Phase B

Nicht die Übungsleitende Person gibt nun das Tempo vor, sondern ein Gruppenmitglied. Die Anderen richten sich möglichst genau nach der tatsächlichen Geschwindigkeit der Person aus. Stufen wie oben, von 1 bis 6. Die Geschwindigkeit wird solange beibehalten, bis ein anderes Gruppenmitglied, mit einer anderen Tempovorgabe, übernimmt.

Phase C

Die Gruppe versucht nun gemeinsam ein Tempo zu finden, ohne Absprache. Dieses Tempo wird auch immer wieder gemeinsam und möglichst synchron verändert.

Hinweis:

B und C verleiten häufig dazu, dass die Gruppenmitglieder im Gänsemarsch hintereinander herlaufen. Achten Sie darauf, dass sich die Mitglieder möglichst frei im Raum verteilen. Die Phase C ist auch ein wunderbarer Test, ob die Gruppe, bzw. wie stark die Gruppe miteinander im Einklang ist.

Übung 65: Rhythmus und Koordination

Gruppen- und Partnerübung

Trainingsziele: Rhythmus und Koordination.

Phase A:

Die Gruppe bewegt sich durch den Raum, wobei immer abwechselnd auf drei Schritte, drei Sprünge folgen. Das Ganze geschieht in einem gemeinsamen Rhythmus. Zusätzlich wird das, was getan wird laut benannt, das heißt zu jedem Schritt gehört das Wort „lauf" und zu jedem Sprung das Wort „hüpf".

Phase B:

Jetzt kommt die Aufgabe hinzu, während der drei Schritte eine/n Partner*in zu finden. Beide geben sich die Hände und hüpfen dreimal gemeinsam. Dann löst sich das Paar auf und während der nächsten drei Schritte, wird ein neuer Partner/eine neue Partnerin gefunden usw.

Phase C

So wie B, nachdem das Paar dreimal zusammen gehüpft ist, löst es sich nicht auf, sondern sucht sich während der folgenden drei Schritte eine weitere Person, um die Gruppe zu einer Dreier Gruppe zu machen. Wenn drei Personen dann Hand in Hand zusammen dreimal gesprungen sind, so löst sich die Gruppe wieder auf und die einzelnen Personen suchen während der Schritte eine(n) neue(n) Partner*in.

Variation zu C:

Statt nach drei Personen abzubauen, bildet man Vierer, Fünfer-Gruppen etc. Oder die ganze Gruppe zusammen.

Hinweis:

Der Rhythmus der Gruppe bleibt möglichst immer gleich.

Übung 66: Wir klatschen zusammen

Gruppenübung

Trainingsziele: Koordination von Bewegung, Tempo und Rhythmus in der Gruppe.

Die Gruppe nimmt ein gemeinsames Tempo und einen Klatschrhythmus ein und bewegt sich durch den Raum.

Irgendwann verändert jemand den Klatschrhythmus und das Tempo. Die Anderen folgen.

Übung 67: Der Ausraster

Gruppenübung

Trainingsziele: Koordination, Gruppengefühl, individueller und gemeinsamer Tempo-Rhythmus

Die Gruppe bewegt sich durch den Raum.

Ein gemeinsames Tempo und ein gemeinsamer Klatschrhythmus werden vollführt.

Irgendwann rastet ein Gruppenmitglied völlig aus, mit einem ganz anderen Tempo-Rhythmus. Die Gruppe versucht ihren Tempo Rhythmus beizubehalten, sich nicht aus dem Konzept bringen zu lassen. Der/die Ausrastende fügt sich nach einer kurzen Weile des Ausrastens wieder in die Gruppe ein. Dann rastet jemand anderes aus, usw.

Übung 68: The magic machine

Gruppenübung

Trainingsziele: Gruppenkoordination, Koordination von Bewegung, Tempo und Rhythmus

A erfindet auf der Bühne eine monotone Bewegung in Verbindung mit einem Laut oder Geräusch. Diese Bewegung soll in einem bestimmten Rhythmus ständig wiederholt werden. Nacheinander begeben sich die übrigen Gruppenmitglieder dazu, jeder mit einer eigenen Bewegung und einem dazugehörigen Geräusch. Jedes neue Teil soll zu dem bereits stattfindenden „Treiben" in Beziehung stehen, sodass am Ende eine Maschine entsteht, bei der alle beweglichen Teile ineinandergreifen und in einem von A vorgegebenen Rhythmus zusammen funktionieren.

Die Übungsleitende Person kann dann Tempostufen von 1 = fast Stillstand bis 10 = Höchstgeschwindigkeit vorgeben und die gesamte Maschine muss darauf reagieren.

Übung 69: Tempo-Rhythmus und Bewegung

Einzelübung

Trainingsziele: Abfolge verschiedener physischer Handlungen in logischer Handlungsfolge und Koordination von verschiedenem Temporhythmus und Aktivitäten

Phase A:

Es gibt einen Temporhythmus von 1 bis 10, wobei 1 fast Stillstand bedeutet und 10 maximale Geschwindigkeit. Es wird eine Abfolge von Tätigkeiten vorgegeben, z.B.

- zur Tür hereinkommen
- zu einem Stuhl gehen
- auf den Stuhl setzen

- nach rechts schauen
- aufstehen und den Raum wieder verlassen

Zunächst werden diese Tätigkeiten nacheinander einmal ausgeführt.

Phase B:

Anschließend werden die Aktivitäten mit einem Temporhythmus versehen, z.B.

- in einer 3 zur Tür hereinkommen
- in einer 6 zum Stuhl gehen
- in einer 2 setzen
- in einer 10 nach rechts schauen.
- In einer 4 aufstehen und den Raum wieder verlassen

Nun werden die Aktivitäten im vorgegebenen Temporhythmus erst einmal ohne nachzudenken, nacheinander ausgeführt.

Phase C:

s. Kapitel 2.6.3 Übung 97

Übung 70: Spannung und Dynamik

Einzelübung, evtl. anschließender Dialog, vor der Gruppe

Trainingsziele: Arbeiten mit dem Gegenläufigen Prinzip, inneres Tempo versus äußeres Tempo

Die Aufgabe ist, auf eine wichtige Person, eine Sache oder Information, zu warten: Beispiel Sie warten auf ein Prüfungsergebnis oder eine Diagnose mitgeteilt zu bekommen. Oder Sie warten auf eine(n) Rendezvous-Partner*in. Zunächst sind Sie leicht nervös, aber die Person, Information etc. lässt auf sich warten. Die Aufgabe ist, das dynamische Spiel, den Kampf mit dem inneren und äußeren

Tempo zu benutzen, um eine Spannung aufzubauen bzw. zu halten. Die Übungsleitende Person fungiert als Regisseur(in) und schickt irgendwann die Person herein mit der Info oder Sache etc. Die Szene kann fortgeführt werden.

Es kann hierbei helfen, ein Requisit oder Kostümteile ins Spiel mit einzubeziehen. Z.B. eine Handtasche, eine Rose, ein Kleidungsstück, etwas im Raum, wo Sie warten, eine Zeitung, ein Schminkset etc. Hier geht es aber primär nicht um das Warten und was man tut, wenn man wartet, sondern es ist wichtig, dass Sie sich klarmachen, auf wen oder was Sie warten. Ihre Gedanken, ihre Vorfreude, Ihre Sorgen, Ihre Angst erhöht Ihr Tempo von innen nach außen. Gleichzeitig versuchen Sie sich abzuregen oder durch Ablenkung zu beruhigen. Im Prinzip müssen Sie sich in die Situation eindenken, konkret, je konkreter, desto besser. Ihre Aufregung wächst dann automatisch. Und immer wieder aber regen Sie sich ab, gehen wieder nach innen. Da können Sie sich tolle Sachen einfallen lassen. Ihrer Kreativität steht nichts im Weg. Es ist ein Spiel mit dem Gegenläufigen Prinzip. Sprache ist erlaubt. Aber Sie können die Übung auch ohne Sprache ablaufen lassen.

Übung 71: Der Kampf gegen den Zustand

Einzelübung vor der Gruppe

Trainingsziele: Arbeiten mit dem Gegenläufigen Prinzip, Kampf gegen den Zustand

Zunächst geben Sie einzelnen Mitgliedern jeweils einen Zustand, den sie kurz vor der Gruppe spielen sollen. Z.B. müde, betrunken, traurig etc.

Besprechen Sie dann die Problematik statischer Zustände auf der Bühne und wie man durch „Kampf" gegen den Zustand Dynamik und Spannung erzeugen kann. Wie in der

Einführung erläutert. Bitten Sie dann die Gruppenmitglieder den Kampf gegen die Müdigkeit oder Betrunkenheit etc. zu spielen.

2.5 Improvisation in Theater und Film

2.5.1 Einführung

Unter verschiedenen Bezeichnungen wie Theatersport, Impro-Theater oder auch Impro Comedy verbirgt sich eine eigene Kunstform, die sich von der szenischen Improvisation unterscheidet. In der Szenischen Improvisation sind einige Determinanten gesteckt. Man hat einen Rahmen, weiß zumindest ungefähr wo die Szene hinführt, einige W-Fragen (s. Kapitel 3.2) werden im Vorfeld abgesprochen. Im Impro-Theater hat man in der Regel nichts oder sehr wenig, spontan wird einfach eine Aufgabe, ein Thema gestellt – häufig durch das Publikum, man geht auf die Bühne nur mit einem Status oder einem Gegenstand oder sonstigem Impuls und daraus entsteht eine Szene, aus dem Moment. Eine gewisse Dramaturgie gibt es im Impro-Theater auch. Sie ist gewissermaßen im Hinterkopf der Spieler*innen „verpflanzt" und schöpft sich im Moment. Die Frage die sich hier in diesem Buch stellt ist, was kann die dramatische Schauspielpädagogik daraus lernen?

Die Antwort ist – aus meiner Sicht und Erfahrung:

Viel!

Konkret heißt das, dass die Spontanität, das Reaktionsvermögen, die geistige und emotionale Flexibilität geschult werden. Zudem müssen sich die Spielpartner*innen aufeinander einlassen, zuhören und miteinander verzahnen, ansonsten gerät die Szene außer Kontrolle, wird für das Publikum wirr und unverständlich.

Wir trainieren durch Impro-Spiele Folgendes:

1.) Spontanität und Reaktionsfähigkeit
2.) Fantasie, Kreativität
3.) Zuhören, Wachsamkeit
4.) Agieren als Reagieren.
5.) Spielmotivation
6.) Befreiung des Spiels von Hemmnissen
7.) Voraussetzung für jede Impro = Vertrauen und Loslassen; auch trainierbar.
8.) Zulassen von und Umgang mit Scheitern. Integration des Scheiterns ins Spiel.

Alle diese Qualitäten sind auch für eine „konservative" dramatische Arbeit sehr wichtig!

Dennoch, auch für das Impro Spiel gibt es Regeln. Eine davon heißt: Sag Ja!

Das bedeutet, dass man alles annehmen soll, was der/die Partner*in vorschlägt.

Beispiel: Zwei Protagonisten begegnen sich auf der Bühne. Sagt A zu B: „Hallo Frau Müller, es ist ein schöner Tag, ein schönes Kleid haben Sie da an." dann kann B **nicht** sagen: „Ich heiße Herr Müller und es regnet und was für ein Kleid?" Das funktioniert so nicht – führt allenfalls zu unfreiwilliger Komik. Wenn A sagt, Sie sind Frau Müller und Sie haben ein Kleid an und es ist ein schöner Tag, dann reagieren Sie genau darauf. Sagen Sie Ja und entwickeln das Spiel weiter! Wenn jemand den Raum definiert, z.B. Sie sind im Garten, dann sind Sie im Garten, nicht plötzlich im Wohnzimmer oder sonst wo. „**Annehmen**" heißt das Stichwort. Die zweite Regel heißt **Reagieren** auf das, was Sie angeboten bekommen und weiterentwickeln. Dazu müssen Sie sich verzahnen, sich sehr gut zuhören und gegenseitig unterstützen, also miteinander spielen und nicht gegeneinander. Nur so funktioniert das Spiel. Sollen Sie zu einem improvisierten Schluss kommen, so müssen Sie sich aufeinander verlassen können und an einem „Strang" ziehen. Sie müssen sich vertrauen können und aufeinander reagieren.

Sie werden sehen, Improvisationsspiele machen Spaß, sind sehr kreativ, aber auch nicht ganz so einfach!

Störend ist auch der Hang zum Perfektionismus. Wenn Sie frei improvisieren ist Perfektion ausgeschlossen, zugunsten von Lebendigkeit und Dynamik! Deshalb hassen es manche, auch durchaus prominente Schauspieler*innen, improvisieren zu müssen. Aber dadurch werden sie lebendig oder wieder lebendig. Plötzlich müssen Sie um Worte ringen, Sie müssen spontan körperlich reagieren, nichts ist festgelegt und vorgezeichnet. Das macht das Spiel echt, frisch, lebendig, dynamisch, ja vielleicht auch authentisch. Das Problem ist, man kann in der Improvisation scheitern. Das was für die Laienspielgruppe erträglich ist, denn hier dürfen sie endlich mal scheitern, ist für den/die Berufsschauspieler*in immer noch unerträglich. Hängt doch die Existenz daran. Scheitern ist, wie auch in unserer gesamten Gesellschaft, im Schauspiel ein NO GO! Du darfst nicht scheitern! Und das ist fatal, denn daraus ergibt sich der Zwang zur Perfektion und das muss nicht immer, aber kann durchaus die Sterilisation des Lebendigen Spiels bedeuten – und das ist zumindest im Theater der Tod. Im Film kann hier möglicherweise im guten Schnitt und der Bearbeitung noch einiges „gerettet" werden.

Auf der anderen Seite, wollen auch professionelle Impro-Spieler, Komiker Truppen etc. gute Qualität abliefern. Was ist wenn ein Spieler, eine Szene „steckenbleibt", was ist, wenn sie scheitert?

Oder vielleicht sollte man zunächst die Frage stellen, warum kann überhaupt jemand scheitern?

Heißt scheitern schlecht spielen? Nicht unbedingt.

Es gibt Improvisationen, die sind relativ sicher und können nicht scheitern, sind gut durch die Protagonisten kontrollierbar. Andere wiederum bergen ein hohes Risiko in sich. Ich möchte das einmal mit einem professionellen Jongleur vergleichen. Jeder, der oder die auf der Schauspielschule, Artisten- oder Clownsschule mal das Fach Jonglage hatte, weiß wie schwer es am Anfang ist mit 2 und dann mit 3 Bällen zu jonglieren, geschweige denn, Kunststücke öffentlich zu präsentieren. Das dauert. Das Scheitern am Anfang kommt dadurch, dass man die Technik noch unzureichend beherrscht. Das ist aber nicht das Scheitern, was hier gemeint ist. Denn ein professioneller Jongleur beherrscht seine Technik. Aber, je ausgefeilter seine Kunststücke sind, desto größer ist das Risiko zu versagen, zu scheitern. Das Risiko, was aber ein Jongleur oder ein Impro Ensemble eingeht, ist auch das, was die Spannung hält, sowohl für das Ensemble, als auch für den einzelnen Spieler und damit auch für das Publikum. Wer also ein hohes Risiko eingeht, der oder die hat einen hohen Anspruch. Das heißt nicht Perfektion, sondern der Dreiklang Anspruch, Risiko, Scheitern ist hier zu benennen. Es geht also beim Scheitern gewiss nicht um Nicht Können, sondern um das Ausloten der Grenzen. Das ist lebendig und hält lebendig, das ist das Leben. Wer also im Leben, wie auch auf der Bühne oder vor der Kamera keinen Anspruch hat, immer auf Low Risk geht, der oder die läuft weniger Gefahr zu scheitern. Daraus folgt aber auch weniger Weiterentwicklung. Stagnation, Langeweile bis Erstarren ist hier vorprogrammiert. Und das ist im Kern auch ganz nebenbei eine Erklärung, warum jede Gesellschaft ohne das Scheitern dürfen zum Untergang verurteilt ist. Und das erklärt auch ebenfalls ganz nebenbei, warum vieles bei uns nicht mehr so gut funktioniert und wir statt Ehrlichkeit, hohem Anspruch und kreativen Lösungen, gepanschtes Essen, manipulierte oder zumindest geschönte

Arbeitsmarktstatistiken, und manipulierte Abgaswerte als Erfolg verbuchen. Das kann auf Dauer nicht gut gehen. Wir müssen uns also wieder erlauben zu scheitern, weil wir Neues ausprobieren, weil wir damit ein Risiko eingehen, aber dadurch die Möglichkeit der Fortentwicklung besteht. Das traut sich aber jeder nur dann, wenn er oder sie ein Minimum an Sicherheit hat. Wie in der Gesellschaft diese Sicherheit erreicht werden kann, führt hier zu weit, dies zu erläutern. Aber das ist das Thema in der Improvisation. Deshalb ist die freie Improvisation oder Improvisation überhaupt, nicht nur für die dramatische Arbeit wichtig, sondern kann im Sinne von Theaterpädagogik auch Menschen helfen Scheitern zuzulassen und auch zu organisieren, so dass es nach dem Scheitern immer weitergeht und man womöglich daraus gelernt hat. Und hier könnte Politik und Wirtschaft von der darstellenden Kunst und der Theaterpädagogik lernen, im Sinne von kalkuliertem Scheitern, offener, transparenter Kommunikation und einem dynamischen produktiven, höchst qualitativ ausgerichteten Lernprozess.

Also nochmal ganz klar: Scheitern ist nicht „Nichts Können" und es geht auch nicht um das Scheitern, sondern Scheitern ist ein „natürlicher" Bestandteil von Improvisation, der vor allem zunimmt, wenn man ein hohes Risiko eingeht, wenn man einen hohen Anspruch hat, an Grenzen geht, Neues ausprobiert.

Wie aber geht man mit Scheitern um?

Es gibt verschiedenen Umgang damit. Es gibt Ensembles, die sind an sich schon aufs Scheitern eingestellt, da Scheitern ihr Programm ist oder ein Teil des Programms ist und es damit auch zur Belustigung des Publikums führt. Wiederum andere bauen das Scheitern spontan geschickt ein, so dass der Eindruck erweckt wird, das sei Programm. Das funktioniert aber nur in einem sehr guten Ensemble, indem jeder sich und den anderen „retten" kann. Es gibt aber auch die

Möglichkeit, das Scheitern als Folge des Spiels mit den Grenzen transparent zuzulassen oder gar darüber zu reden, zu reflektieren. Dieses und vieles andere, kann man sich einfallen lassen. Wichtig ist immer das Scheitern als Möglichkeit einzukalkulieren und den Umgang damit, insofern, dass es immer weitergeht und man daraus lernen kann. Wie im Leben.

Natürlich kann auch ein ganzer Abend scheitern, aber in der Regel sichern sich Profis da ab, so dass immer nur Teile scheitern können oder bewusst scheitern, damit sich das Publikum daran gewöhnt. Eine Absicherung kann dadurch stattfinden, dass bewusst Improvisationen eingebaut werden, die eigentlich erfahrungsmäßig immer funktionieren, um damit das Publikum auch wieder aufzufangen.

2.5.2 Film und Impro. Axel Ranisch – ein Vergleich mit konventioneller Film- und Fernseharbeit

Der Mumblecore ist ein in den USA entstandenes Subgenre des Independentfilms. Ein wesentliches Kriterium dieses Genre ist der improvisierte Dialog.

Im Folgenden möchte ich auf Axel Ranisch eingehen, dessen Arbeit sicher in Deutschland zu diesem Genre des Mumblecore zu zählen ist.

Ranisch wird im Sommer 1983 – wie er auf seiner Homepage selbst beschreibt – „als dickes Kind zweier Leistungssportler im schönen Berliner Bezirk Lichtenberg geboren."

Dem Medium Film stand Ranisch eher skeptisch gegenüber. 2002 wollte er eigentlich einen Theaterpädagogik Workshop mitmachen. Da dieser aber völlig belegt war, landete er eher unfreiwillig im Videokurs. Dort drehte er den ersten Kurzfilm und „infizierte" sich – nach eigenen Angaben – mit dem „Virus Film". Noch parallel zum Abitur begann er sich zum

Medien- und Theaterpädagogen ausbilden zu lassen. Anschließend begann er sein Regie-Studium an der HFF „Konrad Wolf" in Potsdam Babelsberg. Seinen Diplom Film „Dicke Mädchen", drehte er 2011 mit Mini DV Kamera, und einem Budget von 517 Euro und – wie Ranisch in einem Interview mit Ulrich Sonnenschein keck betonte – 32 Cent. Ein Drehbuch gab es dazu nicht, sondern nur eine Beschreibung zum Handlungsablauf, eine Art Treatment. Durch die technisch-minimalistische Arbeit weist der Film auch nicht die technische Qualität auf – wie man allgemein gewohnt ist – und er war ja auch von Ranisch nicht als Film für die Öffentlichkeit gedacht. Doch da täuschte sich Axel Ranisch gewaltig. Der Film war erfolgreich und wurde mit verschiedenen Preisen ausgestattet. (Quelle: Interview mit Ulrich Sonnenschein, 20.10. 2013, im Kino des Deutschen Filmmuseums; veröffentlicht am 10.9.2014, YouTube-Kanal)

Weitere Filme sind u.a. „Ich fühl mich Disco" (2013) und „Alki Alki" (2015), sowie der Tatort „Babbeldasch" (SWR/ 2017) mit Kommissarin Odenthal (Ulrike Folkerts) und Kommissar Kopper (Andreas Hoppe).

Als Schauspieler ist Axel Ranisch vielen als „dicker" sympathischer „Kommissar Schröder" in der Krimi-Reihe „Zorn" ein Begriff.

Der Hauptunterschied der Arbeit Ranischs zu konventioneller Filmarbeit besteht darin, dass es bei ihm kein Drehbuch im klassischen Sinne gibt, mit ausformulierten Dialogen, sondern die Dialoge werden von den Akteuren am Set improvisiert. Zudem arbeitet er, neben professionellen Schauspieler*innen, mitunter auch mit Laien. Einen besonderen Stellenwert im Leben, wie auch im Film, erhält Ranischs Oma Ruth Bickelhaupt, die beispielsweise die demenzkranke Mutter in „Dicke Mädchen" spielte. Wichtig ist für Axel Ranisch, die Emotion und Authentizität im Film, diese geht für ihn vor technischer Perfektion.

Angefangen hat er als Medienpädagoge, indem er Kurzfilme mit Laien in einer Woche improvisiert und fertig gestellt hat. An der Filmhochschule lernte er anschließend dann wie es „richtig" geht, was ihm aber gar nicht zusagte.

Wie geht es „richtig"?

Lassen Sie uns kurz einen Ausflug in die Film- und Fernseharbeit machen, um anschließend wieder zu Ranisch zurückzukehren.

Sie müssen wissen, bevor ein Film gedreht wird, ist eigentlich von der Planung her alles fertig. Bevor der Schauspieler oder die Schauspielerin ans Set geht, hat er oder sie den ausformulierten Text, das Drehbuch erhalten und perfekt gelernt. Es gibt durchaus Regisseure und Autoren, die peinlich genau auf die Wiedergabe jedes Wortes Wert legen – in der richtigen Reihenfolge, versteht sich. Andere wiederum lassen sich auch sogar auf gewisse Änderungsvorschläge ein.

Jede(r) Team-Mitarbeiter*in erhält auf Basis des gesamten Drehplans eine tagesaktuelle Dispo (Tagesdisposition). In dieser Disposition sind, neben anderen produktionsspezifischen und optionalen Informationen, immer auf jeden Fall enthalten:

- der Drehort, mit realer Adresse, sowie in Form von Motiven
- der Zeitplan (Arbeitsbeginn aller Teammitglieder, Drehbeginn und Drehschluss)
- das Pensum (eine Auflistung aller abzudrehenden Szenen oder Teilbilder)

Nichts wird hier dem Zufall überlassen, jedes Teammitglied weiß, was zu tun ist. Es gibt je nach Größe des Films, also ob es um einen Werbefilm handelt oder einen Krimi, Actionfilm etc., ein mehr oder minder großes Team, bestehend aus Regie, Schauspieler*innen, Regieassistenz, Aufnahmeleitung, Technik, Kamera, Ton, Maske, Requisite, Kostüm etc. und nicht zuletzt Catering, damit niemand verhungert, verdurstet und an chronischer Unterernährung, noch am Set, einen qualvollen Tod stirbt, denn Drehtage können lange dauern. Und ja, Sie haben richtig gelesen: Arbeitsbeginn ist nicht Drehbeginn. Vor Drehbeginn ist da die mehr oder minder aufwendige Maske, das Kostüm etc. Je nach Film, kann die Maskenzeit kurz dauern oder bis zu mehreren Stunden. Wenn es dann heißt, Drehbeginn, befinden sich Schauspieler*innen bereits mit gut gelerntem Text und vorbereiteter Rolle, völlig „maskiert", gepudert, fertig gekleidet und drehbereit am Set. Niemanden hängt noch ein Brotkrumen im Mundwinkel, es wird auch keine letzte SMS geschrieben oder ein letzter Pokemon gefangen, sondern Schauspieler*innen haben dann drehbereit zu sein und man muss es so sagen, wie es ist, auf Knopfdruck zu funktionieren.

Häufig kommt es zu großen Wartezeiten, da ständig umgebaut wird, es irgendwelche technischen Probleme gibt oder man bei Außen-Drehs darauf wartet, bis endlich die Wolke weggeht oder eine Wolke vorbeizieht oder eine dämliche Schafsherde, im Schweiße ihrer Angst vor dem bösen Schäferhund, endlich im Hintergrund erscheint, uvm. Für Schauspieler*innen heißt es Geduld zu haben und selbst nach mehreren Stunden Wartezeit jederzeit einsatzbereit zu sein und die richtige Emotion und den richtigen Text zu bringen. Verzögerungen im Drehablauf sollten nie in der Schauspielerperson begründet liegen, weil sie nicht „drehfertig" ist, nicht in der Stimmung ist, sich einfach am Catering „totgefressen", oder das 2000 EUR teure Kostüm mit Kaffee oder sonstiger Leckerei bekleckert hat. Das alles sollte Ihnen als Schauspieler*in nicht und niemals passieren!

Noch dazu kommt, dass Filmszenen nicht unbedingt chronologisch gedreht werden. Das liegt daran, dass verschiedene Drehorte Kosten verursachen. So werden beispielsweise in einem Lokal, was angemietet wurde, alle Szenen an einem oder mehreren Tagen abgedreht, die dort stattfinden, von vorne bis hinten. Und jetzt kann es auch noch passieren, dass aus technischen Gründen, mit der Schlussszene begonnen wird. Das heißt, für die Filmschauspieler*innen, dass sie alle Vorgänge und Situationen der Rolle abrufbereit verinnerlicht haben müssen. Dies erfordert eine hohe Konzentration und Professionalität, kann aber durchaus gewisse Schwierigkeiten verursachen. Es ist durchaus so, dass auch im Film Proben vor der Drehphase stattfinden können. Das hängt vom Regisseur oder der Regisseurin und auch von der „Schwere" des Projekts und der Rolle ab.

Im Theater gibt es eine meist durchgehende intensive Probenphase. Die Szenen werden nach Möglichkeit chronologisch entwickelt – aber auch hier kann es vorkommen, dass aus verschiedenen Gründen „gesprungen" wird. In der sogenannten Generalprobe, sollte alles möglichst „laufen" – was es aber selten zu wirklich hundert Prozent tut und von manchen Schauspielern/Schauspielerinnen als „gutes Omen" gesehen wird, aber Regisseur*Innen wahnsinnig machen kann. Ab der Premiere heißt es dann spätestens, ein Stück einen Abend durchzuspielen. Es gibt keinen Cut, kein Zurück mehr – „the Show must go on". Egal, ob Ihnen der Absatz bricht, das Kleid reißt oder Sie von der Bühne fallen (so was soll wohl vorkommen), es geht, muss immer weitergehen. Beim Film wird, wie gesagt, unchronologisch, häufig ohne Proben gedreht und in „kleinen Häppchen", kleinen Einheiten, den sogenannten takes, in und aus verschiedenen Einstellungen, die dann zusammengeschnitten werden. Das heißt, der/die Schauspieler*in hat auf das Endprodukt keinen Einfluss mehr.

Kommen wir zurück zu Axel Ranisch. Er arbeitet völlig anders. Schon in der Filmhochschule missfiel ihm die konventionelle Arbeitsweise und er drehte parallel zu seinem Studium improvisierte Filme, die er selbst „Ferienfilme" nennt. Er drehte dabei einfach drauf los und nutzt beispielsweise besondere Orte als Inspiration. (Quelle: Interview mit Ulrich Sonnenschein, 20.10.2013, im Kino des Deutschen Filmmuseums – YouTube Kanal, veröffentlicht 10.9.2014)

Neben der Besonderheit, dass die Dialoge von dem/der Schauspieler*in improvisiert werden, dreht Ranisch möglichst chronologisch! Dafür verzichtet Ranisch gegebenfalls auch auf bestimmte Drehorte. Zudem braucht er ein kleineres Budget, ein kleineres Team und weniger Drehtage. Diese Art der Arbeit stößt natürlich generell nicht nur auf Gegenliebe, denn hier geht es auch um Arbeitsplätze und um die Gage der Darsteller*innen. Auf der anderen Seite werden so bestimmte Filme erst möglich, die nicht mit hohem Budget ausgestattet würden. Es geht also auch darum, Filme überhaupt erst möglich, unabhängig und anders zu machen.

Axel Ranischs Arbeitsweise setzt in Proben und Gesprächen schon vor dem eigentlichen „Drehen" an. Und zwar bei der Figur. Die Darsteller*innen sollen vor allem in Ihrer Rollenarbeit die Biografie der Figur berücksichtigen. Welche Geschichte hat die Figur? Was hat sie vor der eigentlichen Geschichte des Films getan, wie hat sie gelebt? Wie ist sie aufgewachsen?

Nach Ranischs Auffassung muss ein/e Schauspieler*in die gesamte Biografie der Rolle, also auch das, was vor allem vor der eigentlichen zu verfilmenden Geschichte stattgefunden hat und welche Beziehungen die Figuren hatten und welche sie jetzt haben, in und auswendig wissen. Wenn die Schauspieler*innen das aber wissen und auch verinnerlichen, können sie – nach Ranisch – im improvisierten Dialog nichts Falsches sagen. Alles, was sie dann sagen, kann nur richtig sein. (Quelle: Interview mit Ulrich Sonnenschein,

20.10.2013, im Kino des Deutschen Filmmuseums, veröffentlicht am 10.9.2014; YouTube-Kanal)

Ranisch hat sich auch in das „heilige" Tatort Metier vorgewagt und den Film „Babbeldasch" produziert, der am 26.2.2017 in der ARD ausgestrahlt wurde. Er arbeitete dabei mit Amateurschauspielern des Ludwigshafener Mundarttheater Hemshofschachtel zusammen, die er auch ein Jahr zuvor in diversen Workshops vorbereitet hat. Mit dabei die Kommissare Odenthal – alias Ulrike Folkerts und Kopper – alias Andreas Hoppe. Für beide eine sehr ungewohnte Art zu arbeiten. Zum einen das chronologische Drehen, „das etwas andere Drehbuch", ohne ausformulierte Dialoge und eben die Improvisation, mit der teils lange Szenen ausgespielt wurden, was wie wir schon feststellten, nicht üblich ist. Üblicherweise dreht man in kleinen takes, alles ist genau festgelegt und die vielen Schnipsel werden dann später zu dem, was die Zuschauer*innen zu sehen bekommen.

Von der Resonanz klang das an, was zu erwarten war, wenn sich „Impro-Film" in das „heilige Tatort-Metier" vorwagt: Absolute Begeisterung bis hin zu totaler Ablehnung und Shitstorm im Netz, sowohl bei der Film-Kritik, als auch beim Publikum.

Axel Ranisch polarisiert. Sowohl bei Kollegen, als auch beim Publikum. Wer aber seine Filme, wie Alki, Alki oder Dicke Mädchen kennt, kann möglicherweise eine unglaubliche Lebendigkeit, Dynamik im Spiel, wie auch eine unglaubliche Echtheit im Moment feststellen, die es Wert ist, sich mit seiner Arbeitsweise zu beschäftigen.

2.5.3 Impro-Spiele

Übung 72: Its magic

Gruppenübung

Trainingsziele: Sensibilität, bewusste Absicht trainieren, Vertrauen auf den inneren Impuls versus Intellekt.

Kennen Sie das? Sie schauen einer schönen Frau oder einem schönen Mann hinterher, denken fest an die Person, die Person sieht Sie nicht, doch plötzlich dreht sich die Person um? Nein? Probieren Sie es mal aus. Dieses Phänomen zu erklären, sofern man es heute überhaupt schon kann, bedarf ein eigenes Buch. Aber Sie können dieses Experiment auf der Bühne durchführen und gleichzeitig damit die Sensibilität und die bewusste Absicht trainieren:

Vier Gruppenmitglieder. Drei setzen sich auf Stühle, mit einigem Abstand zueinander, aber auf gleicher Höhe, mit dem Gesicht zum Zuschauerraum. Einer sitzt also ganz links, einer in der Mitte und einer ganz rechts auf der Bühne. Alle drei haben die Augen geschlossen. Das vierte Mitglied steht in angemessenem Abstand hinter den Dreien in der Mitte der Bühne. Die restliche Gruppe sitzt vor der Bühne und beobachtet.

Das stehende Mitglied hat seinen Blick von den Sitzenden abgewandt und entscheidet, welchen der drei es gleich fixieren wird. Hat das Mitglied seine Wahl getroffen, wirft es seinen Blick mit aller zur Verfügung stehenden geistigen Energie und Willenskraft auf den gewählten Partner und schaut ihn oder sie von da an kontinuierlich mit der Absicht an, diese Person zu erreichen. Wichtig ist, dass das Gruppenmitglied nie leer schaut, sondern mit seinem Blick immer bei der Partnerperson etwas bewirken will. Die Übung funktioniert nur, wenn eine starke Energie auf erhöhte Sensibilität trifft.

Die drei sitzenden Gruppenmitglieder sollen spüren, wer von ihnen angeschaut wird, wer gemeint ist. Fühlt sich ein Mitglied gemeint, streckt es die Hand. Hebt jemand die Hand und ist nicht gemeint, so teilt die Übungsleitende Person das mit. Das Ganze geht weiter!

Auswertung:

Was haben die anderen beobachtet? Besprechen Sie genau. Dies ist eine höchst aufschlussreiche Übung.

Übung 73: Schwänzchen fangen.

Gruppenübung

Trainingsziele: Aufmerksamkeits-Reaktionsvermögen, Schnelligkeit, Energetisierung, Gruppendynamik.

Jedes Gruppenmitglied bekommt ein Schwänzchen aus Papier oder Stoff und steckt sich dieses in den hinteren Bund der Hose, sodass es beim Laufen nicht abfällt, aber abreißbar ist und dabei nicht kaputt geht.

Ein(e) Jäger*in hat die Aufgabe ein Schwänzchen abzureißen. Die Gruppenmitglieder sollen entkommen. Gelingt es dem Jäger ein Schwänzchen abzureißen, so wird die gefangene Person zur Jagdperson und die nun Ex-Jagd Person, steckt sich das Schwänzchen in den Hosenbund und flüchtet.

Es gibt eine Möglichkeit nicht gefangen zu werden, dann wenn sich zwei Mitglieder rechtzeitig die Hand geben oder einander einhaken und stehen bleiben, sind sie immun. Kommt aber eine dritte Person hinzu, die sich bei beim Pärchen A-B, bei B einhakt, dann muss A verschwinden, sonst wird die Immunität aller drei aufgehoben und alle drei sind zu fangen. Hakt sich die Person bei A ein, muss B verschwinden.

Variation: Verkomplizieren können Sie es, wenn Sie die Regel aufstellen, dass nicht mehr als zwei oder drei Pärchen sich gleichzeitig bilden, weil dann alle Pärchen Immunität verlieren und gleichzeitig zu fangen sind. Damit erhöhen Sie die Aufmerksamkeitsleistung und die Gruppendynamik.

Übung 74: Papier ist geduldig

Gruppenübung

Trainingsziele: Reaktionsvermögen, Schnelligkeit, Balance, Koordination und Feinjustierung.

Jedes Mitglied bekommt ein DIN A 4 Blatt Papier auf eine ausgestreckte Handfläche. Die andere Hand ist die „Stehlhand". Wenn die Person Rechtshänder ist, macht es Sinn, wenn die rechte Hand Stehlhand ist, die linke Hand „Papierhand".

Aufgabe ist es, dieses Papier durch den Raum zu tragen und gleichzeitig anderen Ihr Papier wegzustehlen, ohne dass das eigene Papier gestohlen wird oder herunterfällt. Gelingt es jemanden ein Papier zu stehlen, so legt er/sie es auf seine/ihre ausgestreckte Handfläche (Papierhand) bzw. auf die anderen Papiere oben drauf und trägt sie weiter sorgsam durch den Raum und passt auf, dass die Papiere weder herunterfallen, noch gestohlen werden, versucht aber gleichzeitig weiter anderen ihr Papier wegzustehlen. Herunter gefallene Papiere dürfen nicht aufgehoben werden. Wenn jemand gar kein Papier mehr hat, so ersetzt der Papierdealer (Übungsleitende Person) es durch ein Blatt Papier, damit das Spiel weitergeht. Hat der Papierdealer kein Papier mehr, ist das Spiel zu Ende und der oder diejenige hat nun gewonnen, der oder die die meisten Papiere hat.

Übung 75: Kaiser(in) wünschen...

Gruppenübung

Trainingsziele: Gruppendynamik, Spontaneität, Fantasie, Spielmotivation

Die Gruppe wählt einen Kaiser oder eine Kaiserin. Diese(r) wünscht sich was er oder sie will und die Gruppe muss dies spontan erfüllen. Beispiel: „Ich wünsche mir eine Kutsche mit zwei Pferden. Neben mir sitzt Sissi und wir trinken Champagner..." Nachdem die Gruppe das zur Zufriedenheit erfüllt hat, wird das Szenario gewechselt: „Ich sitze in der Karibik, vor mir wird musiziert und mir wird Kühlung zu gefächelt..."

Der/Die Kaiser(in) kann immer neue Ansprüche anmelden, Rügen verteilen, mehr Komfort einfordern oder auf effizienter Leistung bestehen. Nach einer Weile wird der Kaiser ausgewechselt.

Hinweis:

Bei dieser Übung wird es meistens drunter und drüber gehen. Hier geht es <u>nicht</u> um Konkretheit, sondern vor allem um Spontaneität, und um Spiellust zu erzeugen. Austoben dürfen ist hier wichtig.

Übung 76: Geräusche-Ball

Gruppenübung

Trainingsziele: Imitation, Spielmotivation

Im Kreis: Die Spieler*innen stehen im Kreis. Sie werfen sich einen imaginären Ball zu. Bei jedem Wurf macht die werfende Person ein Geräusch. Die fangende Person wiederholt dieses Geräusch, wenn sie den Ball fängt. Dann gibt sie den Ball mit einem neuen Geräusch an eine andere Person weiter.

Übung 77: Au ja!

Gruppenübung

Trainingsziele: Abbau von Hemmungen, Offenheit erzeugen

Alle laufen durch den Raum. Ein Gruppenmitglied sagt plötzlich: „Wir tun dies und das". Alle sagen begeistert „Au ja" und tun dies, bis ein anderes Mitglied etwas anderes sagt.

Übung 78: Steigerung

Gruppenübung

Trainingsziele: Imitation, Entwicklung von körperlichem Ausdruck in unterschiedlicher Steigerung, Abbau von Hemmungen

Im Kreis: A macht eine dezente Geste oder Bewegung, B macht genau das Gleiche nach, nur ein wenig stärker. C macht es noch stärker usw. Wenn eine Person das Gefühl hat, dass die Geste oder Bewegung nicht mehr geht, minimiert die Person die Geste/Bewegung wieder und gibt sie im Kreis weiter. Nun wird die Geste immer weiter minimiert bis auf total Minimum. Danach entwickelt eine Person eine neue Geste/Bewegung, fängt wieder unten an, usw.

Übung 79: Der Grimassen Kreis

Gruppenübung

Trainingsziele: Abbau von Hemmungen, Imitation

Im Kreis: A, in der Mitte, macht eine Bewegung oder Geste, Grimasse. Die anderen machen dies nach. Die Bewegung, Geste oder Grimasse wird ein paarmal wiederholt. Dann bestimmt A eine Person B, die in die Mitte kommt, usw.

Vertrauensübungen:

Übung 80: Lass Dich „schweben"

Gruppenübung

Trainingsziele: Vertrauen, Körperkontakt, Mut, Loslassen

A steht und hat die Augen während der gesamten Übung geschlossen. Die Gruppe steht dicht um A herum. Nun beginnt A, sich in Zeitlupentempo zu bewegen. Die Gruppe nimmt jede Bewegung von A auf und unterstützt diese. Das heißt, wenn A beginnt ein Bein zu heben, greifen diejenigen, die an dieser Stelle stehen sofort unter das Bein und unterstützen diese Bewegung von A. Ziel ist es, dass A wie schwerelos im Raum schwebt.

Übung 81: Lass Dich fallen

Gruppenübung

Trainingsziele: Vertrauen, Loslassen, Körperbeherrschung, Körperkontakt, Partnersensibilität

A steht mit geschlossenen Augen in der Mitte. Die Gruppe steht im Kreis um A herum, ca. 1,5 m von A entfernt. A spannt den Körper an und lässt sich in verschiedenen Richtungen fallen. Die Gruppe sorgt dafür, dass A nicht umfallen kann, sondern aufgefangen und immer wieder zurück in die Ausgangsposition gebracht wird. Die Übung endet, nachdem alle einmal die mittlere Position eingenommen haben.

Übung 82: Hindernisse

Partnerübung

Trainingsziele: Vertrauen, Partnersensibilität

Die Gruppe wird in A und B geteilt. Die Gruppe B verlässt den Raum. A baut aus vorhandenen Möbeln, wie Tische, Stühle, eine schräge Bank etc., Hindernisse zum Draufstehen und zum unten Durchklettern. Die Bodenbeschaffenheit kann durch Decken und Matten, soweit vorhanden verändert werden. Ist der Aufbau beendet, so wird B mit geschlossenen oder verbundenen Augen hereingeholt. Es ist wichtig, dass B nichts von dem Aufbau sieht und soll noch außerhalb des Raumes die Augen schließen oder die Augen verbunden bekommen.

A und B etablieren Fingerkontakt, das heißt, die sehende Partnerperson A berührt mit der Spitze seines Zeigefingers leicht die Spitze des Zeigefingers von B, B hält die Augen geschlossen. Dann führt A die Person B sehr vorsichtig, nur an der Spitze des Zeigefingers, in und durch den Raum und bewegt sie dabei durch die aufgebauten Hindernisse, die B nicht alleine bewältigen kann, weil er/ sie sie ja noch nie gesehen hat und nicht mit ihnen rechnet.

Nachdem der Hindernispark gemeinsam bewältigt wurde, wird die A Gruppe herausgeschickt und B baut einen neuen Hindernispark. Dann wird die Übung wiederholt. Während der Übung wird nicht gesprochen!

Impro-Spiele:

Übung 83: Der Experte

Partnerübung vor der Gruppe

Trainingsziele: Spielmotivation, Abbau von Hemmungen, Spontanität, Fantasie, Komik

Zwei Personen, ein(e) Fernsehinterviewer(in), ein Experte/eine Expertin. Die Person, die interviewt, stellt die Expertenperson vor. Z.B. als großen Tierexperten. Dann stellt der/die Interviewer(in) fragen. Weiß der/die Experte/Expertin keine Antwort, versucht er/sie die Antwort zu umschiffen. Es können auch absurde Fragen gestellt werden, wie: „Wie bringen Sie Elefanten das tanzen bei?" etc. Das erhöht natürlich die Komik!

Übung 84: Der dreiköpfige Experte

Vierergruppe

Trainingsziele: Gruppendynamik, Assoziation/ Reaktion, Zuhören

3 Gruppenmitglieder bilden einen dreiköpfigen Experten. Jeder Kopf sagt immer nur ein Wort. Es gibt eine/n Moderator*in, der/die nach einem festgelegten Thema, z.B. Fußballspiel, Fragen stellt und die Köpfe antworten. Die Köpfe versuchen zusammen vollständige, sinnvolle Sätze zu bilden. Der/die Moderator*in hört zu, lässt die Expertenköpfe ausreden und stellt immer weitere Fragen.

Sie können auch 4 oder 5 Köpfe für den Experten bestimmen.

Übung 85: Achterbahn

Szene mit zwei oder mehreren Personen vor der Gruppe

Trainingsziele: Improvisationsfähigkeit, spontane spielerische, kreative, körperliche und emotionale Variation in einer bestehenden Szene.

Vom Publikum werden 4 Gefühle und 4 Genres (wie Western etc.) festgelegt.

Auf der Bühne wird eine freie Improvisation begonnen, die von der Übungsleitenden Person (Moderator*in) irgendwann mit „Freeze" eingefroren wird. Dann gibt die Übungsleitende Person entweder einer Spielperson ein Gefühl oder der ganzen Gruppe ein Genre: Also z.B. weiter mit Trauer oder als Western oder als Märchen etc.

Die Szenerie wird dann dementsprechend fortgeführt. Die Szene verändert sich vom Thema nicht, nur das Genre oder das Gefühl einer Person ändert sich!

Übung 86: Das Gefühlsquadrat

Partnerübung vor der Gruppe

Trainingsziele: Förderung der Improvisationsfähigkeit unter Einbindung verschiedener Gefühle und Zustände, Koordination

Die Bühne wird in vier quadratische Bereiche eingeteilt. Jedem der Bereiche wird ein „Gefühl" oder Zustand (Wut, Trauer, Hass, Liebe, Eifersucht, Angst etc.) zugeordnet. Dann wird ein Ort festgelegt, wo die Szene spielen soll. Die Protagonisten entwickeln eine zusammenhängende Szene. Die Protagonisten können sich im Spiel frei auf der Bühne bewegen. In jedem Quadranten wird immer nur mit der Färbung des vorher festgelegten Gefühls gespielt.

Übung 87: Aus dem Stand heraus

Gruppenübung

Trainingsziele: Körperinitiierte Improvisation, Reaktion, Beobachtung, Imitation

Im Kreis:

A und B stehen in der Mitte. Die Übungsleitende Person moduliert ihre Körper (Haltung, Position), bringt sie in Position zueinander (Standbild). Aus dieser Position heraus spielen sie eine Szene, ganz spontan. Die Anderen im Kreis schauen zu, bis Eine(r) „Stop" sagt.

Die Spielpersonen gefrieren sofort ein. Die „Stop"-Person klatscht einen der Protagonisten ab, und nimmt dessen Position genau ein. Dann wird ein neues Spiel gestartet, bis wieder jemand „Stop" sagt usw.

Übung 88: Pfui Spinne

Duo-Szene

Trainingsziele: Improvisation mit Impuls

Zwei Gruppenmitglieder bekommen einen Impuls, wie z.B. Maus in der Wohnung, Spinne an der Wand, im Bett etc., daraus entsteht eine Szene. Beide sollen auch einen Schluss entwickeln.

Übung 89: Improvisation mit Ortsvorgabe

Duo-Szene

Trainingsziele: Improvisation mit Ortsvorgabe

Zwei Gruppenmitglieder bekommen einen Ort mitgeteilt und von dem Ort aus soll spontan eine Szene entstehen. Gut, wenn ein gemeinsamer Schluss gefunden wird.

Übung 90: Improvisation mit Requisit

Duo-Szene

Trainingsziele: Improvisation mit Requisit

Zwei Gruppenmitglieder; ein Requisit, so schlicht wie möglich. Das Requisit kann, muss aber nicht, als das benutzt werden, was es ist. Es entsteht eine Szene.

Beispiel: Ein Ahornblatt, daraus entstand eine Gartenszene.

Übung 91: Steig ein

Gruppenübung

Trainingsziele: Beobachten, Assoziieren, Improvisieren, Gruppenkoordination

A geht aus dem Raum. Die Gruppe überlegt einen konkreten Ort. Alle Gruppenmitglieder nehmen nun dem Ort entsprechend ein Standbild ein, was einer typischen Tätigkeit entspricht, es können auch mehrere Personen ein Standbild bilden. Wenn die Gruppe soweit ist, gibt die Übungsleitende Person ein GO und jedes Gruppenmitglied vollführt seine Tätigkeit. Alles ohne Sprache, Geräusche sind erlaubt. Beispiel: In der Auto-Fabrik, da gibt es eine Maschine, Arbeiter etc. Oder am Strand. Personen schwimmen im Meer, man cremt sich ein, badet in der Sonne etc.

Nun wird A hereingeholt, und soll ohne Hinweis, durch Beobachtung erkennen, worum es sich handelt und irgendwie sinnvoll einfügen. Hinterher wird aufgelöst und es kann reflektiert werden.

Übung 92: Ja, aber

Partnerübung

Trainingsziele: Akzeptieren und Blockieren, Spontaneität

A stellt B Fragen, die mit Ja beantwortet werden können. Dann sagt B: „Ja aber", und fügt hinzu, was immer auch gerade einfällt.

Beispiel:

A: „Entschuldigen ist das Ihr Auto"

B: „Ja, aber ich habe vor, es zu verkaufen."

A: „Verkaufen Sie es mir?"

B: „Ja, aber es ist teuer, sehr teuer!"

A: „Ist es unfallfrei?"

B: „Ja, aber es hat Kratzer auf dem Dach."

Usw.

2.6 Handlung im dramatischen Schauspiel

2.6.1 Handlung, Aktivität, Aktion und Verhalten

Lassen Sie uns einteilen:

a.) innere Handlung: das sind Gedanken, Vorstellungen, Gefühle. Also die inneren Vorgänge.

b.) äußere Handlung: das sind die physischen Handlungen, das, was über den Körper ausgedrückt wird, in Mimik, Gestik und Bewegung. Und das, was getan wird.

c.) Sprachhandlung: das ist das gesprochene Wort. Anders als bei einer Reportage geht es im dramatischen Schauspiel nicht nur um Inhalt und Informationsgehalt des Gesprochenen, sondern vor allem um Handlung durch die Sprache.

In der darstellenden Kunst unterscheiden wir zwar die innere Handlung von der äußeren Handlung, aber praktisch drückt sich das Innere immer über die äußeren Handlungen aus. Wie auch sonst sollten sich Gefühle und Gedanken der Figur dem Publikum vermitteln? Dennoch ist es wichtig zwei Arbeitswege zu unterscheiden. Von außen nach innen und von innen nach außen.

Kommen wir zunächst zum Inneren: Das Gefühl ist immer die Folge von einer Vorstellung, einem Gedanken, einem Erlebnis oder einer Erinnerung an ein Ereignis. Gefühle aus dem „luftleeren Raum" zu erzeugen, sah auch schon Stanislawski als sehr schwierig an. Diese Gefühle wären dann auch gewissen Schwankungen in Qualität und Intensität unterworfen.

Wie wir schon im Kapitel 2.3 festgestellt haben, schlug Konstantin Stanislawski vor, Bilder der Fantasie, die aktiv zu Handlungen motivieren, zu entwickeln und aneinander zu reihen. Lassen Sie sich auf diese dynamischen Bilder ein, lassen Sie sich von diesen Bildern als Rolle leiten, so entstehen automatisch Gefühle und äußere Handlungen, die glaubhaft und wahrhaftig sind. Das ist die Arbeit von innen nach außen.

Kommen wir zur zweiten Arbeitsweise. Von außen nach innen. Nehmen wir ein Beispiel: Gehen Sie erhaben über die Straße, nehmen Sie eine gerade, erhabene Haltung ein. Ihr Kopf wird erhaben, fast schwebend, auf der Wirbelsäule getragen. Schauen Sie die Personen an, denen Sie begegnen. Auch wenn Sie vorher kein Gefühl hatten, Sie werden welche entwickeln. Ihre äußere Haltung wirkt automatisch und tief auf Ihre innere Haltung und auf Ihr Feeling ein. Die entstehenden Gedanken und Gefühle wirken aber auch wiederum auf das Äußere. Irgendwann können Sie Inneres und Äußeres gar nicht mehr trennen. Sie haben Inneres und Äußeres verbunden, wenngleich Sie mit dem Äußeren begonnen haben.

Die Verbindung oder Verschmelzung der inneren Handlung mit der äußeren Handlung wird mit **psychophysischer Handlung** bezeichnet. Im Theater müssen Sie ohne Unterbrechung, „schnurlos", weiterspielen! Sie brauchen daher verlässliche psychophysische Handlungen, die Ihre Innenwelt mit der Außenwelt verbinden. Denn wenn Sie ein Haufen Gefühle und Vorstellungen in der Probe entwickelt haben, verpuffen diese womöglich schnell in einer Premiere oder bei einem Vorsprechen (Casting). Konkrete, verlässliche psychophysische Handlungen sind die Basis und sozusagen die Schiene, auf der Sie sich in der Bühnenarbeit, aber auch in der Filmarbeit, sicher bewegen können.

Im Folgenden möchte ich auf die **Hierarchie** der **Handlung** eingehen. Wenn sich im dramatischen Spiel alles über die Handlung auszudrücken vermag, so muss es auch eine Abstufung geben. Nämlich insofern, dass es Handlungen gibt, die nur ihren momentanen Zweck erfüllen, wie Kaffee trinken, die Türe öffnen usw. Und es gibt Handlungen, die einem höherem Ziel folgen, einer Überaufgabe, wie Stanislawski es nannte, die also weitergehend sind, auf die es Folgehandlungen geben muss. Wir nennen die Handlungen, die kein weiteres Ziel verfolgen **Aktivität.** Und Handlungen, die einem höheren Ziel folgen, auf die es Folgehandlungen gibt, fassen wir mit **Aktion** zusammen. Nehmen wir ein Beispiel: Sie wollen bei einem Essen, Ihrem/Ihrer Partner*in mitteilen, dass Sie zum Manager oder zur Managerin in der Außenstelle Ihrer Firma befördert wurden – in Australien. Die Handlungen, die das Dinner betreffen, z.B. Wein einschenken, trinken, essen etc., das sind Aktivitäten. Sie haben einen Grund und ein Ziel, welches nicht übergeordnet ist! Der Grund warum Sie ein Weinglas zum Mund führen ist, Sie wollen den Wein trinken oder an ihm riechen etc., ganz einfach. Aber alle Handlungen, die Sie vollführen, bezüglich der Konversation, dass Sie nach Australien auswandern wollen, möglicherweise auch möchten, dass Ihr Gegenüber mitgeht, das ist die Aktion. Es ist überhaupt nicht so, dass Aktivitäten unwichtig sind. Im Gegenteil, sie müssen sehr gut geprobt werden, sodass sie reibungslos auszuführen sind. Auch Aktivitäten können viel über Sie als Figur und über die Situation aussagen. Dazu später mehr. Damit Sie aber mit Aktivitäten spielen können, sollten Sie diese einfach mechanisch üben, bevor Sie zum Spiel kommen. Die Aktivität ist der Aktion untergeordnet, das ist wichtig zu wissen. Sie sollten also der Aktivität nicht mehr Bedeutung geben, als der Aktion. Das ist die **Hierarchisierung der Handlungen,** wie ich sie einmal nennen will.

So und nun kommen wir zu dem letzten Begriff in diesem Kapitel: **das Verhalten.**

Das Verhalten ist vor allem das, wie Sie etwas tun. Verhalten würde ich als einen Komplex definieren wollen, indem sich die Situation, die momentanen Gegebenheiten und die Beziehungs- und Einstellungsstruktur der Figur, über das was und wie man, was tut und mit welcher Emotionalität man eine physische Handlung ausführt, zeigen.

Beziehungs- und Einstellungsstruktur meint hier, die Beziehung und Einstellung der Figur zu sich selbst, zu den anderen Figuren, die Einstellung und Beziehung zum Objekt, Requisiten, Kostümteile etc. und die Einstellung und Beziehung zum Raum.

Nehmen wir ein einfaches Beispiel: Sie öffnen die Türe, weil der/die Paketträger*in geklingelt hat: Nehmen wir an, in Ihrer Szene ist das eine Aktivität, weil es keine tiefere Bedeutung hat, kein höheres Ziel verfolgt. Dennoch können Sie die Türe unterschiedlich öffnen. Also Sie können die Aktivität „Türe öffnen" modulieren im Wie. Angenommen Sie mögen den schönen flotten Friedolin oder die süße Noel

Christin den/die Paketträger*in, sie öffnen die Türe gerne und nehmen lächelnd, verlegen und mit gebotener Zärtlichkeit das Paket entgegen. Hier drückt die Variation, wie Sie was tun, Ihre Einstellung zu der Person aus.

Jetzt nehmen wir an, die Situation, die Gegebenheit ist eine andere. Es klingelt wieder an der Türe. Diesmal aber, weil der wütende Nachbar davorsteht und sich über Ihre laute Musik beschwert. Sie öffnen, aber mit Unbehagen, denn der Nachbar nervt. Sie haben in beiden Beispielen die Türe geöffnet, aber immer aus anderen Gründen bzw. mit einer anderen Einstellung.

Sie können selbst hierzu unendlich viele Beispiele finden und feststellen, dass das Verhalten, das ist, was das Spiel und die Darstellung eigentlich ausmacht.

Nehmen wir zum Schluss dieser Ausführung noch ein Beispiel: Sie treten in einen Raum, weil Sie hineingebeten werden, Sie werden zum Sitzen aufgefordert. Alleine, wie Sie sich setzen, spricht „Bände" über Ihre Figur und die Beziehung zu den Anderen. Wie Sie den Raum beäugen, den Stuhl etc. Nehmen wir an, Sie sind ein Geschäftsmann oder eine Geschäftsfrau und haben eine rein formelle Beziehung zu den Personen, in dessen Raum Sie sich begeben. Sie verhalten sich anderes, Sie bewegen sich anders, Sie grüßen anders, Sie sitzen anders, als wenn Sie ein guter Freund wären. Oder stellen Sie sich vor, der Raum war Ihr Zimmer, Ihre Wohnung, die Sie damals in der WG bewohnten und der Raum hat sich enorm verändert etc.

Halten wir fest:

Die psychophysischen Handlungen sind das Zusammenspiel von innerer und äußerer Handlung.

Die Hierarchie der Handlung unterscheidet zwischen den Handlungen ohne höheres Ziel, die in sich abgeschlossen sind (Aktivität) und den Handlungen, die auf ein höheres Ziel hinlaufen (Aktion).

Über das Verhalten, also das Was und vor allem Wie was getan wird, zeigt sich der Charakter der Figur, die Beziehung zum Objekt, zum Raum und die Einstellung und Beziehung zu den anderen Figuren.

Handlungen komplexer machen

Stella Adler schlägt vor, Handlungen komplexer zu machen. Das heißt, dass man die Feinheiten und Details, die Handlungen in sich bergen können, benutzt, um damit auch mehr über die Figur und die Umstände aussagen zu können.

Nehmen Sie eine Brille und setzen Sie sie auf. Fertig aus. Handlung erfüllt. Regie glücklich. Method-Acting und die große Emotion beginnt. So kann man arbeiten, muss man aber nicht!

Schauen Sie aber kurz und strengen Blickes durch die Gläser, evtl. reiben Sie vorher noch die Gläser mit einem Tüchlein ganz penibel sauber, dann haben Sie die Handlung komplexer gemacht. Gleichzeitig wirft dies aber schon ein ganz anderes Licht auf Ihre Figur, als wenn Sie die Brille mit fettigen Fingern an den Gläsern anfassen und aufsetzen würden und anschließend wieder absetzen und dann am Pulli sauber reiben – auch hier hätten Sie die Handlung komplexer gemacht, aber völlig anders. Wenn Sie beispielsweise eine Vorsprechrolle so vorbereiten, dass Sie auf die Details achten und im Sinne Adlers die Handlungen komplexer machen, so erhalten Sie eine vielschichtige Darstellung Ihrer Figur, in den gegebenen Umständen. Gleichzeitig aber verbindet Sie auch solch eine Arbeit mit der inneren Gedanken- und Vorstellungswelt der Figur. Verbinden Sie so innen und außen, so gelingt Ihnen eine glaubwürdige und interessante Darstellung.

Handlungen forcieren:

Handlungen müssen nachvollziehbar, konkret, produktiv und zweckmäßig sein. Das Publikum soll mitbekommen, was Sie, warum, aus welchem Anlass, Sie das tun, was Sie tun. Handlungen sollen also realistisch sein.

Aber Handlungen auf der Bühne oder vor der Kamera sind keinesfalls eins zu eins übertragbar auf das reale Leben. Das gilt vor allem für den zeitlichen Rahmen. Eine Handlung darf nicht zu lange dauern. Aktivitäten dürfen keinesfalls die übergeordnete Aktion „erschlagen". Wenn Sie beispielsweise auf der Bühne für eine zwölfköpfige Familienfeier den Tisch bereiten, so tun Sie das keineswegs in Originallänge. Normalerweise ist so etwas schon vorbereitet und Sie decken nur noch die letzten Plätze ein, womöglich einbezogen in Ihre eigentliche Aktion. Sie müssen, wie Stella Adler sagt, die **Handlung unbedingt forcieren!** Das heißt, wenn Sie, wie im normalen Leben üblich, Probleme in der Ausführung Ihrer Teilhandlungen bekommen, ist das Spiel aus. Es sei denn die Probleme sind gewollt und inszeniert. Sie müssen alle (Teil-)Handlungen so präparieren, dass Sie auf der Bühne auch reibungslos funktionieren. Nehmen Sie noch ein Beispiel: Stellen Sie sich vor, Sie haben einen coolen Typen zu spielen, der sich machohaft vor einer Horde Ladies eine Zigarette anzündet. Aber die Zigarette klemmt, möglicherweise ziehen Sie daran und ergießen damit alle Zigaretten vor den Füßen der Ladies – im Film wird, nachdem die Regieperson Ihren cholerischen Wutanfall medizinisch überstanden hat und der Schauspieler die blutigen Wunden verarztet bekommen hat, die das Messer verursachte, dass die Regieperson geworfen hatte, einfach nochmal gedreht. Auf der Bühne – live – ist dann schlichtweg Ihre Szene kaputt! Plötzlich machen Sie ungewollt aus einem Gentleman, der die Damenherzen höherschlagen lässt, einen Mr. Bean. Dann können Sie auch direkt nach Hause gehen. Deshalb müssen Sie solche Handlungen einerseits vorher üben und Sie müssen die Schachtel präparieren, sodass Ihnen so etwas nicht geschehen kann. Natürlich können solche Fauxpas auch inszeniert sein. Aber auch gerade dann, sind die Handlungen zu forcieren. Präparieren Sie also die Schachtel, dass sich alle Handlungen ausführen lassen, so wie gewünscht.

Halten wir fest:

Handlungen auf der Bühne oder vor der Kamera sind also ein realistisches Abbild, aber Ihr Zeitrahmen, in denen sie ablaufen, muss dramaturgischen Maßstäben entsprechen, nicht den Maßstäben des echten Lebens. Handlungen müssen forciert werden. Alle Teilhandlungen sind so zu präparieren, dass Sie sich ohne ungewollte Verzögerung oder Verzerrung in der Darstellung ausführen lassen.

2.6.2 Als Ob-Bedingungen

Unter **Als Ob** Bedingungen zu spielen bedeutet, sich auf eine fiktive Situation einzulassen und zu handeln, als ob diese Umstände und Gegebenheiten wahr wären. Handelt also eine Schauspielerperson in ihrer Rolle, **als ob** die Gegebenheiten wahr sind, so entstehen glaubhafte, wahrhaftige Szenen.

Stanislawski unterschied ein **Einfaches Als Ob** von einem **Magischen Also Ob**. Um ein Einfaches Als Ob handelt es sich, wenn die Wirkung, die von ihm ausgeht, nicht in tiefere Schichten vordringt, wenn dieses Als Ob eine Handlung begründet, es sich aber darüber hinaus keine weiteren Folgen ergeben. Beispielsweise benutzen Sie ein Marmeladenglas, als ob es ein Fernrohr wäre. Das hat aber keine weitreichenden Folgen, sondern begründet nur das, was Sie mit dem Glas machen, wie Sie es und warum Sie es benutzen. Ein Magisches Als Ob ist das berühmte Beispiel von dem Wasser, das Sie trinken, als ob darin Gift wäre. Dieses Als Ob nannte Stanislawski magisch, weil es in innere Schichten vordringt, es innere Prozesse auslöst. Es kann Impulsgebend für Momente des Spiels und für ganze Szenen wirken.

Daneben teilte Stanislawski seine **Als Ob** in **Einstöckige Als Ob** und **Mehrstöckige Als Ob** ein. Ein Einstöckiges Als Ob ist beispielsweise das Taschentuch als kleiner Vogel. Lassen Sie es los, so fliegt der Vogel weg. Aus diesem Als Ob folgt kein weiteres Als Ob und damit auch keine neuen Handlungen. Ein Mehrstöckiges Als Ob hat Folgen, die über diesen Moment hinausgehen, es motiviert zu neuem Verhalten, führt zu anderen Zuständen und neuen Handlungen. Beispielsweise das Öffnen einer Türe, als ob ein Tobsüchtiger davorsteht: Der Tobsüchtige bewirkt ein Verhalten dazu, eine Schutzhaltung. Sie werden die Türe nicht einfach so öffnen. Dieses Mehrstöckige Als Ob, geht weiter, es bringt Themen wie Angst in den Vordergrund und motiviert zu einem Verhalten und zu Handlungen, welche über den eigentlichen Vorgang des Türe Öffnens hinausgehen.

2.6.3 Übungen

Übung 93: Beziehung zum Objekt

Einzelübung vor der Gruppe

Trainingsziele: Aufbau von Beziehung zum Objekt, Variation von Aktivitäten und Verhalten

Ein Stuhl wird im Raum platziert. Die Übungsleitende Person schreibt vorher auf einen Zettel, um welche Art Sitz es sich handelt – Sofa, Thron, ein gewöhnlicher Stuhl, welche Beziehung der Protagonist zu dem Sitz haben soll, was er damit möglicherweise verbindet und eine konkrete Aufgabe, was konkret zu tun ist. Die Protagonisten führen die Aufgabe durch, danach wird ausgewertet: Was haben die anderen Gruppenmitglieder gesehen? Welche Mittel wurden verwendet?

Beispiel 1: Ein(e) Gutachter(in) soll einen Thron begutachten. Der/Die Gutachter(in) hat eine professionelle Beziehung zu dem Thron.

Beispiel 2: Ein Museumsbesucher mit großer Leidenschaft, bewundert einen wunderschönen, prachtvollen Thron.

Beispiel 3: Der Protagonist soll einen alten Korbstuhl, der an die geliebte verstorbene Oma erinnert vom Dachboden holen und entstauben, um ihn zu verkaufen, da der Protagonist total verschuldet ist.

Hinweis:

Es geht nie nur um den Sitzgegenstand, sondern welche Bedeutung man ihm gibt, was man mit ihm verbindet und unter welchen Umständen man mit ihm handelt.

Übung 94: Aktivität nach Regieanweisung

Partnerübung

Trainingsziele: Beschreiben und Ausführen präziser Handlungsanweisungen.

Zu zweit: A schreibt präzise, detailliert eine Abfolge von Aktivitäten, ohne Aktion, auf. Mit Requisiten.

Beispiel:

Am Tisch sitzen, rechte Hand greift zur Kaffeekanne, Henkel umgreifen, Kaffeekanne heben, zu sich ziehen, mit linker Hand die Kanne aufdrehen, Deckel zur Seite legen, Kanne zur Tasse führen, Tasse mit linker Hand festhalten, und vorsichtig eingießen. Tasse fast vollmachen. Kanne mit linker Hand verschließen, in die ursprüngliche Position zurückstellen. Loslassen. Rechter Zeigefinger in den Henkel der Tasse führen, Daumen auf den Henkel, Mittelfinger unter den Henkel und Tasse anheben, zum Mund führen und einen kleinen Schluck trinken. Tasse absetzen.

Diese oder ähnliche Anweisungen werden B vorgelegt. B macht alles so exakt wie möglich. A führt Regie und korrigiert, wenn etwas nicht genauso stimmt, wie A es wollte. Hat A auch alles gut beschrieben, sodass B es ausführen konnte?

Danach, A führt die geschriebenen Handlungsanweisungen von B aus.

Hinweis:

Diese Übung ist anstrengend und trocken, aber enorm wichtig. Ganz besonders für die Filmarbeit. Hier geht es darum Handlungen (Aktivitäten) präzise auszuführen. Und dies auch evtl. mechanisch vorher durchzuprobieren, bevor damit gespielt wird. Sollten Sie in einer Kneipenszene, das Bierglas falsch aufsetzen, so verschwindet es möglicherweise teils oder ganz aus dem Bild und die Kameraperson und die Regieperson bekommen „tierisch Blutdruck" – Tobsuchtsanfälle und Mordgelüste möglicherweise auch. Setzen Sie das Bierglas zu hart auf, wird Sie der Tonmann oder die Tonfrau bis an Ihr Lebensende verfluchen, nachdem er oder sie seinen/ihren Hörsturz, verarbeitet hat. Sie können dann natürlich argumentieren, dass Ihre „Method-Acting" toll funktioniert hat und Sie heute total frei und „echt" sind, ein wahres Genie, sicher, klar. Aber das wird Ihnen wahrscheinlich nichts nutzen. Schon gar nicht, wenn in Ihrer Produktion wie am „Fließband" gearbeitet wird – das gilt insbesondere für Daily Soaps. Deshalb ist diese Übung für die Grund-Ausbildung, als auch für die Praxis extrem wichtig. Machen Sie sie immer wieder. Sie können auch zuhause – alleine – Aktivitäten aufschreiben und dann durchführen. Vielleicht sogar mit der Kamera aufnehmen. Anschließend können Sie die Aktivitäten in eine kleine spielerische Aktion einbinden, ähnlich wie in der übernächsten Übung. Sinn dabei ist einfach, sich an präzise Aktivitäten-Ausführungen zu gewöhnen. Sie können das auch im Raum machen, mit Markierungen, die es im Film, aber auch auf der Bühne gibt. Schreiben Sie eine Handlungsabfolge und markieren Sie den Bühnenboden für den Protagonisten. Dann können Sie Text geben oder eine improvisierte Szene spielen lassen.

Übung 95: Das Magische Also Ob

Einzelübung vor der Gruppe

Trainingsziele: Anwendung des Magischen Als Ob

Phase A:

Jedes Gruppenmitglied wählt eine Tätigkeit, die der Gruppe vorgeführt wird. Z.B. Schuhe anziehen, Krawatte binden, etc. Nehmen Sie einfache Aktivitäten.

Phase B:

Die Übungsleitende Person oder ein Gruppenmitglied gibt nun ein Magisches Wenn (Als Ob) vor: z.B. Wenn der Schuh von innen kalt und nass wäre, ich ihn aber trotzdem anziehen muss, weil ich noch eine weite Strecke durch unwegsames Gelände zurückzulegen habe, wie würde ich dann handeln?

Diese Handlung soll nun vor der Gruppe vorgeführt werden.

Hinweis:

Die Handlungen werden „verkörpert", richtig ausgeführt, nicht gezeigt (demonstriert).

Übung 96: Aktivität und Aktion

Dreier-Gruppe

Trainingsziele: Ausführen präziser Aktivitäten in einer Szene, Koordination von Aktivität und Aktion, Variation von Aktivitäten in Tempo und Rhythmus, Art und Weise der Ausführung, als spielerische Ausdrucksmittel. Training der Koordination komplexer Handlungen.

Eine Regieperson wird bestimmt und beschreibt eine präzise Aktivitätsfolge, am Ort, z.b. am Badestrand, in der Küche etc., und gibt die Aktion vor. A und B führen zunächst Schritt für Schritt nur die Aktivitäten mechanisch aus, bis diese beherrscht werden; dann mit Aktion!

Beispiel:

Auf der Wiese: A breitet ein Handtuch aus und fordert B höflich zum Sitzen auf. B setzt sich im Schneidersitz hin. A stellt den mitgebrachten Picknickkorb links seitlich an die Decke, packt zunächst zwei Teller, eine Dose mit belegten Broten und Servietten aus, deckt diese in der Mitte der Decke auf. Anschließend packt A erst zwei Weingläser aus und gibt eins davon B in die Hand. Das Zweite stellt A neben seinen Teller, auf die Decke. Anschließend packt A eine Flasche Wein mit Schraubverschluss aus. A setzt sich mit der Flasche gegenüber von B, auch in den Schneidersitz. Dann versucht A die Weinflasche zu öffnen, doch die Flasche öffnet sich nur beim zweiten Versuch mit viel Kraft. A schenkt zunächst B ein, dann sich selbst. A und B prosten sich zu. Dann führt B das Glas zum Mund und trinkt, A wartet auf die Reaktion von B, B schmeckt der Wein und nickt zustimmend. A trinkt jetzt auch. A und B schauen sich an, B trinkt wieder und A stellt das Glas ab, öffnet die Dose und fordert B auf etwas zu nehmen. B verweigert und A nimmt sich selbst ein Brot, beißt ins Brot, B nippt am Wein. A beißt nochmal ins Brot. B nippt am Wein. A legt das Brot nieder. B nippt am Wein. A steht auf und geht, B nippt am Wein.

Nun die Aktion. A und B sind ein Pärchen. B versucht während der ganzen Szene, von Beginn an, A zu sagen, dass er/sie die Beziehung beenden will. Die Szene soll nun so gestaltet werden, dass die zuvor mechanisch geprobten Aktivitäten in die Aktion sinnvoll eingebunden werden und auch zum Ausdruck, zum Verhalten zur Gegebenheit, und zum Ausdruck von Beziehung zwischen A und B, genutzt werden. Ohne aber die Abfolge der Aktivitäten, also was man tut und in welcher Reihenfolge, zu verändern. Variiert wird nur im Wie! Wie man z.b. am Weinglas nippt, etwas abstellt, mit welcher Geschwindigkeit, Tempo-Rhythmus etc.

Übung 97: Temporhythmus, Aktivität und Aktion

Einzelübung

Trainingsziele: Koordination von Temporhythmus, Aktivitäten und Aktion

Zunächst machen Sie Übung 69 (Rhythmuskapitel, 2.4). Phase A und Phase B

Phase C:

Nun überlegen Sie sich eine Geschichte, die zu den Aktivitäten passt. Das Ganze wird also zur Aktion mit einem Ziel, einem Anlass. Vollführen Sie nun diese Aktivitäten im Zusammenhang mit der Geschichte (Aktion), genau in der Reihenfolge der Aktivitäten und des vorgegebenen und zunächst einstudierten Temporhythmus.

2.7 Spielerische Arbeit mit der Atmung

Atmung ist Leben, das gilt natürlich nicht nur rein physiologisch, sondern auch im Sinne der Arbeit auf der Bühne und vor der Kamera. Mit der Atmung hauchen Sie Ihrer Rolle sozusagen Leben ein und in der Atmung finden Sie ein wunderbares Ausdrucksmittel. Manche „Zungen" sagen auch, Atmung sei der Sitz der Seele. Ich lasse das einfach mal so unkommentiert im Raum stehen und wende mich folgenden Übungen zu:

Übung 98: Studiere die Atmung

Einzelübung/Gruppenübung

Trainingsziele: Studieren der Atmung unter verschiedenen sensorischen, emotionalen Umständen

Studieren Sie Ihre Atmung bei allen möglichen sensorischen Eindrücken, Gefühlen etc. Was passiert, wenn Sie weinen, was passiert, wenn Sie sich freuen, wütend sind? Was passiert mit Ihrer Atmung, wenn Sie frieren, wenn Sie Wärme empfinden, wenn Sie etwas Kaltes, Warmes anfassen? Und so weiter. Sie können diese Übung auch mit der sense memory kombinieren, nur jetzt ist der Fokus bewusst auf Ihre Atmung gelenkt. Wenn Sie wissen, wie Ihre Atmung reagiert und funktioniert, haben Sie ein weiteres spielerisches Ausdrucksmittel.

Manchmal können Sie auch über die Atmung ins Gefühl finden. Denn wenn Sie wissen, wie Sie atmen, wenn Sie wienen, können Sie so leichter ins Gefühl finden, denn die Arbeit von außen nach innen funktioniert wunderbar. Nur sollte Sie das nicht dazu verleiten, jetzt einfach zu forcieren und sich nicht ausreichend mit der Situation und den emotionalen Vorgängen zu beschäftigen. Aber Sie können durch die bewusste Arbeit mit der Atmung ein wunderbar dynamisches, lebendiges Spiel gestalten.

Übung 99: Atmung im Spiel

Gruppenübung/ Übungskomplex

Trainingsziele: Bewusstes Studieren und Arbeiten mit der Atmung in bestimmten Situationen

Verschiedene Orte. Die Aufgabe ist nach verschiedenen Aufgaben, die Atmung bewusst zu studieren bzw. einzusetzen:

a.) Die Gruppenmitglieder befinden sich an einem heiligen Ort, z.B. in einer beeindruckenden alten Kirche und verhalten sich still. Sie sind beeindruckt von den Gegebenheiten an diesem Ort.

b.) wie a, nur plötzlich muss ein Protagonist nießen, beim ersten Mal tut er es auch, die anderen Gruppenmitglieder reagieren auf ihn. Beim zweiten Mal unterdrückt der Protagonist das Nießen.

c.) Im Museum: Einige Protagonisten beobachten Bilder oder Skulpturen etc., gespannt, begeistert, einige gelangweilt.

d.) Im Museum: Ein Protagonist ist vertieft in ein Bild, ein Anderer entdeckt diesen Protagonisten von weitem, weil es sich um einen alten Schulkamerad oder um eine alte Schulkameradin handelt. Erst ist er/sie sich nicht sicher, ob es sich wirklich um diese Person handelt und nähert sich vorsichtig an. Dann ist er/sie sich sicher, tippt ihm/ihr auf die Schulter, der Protagonist reagiert erschrocken, erkennt dann aber den gemochten Kameraden/ die Kameradin auch, freut sich. Beide umarmen sich. Es ist wichtig, dass Sie die Atmung dabei analysieren.

e.) Im Museum: genau wie d., nur jetzt erkennt die tippende Person, dass er/sie falsch gelegen hat und es sich nicht um den vermeintlichen Kameraden/die

Kameradin handelt. Eine peinliche Situation.

f.) A kommt zu spät nach Hause und will B nicht wecken. Die Türe knarrt, der Boden im Treppenhaus ist ein alter knarrender Holzboden. Man versucht so weit wie möglich ohne Geräusche sich fortzubewegen. Was passiert mit der Atmung, wenn z.B. der Holzboden knarrt? Die Übungsleitende Person kann auch immer Regieanweisungen hereingeben, wie „Du hast den Eindruck, dass die schlafende Person wach geworden ist." Dann: „doch nicht, Du bist erleichtert"

g.) Die Rehe im Wald, nach Anleitung bewegen sich die Protagonisten als scheue Rehe im Wald. Mal kann eine Angstsituation gegeben sein, mal verstecken sich die Rehe. Dann ist ihnen kalt und sie rücken einander und kuscheln. Immer alles mit dem Hauptaugenmerk auf die Atmung.

Hinweis:

Sie können diese Übung selbstverständlich beliebig weiterentwickeln, kombinieren und spielerisch ausbauen. Mir geht es in diesem Übungskomplex erst einmal um bestimmte Situationen und Reaktionen und die Atmung, die oft im Schauspielunterricht zu „kurz" kommt.

3 Einführung in die Szenische Arbeit

3.1 Die erste Stunde – Einführung in das „Stanislawski-System"

Übung 100: Das Experiment:

Einzelübung vor der Gruppe

Trainingsziele: Einführung in das Stanislawski System durch Experiment

Eine freiwillige Person bekommt die Aufgabe sich auf der Bühne auf einen Stuhl zu setzen und hin und her zu schauen. Die anderen Gruppenmitglieder bekommen von dieser Aufgabenstellung nichts mit und erhalten die Aufgabe zu beobachten. Lassen Sie das ca. 5 Minuten laufen und „erlösen" Sie dann den Protagonisten.

Auswertung:

Zunächst wird die Aufgabenstellung nicht verraten. Die Beobachtenden sollen erst berichten, was sie wahrgenommen haben. Interessante Dinge kommen dabei heraus. Dann wird die Aufgabenstellung verraten.

Ergebnis:

In der Regel werden sehr unterschiedliche Dinge wahrgenommen, aber nichts konkretes und klar Definierbares. Das Hin- und Herschauen ist also eine Handlung, die ohne Grund und ohne konkretes Ziel ausgeführt worden ist. Das war die undankbare Aufgabe – stellen Sie das klar, dass der Protagonist nichts falsch gemacht hat. Das ist wichtig, vor allem in der ersten Stunde. Motivieren Sie zu Applaus für den Mut, denn sonst haben Sie die das Gruppenmitglied verloren, der/die meldet sich nie wieder freiwillig.

Stellen Sie die Frage, ob dies Theater oder genauer, ob dies dramatisches Theater ist. Führen Sie nun an, dass Handlung im System Stanislawski begründet, zweckmäßig, und produktiv sein sollte. Jede Handlung sollte konkret sein und präzise ausgeführt werden. Im Beispiel des Schauens, sollte man beispielsweise konkrete Punkte anschauen, mit der Absicht, etwas oder jemanden zu suchen oder zu erwarten etc. Wir vollführen auf der Bühne oder vor der Kamera nachvollziehbare Handlungen, die aus einem Grund geschehen. Im Drama haben Sie eine Situation zugrunde liegen, die Sie mit den W-Fragen ausloten (s. Kapitel 3.2). Daraus ergeben sich Handlungen, die immer begründet sind und referentiell auf die Situation und die Figur in dieser Situation verweisen.

Übung 101: Suchen – Gruppenübung:

Gruppenübung

Trainingsziele: Erfahren des Unterschieds einen Vorgang zu bespielen oder des Suchens als zielgerichteter, konkreter und existentieller Vorgang.

Angelehnt an die sehr traditionelle Übung, hier die von mir didaktisch aufbereitete Version:

Phase A:

Die Gruppe bekommt die Aufgabe, etwas im Raum zu suchen – jeder für sich. Sie werden erleben, dass sich die Gruppenmitglieder so sehr Mühe geben, zu zeigen, dass sie etwas suchen. Da wird hinter den Vorhang geschaut, schnell Schubladen durchforstet etc. Alles nicht sehr überzeugend.

Phase B:

Schicken Sie nun Ihre Gruppe in die Pause und verstecken etwas, z.B. eine Münze. Sie können aber auch nur so tun, als ob Sie etwas verstecken.

Holen Sie nun die Gruppe herein und geben Sie glaubhaft vor, eine wertvolle Münze oder einen Euro Schein etc. versteckt zu haben. Wer von den Gruppenmitgliedern diese Münze oder den Schein findet, der oder die darf das dann behalten.

Nun konzentriert sich die Spielweise auf das Ziel, nicht auf den Vorgang. Also man glaubt daran, etwas zu suchen und erkennt auch einen Sinn darin. Die Vorgänge des Suchens ergeben sich automatisch. Wenn Sie nichts versteckt haben, unterbrechen Sie natürlich irgendwann – aber nicht zu früh.

Phase C:

Reflektieren Sie nun Phase A und B gemeinsam mit der Gruppe. Wie hat sich das angefühlt, etwas zu suchen? War das Suchen in Phase A konkret? Oder diffus? War klar, was und warum das gesucht wird? Wie war das in Phase B und was war der Unterschied?

In der Regel können Sie festhalten, das in Phase A auf den Vorgang basiert gesucht wird und in Phase B zielgerichtet, es gibt etwas Konkretes zu suchen und man hat einen Grund, da versprochen wurde, das Gefundene behalten zu dürfen.

Phase D

Nun bitten Sie Ihre Gruppe sich unter Als Ob Bedingungen vorzustellen, dass sie eine wirklich wertvolle fiktive Münze suchen. Geben Sie als Geschichte vor, dass die Mitglieder pleite seien und ein Freund ihnen eine Münze vermachte. Diese Münze ist so wertvoll, dass dann alle Probleme gelöst sind. Das Problem ist nur, dass der Freund Demenz im Anfangsstadium hat und vergessen hat, wo die Münze ist und ob er sie nicht doch versehentlich in den Müll geworfen hat. Ohne das Finden der Münze sind die Protagonisten bankrott.

Lassen Sie das als Gruppenübung, jeder für sich, laufen. Sie können hier Regieanweisung geben und die Gruppenmitglieder die Münze finden lassen oder endgültig nicht finden lassen.

Phase E:

Reflektieren Sie die Unterschiede zwischen Phase A, B, und D

Übung 102: Suchen – Einzeln

Einzelübung vor der Gruppe

Trainingsziele: Erfahren des Suchens, als konkreter, zielgerichteter, existentieller Vorgang

Einzelne Gruppenmitglieder bekommen die Aufgabe etwas zu suchen. Es soll dem Gruppenmitglied bewusst sein, was es sucht, unter welchen Umständen es das sucht (Zeitdruck etc.), was davon abhängt!

Auswertung:

Was ist deutlich geworden? War die Spannung, die aufgebaut wurde angemessen zum Suchgrund, den Umständen?

3.2 Die Situation und die W-Fragen

Um eine Szene spielen zu können, muss der/die Schauspieler*in die Situation ausloten. Das geschieht über die W-Fragen, diese sind:

Wer?

Wer bin ich, wer sind die anderen?

Diese W-Frage umfasst die komplette Rollenarbeit. Wenn man Szenische Improvisationen mit Anfängern macht, genügt es, wenn diese sich über grobe Beziehungen und Verhältnisse einig werden. Also z.B. zwei Schwestern, die sich gut leiden können. Mann und Frau, altes Ehepaar etc.

Im Sinne sehr unterschiedlicher Rollen- und Figurenkonzepte in Theater und Film, sind auch die Arbeitsweisen sehr unterschiedlich. Es sollte aber – aus meiner Sicht – immer darum gehen, neben der Erkundung der Grundkonstitution der eigenen Rolle, auch vor allem die Beziehung zu den anderen Figuren, zur Situation, zum Objekt, zum Raum zu finden. Keine Figur ohne Wechselbeziehungen. Selbst in einem Ein Mann oder Frau Stück, wie beispielsweise der Kontrabass von Patrick Süskind, geht es um Wechselbeziehungen. Es geht mindestens immer um die Beziehung zum Raum, aber auch zu den äußeren Umständen, der Umwelt, also zu den anderen Personen, auch wenn diese nicht auf der Bühne sind. Es gibt kein Stück, kein Drehbuch, kein Monolog auf der Welt, ohne Wechselbeziehung!

Wo?

Der Raum, der Ort ist wichtig. Für Stella Adler war die Wo-Frage die erste Frage auf der Bühne, noch bevor der Protagonist die Idee wiedergibt. Eine Beziehung werden Sie nur zum Raum finden, wenn Sie ihn sinnlich objektiv und subjektiv erkunden und eine Beziehung zu ihm aufbauen. Im Folgenden dazu ein paar Übungen.

Was? Was tue ich? Was will ich? Bedürfnis!

Was tue ich, heißt Handlung. Wie wir schon gesehen haben, sollte Handlung begründet sein und nachvollziehbar. Warum tue ich etwas. Ich gehe zum Kühlschrank, weil ich Hunger habe oder besser, weil ich einen Jogurt oder etwas anderes diesem entnehmen will. Überlegen Sie, welche Mittel Sie haben, das deutlich zu machen? Wenn der Protagonist nicht weiß, warum er tut, was er tut, kann das Publikum nicht folgen. Eine banale Erkenntnis, aber nicht weniger wichtig!

Wenn zwei oder mehrere Protagonisten Unterschiedliches, Konträres wollen, entsteht ein klassischer **Konflikt.** Die Lösung des Konfliktes kann unterschiedlich ausfallen:

1.) durch Dominanz. Ein Protagonist dominiert den anderen und siegt über ihn.
2.) Beide einigen sich. Es kommt zu einer positiven Lösung.
3.) Der Schluss bleibt offen.

Was war vorher? Woher komme ich?

Angenommen Sie kommen von der Arbeit, hatten Stress und sind müde. Wie machen Sie das deutlich? Durch Ihre Haltung, Ihr gesamtes Verhalten, Ihre Körperlichkeit, Ihren Tempo-Rhythmus, bekommt das Publikum Ihren Zustand mit, der daraus resultiert was vorher war. Auch ist es für das Vorantreiben der Handlungen von entscheidender Bedeutung, was vorher war, denn das beeinflusst ja das Jetzt. Wenn Sie beispielsweise von einem dunklen Ort in einen hellen Raum treten, wie verändert sich Ihr Feeling? Alles das ist sehr wichtig.

Wohin gehe ich? Was folgt nach dieser Szene?

Beispiel: Sie bereiten sich auf ein Rendezvous vor. Sie wissen wohin Sie gehen werden, Sie wissen wen Sie treffen, was für ein Anlass das ist. Dementsprechend verhalten Sie sich jetzt. Sie sind möglicherweise nervös, achten genau auf ihr Aussehen, denn gleich treffen Sie die Liebe ihres Lebens.

Oder Sie bereiten einen Mord vor. Verraten Sie das dem Publikum offen? Oder tragen Sie dieses Geheimnis als Figur vor sich hin? Egal wie, Sie müssen Ihr Vorhaben kennen. Ihr Rendezvous oder Ihr Mordplan beeinflusst das Hier und Jetzt in Ihrer Szene.

Wir müssen hier aber deutlich die **Rollenperspektive** von der **Schauspielerperspektive** unterscheiden. Als Schauspieler*in wissen Sie immer was passiert und wann, möglicherweise haben Sie das Stück, die Szene auch schon hundertmal gespielt. Ihre Rolle weiß aber nicht alles, was nach dieser Szene folgt. Erlebt die Rolle eine Überraschung, so sollte dies für die Rolle eine Überraschung sein. Für die Schauspielerperson gibt es keine Überraschungen, oder sollte es nicht geben. Sie sollte wissen, dass sie nun im 2. Akt, 3. Szene angelangt ist, sollte den Text kennen und natürlich auch wissen, um welches Stück und welche Rolle es sich handelt, etc. Die Rolle allerdings weiß nur das, was sie als Rolle wissen darf. Das ist die Kunst. Im Idealfall gelingt es Ihnen als Schauspieler*in, sich völlig in der Rolle fallen zu lassen und die Schauspielerperspektive tritt hier in den Hintergrund, sorgt dafür, dass nichts aus dem Ruder läuft, Sie sich nicht in der Rolle verlieren und die Theaterverabredungen eingehalten werden.

Ich beschreibe das, als eine Art in den Proben antrainierte „Führhand", die automatisch und rechtzeitig die Rolle führt. Aber Sie als Protagonist bewegen sich in einem dunklen Tunnel, fast tranceähnlich, schwer beschreibbar, wenn aber die entsprechende Szene kommt, wissen Sie, was Sie tun und sagen müssen, Sie agieren aus der Situation und die „unsichtbare Führhand" sorgt dafür, dass Sie auf den „Punkt kommen" – zur richtigen Zeit, ohne den „Rahmen zu sprengen". Wenn Sie mich unmittelbar vor einer Aufführung oder Auftritt ansprechen würden und mich fragen, was drei mal vier ist, ich würde diese Frage wahrscheinlich nicht einmal verstehen. Das ist für mich ein gutes Zeichen. Ich weiß, dass auch andere Schauspieler*innen dies so erleben, wie ich, aber eine Verallgemeinerung dürfen wir hier natürlich nicht vornehmen! Fakt ist aber für mich, dass je mehr Ihnen die Abläufe in Fleisch und Blut übergehen und je mehr Sie die Situation selber verstehen, desto mehr können Sie sich darin fallen lassen. Wohlgemerkt fallen lassen, nicht gehen lassen! Sie können es also drehen und wenden, wie Sie wollen, aber das Paradox aus „Führhand", sprich Schauspielerperspektive und Rollenperspektive, also Kontrolle und Loslassen, sich in der Rolle fallen lassen, dieses Paradox besteht.

Also nochmal, aus Sicht der Perspektive der Rolle, sollten Sie klären, was Ihre Rolle weiß, was später passiert und ob das Publikum davon jetzt Kenntnis bekommen soll und wie sich das Hier und Jetzt auf die Szene auswirkt.

Wann?

Wann heißt, in welchem Jahrhundert, Jahrzehnt. Jahreszeit. Tageszeit etc.

Wenn Sie eine historische Figur spielen, müssen Sie sich mit der Zeit unbedingt beschäftigen. Aber nicht nur intellektuell, sondern auch sinnlich. Sie müssen beispielsweise selber nachvollziehen können, wie sich Menschen im Mittelalter verhalten, gekleidet, bewegt etc. haben. Nur wenn Sie auch die Sinnlichkeit erleben, können Sie es darstellen. Eine rein historisch-faktische Recherche und Wissen a la Zentralabitur, mag zwar die funktionalen Formalisten des Kultusministeriums frohlocken lassen, aber für die darstellende künstlerische Arbeit reicht das definitiv nicht aus!

Ebenso aber auch erleben Sie die Tageszeit unterschiedlich, genauso die Jahreszeit. Am frühesten Morgen bewegen Sie sich nicht so taufrisch, Sie ringen mit der Müdigkeit, eventuell dürstet es Sie nach einer starken Kaffee-Dröhnung oder vergleichbares. In einer Jahreszeit können Sie eine wunderbare Atmosphäre aufbauen. Nehmen Sie z.B. den die Sinnlichkeit des Frühlings wahr, wenn die ersten Sonnenstrahlen Ihre Haut berühren. Im Winter ist Ihnen kalt, im Herbst spielen Sie mit dem Laub der Bäume etc. So ergeben sich all die wunderbaren Mittel, die Ihnen für die Darstellung dienlich sind. Machen Sie es nicht komplizierter, als nötig, das Publikum muss immer alles nachvollziehen können, was Sie tun. Das Einfachste, präzise und konkret ausgeführt, ist oft das Eindringlichste.

Die W-Fragen bilden die Determinanten einer Situation. Nicht alle W-Fragen sind immer gleich wichtig. Vor allem Anfänger*innen sollte man behutsam in die W-Fragen einführen.

Wo?

Übung 103: Imagination des Raumes

Gruppenübung/Massenimprovisation

Trainingsziele: Imagination eines fiktiven Raums und Spiel im imaginären Raum

Phase A:

Machen Sie als Vorübung Übung 45 oder Übung 46, Phase A und B

Phase B:

Dann stellen Sie die Aufgabe einen imaginären Raum herzustellen. Beispielsweise ein Schlossmuseum. Wählen Sie oder lassen Sie einige Raumgrenzen bzw. reale Objekte von den Gruppenmitgliedern auswählen, die imaginär von ihnen verwandelt werden sollen. Beispiel, ein Stuhl als goldener Thron, ein Schränkchen als Schrein etc. Nachdem zwei bis drei Objekte definiert worden sind, verwandeln die Gruppenmitglieder in Ihrer Vorstellung, jeder für sich, die Objekte und den gesamten Raum in ein Schlossmuseum.

Es ist wichtig, dass die Personen nicht sofort in Interaktion kommen, sondern jeder für sich das Erlebnis Raum entwickeln kann und darf.

Phase C:

Wenn die Übungsleitende Person das Gefühl hat, dass die Personen den Raum für sich „drin haben", kann sie zulassen, dass die Protagonisten nun in Kontakt miteinander treten. Evtl. entwickelt sich hier und da ein Spiel, innerhalb der Gruppe oder in der Gruppe gesamt. Eine wichtige Frage in der Auswertung ist, behalten die Gruppenmitglieder den Kontakt zum Raum, oder verliert sich der Raum im Spiel untereinander?

Phase D:

Massenimprovisation: Wenn es sich um eine kleine Gruppe oder eine spielerfahrene Gruppe handelt, so kann eine Massenimprovisation gewagt werden. Teilen Sie die Gruppe in verschiedene Rollen ein. Geben Sie evtl. eine Situation oder Gegebenheiten vor.

Nur ein Beispiel: Mama und Papa mit ihrem zickigen Teenager. Ein(e) Kunsthistoriker(in), ein(e) Wärter(in) strengen Blickes. Zwei Diebe, die die Krone aus dem Schrein stehlen wollen. Ein Narr der sich auf den Thron setzen will etc. Schauen Sie aber, dass nicht zu viele Aktionen parallel ablaufen. Oft endet so etwas im Chaos und die Gruppe vergisst den Raum irgendwann, weil sie nur aufs Spiel konzentriert sind. Hier ist eine Auswertung notwendig.

Sie können die Improvisation aber auch in einer großen Gruppe, mit in zwei oder mehreren Gruppen eingeteilten Personen, durchführen. Jede Gruppe entwickelt Schritt für Schritt den Raum, wie oben, dann erfolgt die Rolleneinteilung, Vorgabe der Situation durch den/die Spielleiter*in. Die anderen Teilnehmenden Personen schauen jeweils zu.

Anschließende Auswertung:

Was hat geklappt, was nicht? Ist es den Protagonisten gelungen den Raum, die Atmosphäre, aufzubauen und anschließend im Spiel zu behalten? Machen Sie solche Übungen häufiger.

Übung 104: Wo

Einzelübung vor der Gruppe

Trainingsziele: Imagination eines fiktiven Raums und Handlungen (Aktivitäten) darin

Jedes Gruppenmitglied bekommt die Aufgabe, mit einem bestimmten Requisit oder auch mehreren zusammenhängenden Requisiten, das/die vorher mitgebracht wurde(n), auf die Bühne zu kommen, evtl. noch ein oder zwei Hilfs-Objekte aus dem Raum, wie ein Tisch, Stühle etc. Davon ausgehend, soll ein imaginärer Raum aufgebaut werden, dieser soll vor sich gesehen werden, man soll sich dazu verhalten und Handlungen ausführen, die auf diesen Raum hindeuten bzw. in dem Raum typisch sind. Das mitzubringende Objekt ist so auszuwählen, dass einerseits dieses mit dem Raum zu tun hat, der imaginiert werden soll, andererseits soll mit dem Objekt gehandelt werden. Beispiel: Eine Flasche Sonnenmilch, ein Kochtopf und Löffel, eine Gartenschere etc.

Auswertung:

Die anderen Gruppenmitglieder beobachten genau, was der Protagonist tut. Anschließend sollen die Beobachter erraten, was der/diejenige getan hat, vor allem wo sich der Protagonist aufgehalten hat. Dann wird aufgelöst. Was wurde deutlich, wie hätte man den Raum, die Raumgrenzen etc. noch besser deutlich machen können.

Übung 105: Wo

Gruppenübung

Trainingsziele: Entdeckung darstellerischer Mittel in einem imaginären Raum

Die Teilnehmenden Personen werden in Gruppen aufgeteilt: Jede Gruppe bekommt einen Raum mitgeteilt, z.B. am Strand, und die Aufgabe auszuprobieren, was man am Strand alles so tut und wie man sich verhält, z.B. in der Sonne liegen, wie man sich bewegt, z.B. wenn man über den heißen Sand geht, was man an hat usw. Wenn jeder für sich den „Raum" und seine Aktivitäten gefunden hat, so können die Gruppenmitglieder miteinander ins Spiel kommen.

Es ist wichtig, zu sehen, wie viele wunderbare darstellerische Mittel zur Verfügung stehen.

Anschließend kann jede Gruppe ihre kleine „Szene" vorführen.

Übung 106: Raum und Atmosphäre

Einzelübung und/oder vor der Gruppe

Trainingsziele: Imagination eines fiktiven Raums, Beziehung zum Raum, Arbeiten mit der sense memory, Aufgabe im Raum mit Hindernis

Phase A

Die Aufgabe ist, mit Hilfe realer Objekte einen fiktiven Raum zu imaginieren. Zu diesem soll nun eine Beziehung aufgebaut werden. Beispiel: die schöne neue Wohnung, der Lieblingsstrand oder die Gefängniszelle. Bedienen Sie sich dabei der sense memory und nutzen Sie, imaginieren Sie verschiedene sensorische Eigenheiten des Raums. Z.B. das stinkende Klo in der Gefängniszelle, die kahle Wand oder die leuchtenden Sterne am Himmel und der weiche Sand etc. Leben Sie im Raum.

Diese Übung kann natürlich auch alleine Zuhause gemacht werden.

Phase B

Wenn der Raum aufgebaut wurde, eine Beziehung entstanden ist, stellt die Übungsleitende Person eine bestimmte Aufgabe im Raum, mit Hindernis. Beispiel: Das Putzen der Gefängnistoilette, die fürchterlich stinkt.

Auswertung:

Wie gelingt der Raumaufbau? Wie verändert oder verstärkt die Aufgabe die Atmosphäre und die Beziehung zum Raum? Wie wird die Aufgabe im Raum gelöst; das Hindernis überwunden?

Übung 107: Das Hotelzimmer

Einzelübung vor der Gruppe

Trainingsziele: Hier geht es um subjektive Wahrnehmung, Beziehung (Einstellung) zum Raum aufzubauen und möglichst minimalistischer Ausdruck in Körperhaltung, Bewegung, Mimik und Gestik

Ein Gruppenmitglied wird vor die Türe geschickt. Der Rest der Gruppe baut mit realen Requisiten ein Hotelzimmer. Eine Türe wäre auch gut. Das Zimmer kann nobel, gewöhnlich oder total heruntergekommen sein.

Die Situation: Die Figur ist ein Teil eines Paares. Während die andere Partnerperson noch Formalitäten an der Rezeption erledigt, geht er/sie schon mal aufs Zimmer, was dem

Paar zugewiesen worden ist, inspiziert es konkret und verhält sich dazu...

Nachdem die Gruppe fertig ist, teilt die Übungsleitende Person dem Protagonisten vor der Türe des Unterrichtsraums die Spielaufgabe mit, führt ihn oder sie dann mit geschlossenen Augen herein. Erst „vor der Türe des Hotelzimmers" werden die Augen geöffnet und das Spiel beginnt.

Hinweis:

Achten Sie hier darauf, dass das Spiel so real wie möglich vollzogen wird und der Ausdruck so minimalistisch wie möglich ist. Kommt Ihnen etwas zu groß, aufgesetzt, übertrieben vor, besprechen Sie es und lassen es korrigieren. Es soll das Vertrauen zu kleinen Gesten und Mimik erlernt werden.

Übung 108: Konflikt

Partnerübung/Duo-Szene vor der Gruppe

Trainingsziele: Beschreiben eines Konfliktes (Geschichte), daraus eine konkrete Situation konstruieren, in der der Konflikt zu tragen kommt; Improvisation mit vorgegebenen Konflikt

Zunächst soll jedes Gruppenmitglied eine Ausgangsgeschichte für einen Konflikt zwischen 2 Personen erfinden und kurz schriftlich umschreiben. Nehmen Sie alltägliche, einfache Konflikte. Umreißen Sie den Konflikt kurz in wenigen Sätzen und schreiben sie ihn leserlich auf ein Blatt Papier. Die Papiere werden in Umschläge gepackt. Es werden Paare gebildet. Jedes Paar zieht einen Umschlag und liest sich den beschriebenen Konflikt durch. Daraus konstruieren sie jeweils eine Konfliktsituation und spielen sie als Improvisation vor der Gruppe.

Beispiel: Sie hat ihn betrogen und ist schwanger. Sie will ihm aber nicht sagen, dass das Kind von jemanden anderes sein könnte, da Sie ihn liebt und die Beziehung nicht gefährden möchte. Sie möchte ihm nur von der Schwangerschaft erzählen. Was sie nicht weiß ist, dass er zeugungsunfähig ist. Was er wiederum ihr nicht erzählt hat. Das heißt also, wenn Sie ihm von der Schwangerschaft erzählt, weiß er, dass er nicht der Vater sein kann.

Das Spielpaar, welches den Umschlag gezogen hat, konstruiert eine Konfliktsituation und improvisiert, z.B.: Sie kocht etwas Schönes, deckt den Tisch und er kommt müde von der Arbeit. Sie möchte ihm nun mitteilen, dass sie schwanger ist.

Jedes Duo konstruiert gemäß der Ausgangsgeschichte ihre eigene Konfliktsituation.

Sollte der Konflikt nicht in Gang kommen, kann die Übungsleitende Person eingreifen und Regieanweisungen geben.

Übung 109: Wer, Was, Wo?

Duo-Szene vor der Gruppe

Trainingsziele: szenische Improvisation mit vorheriger Absprache von Wer, Was, Wo

Die Teilnehmer*innen werden in Gruppen aufgeteilt, am besten Zweier Gruppen. Jede Gruppe überlegt eine Szene, in der vorher festgelegt wird, wer sie zueinander sind, was sie tun – evtl. entwickelt sich ein Konflikt – und wo sie sind. Wichtig ist, dass die Protagonisten zwar improvisieren, aber der Rahmen abgesprochen wird. Dialogische Sprache ist erlaubt. Aber keine Erklärungen. Dann werden die Szenen jeweils vorgeführt. Anschließend sollen die zuschauenden Gruppenmitglieder sagen, was sie gesehen haben. Haben sie erkannt, wer die Protagonisten waren, wo sie waren und was sie taten, worum ging es? Anschließend wird aufgelöst und analysiert, was sich gut vermittelt hat und was man verbessern kann. Evtl. wird die Szene nochmal gespielt oder man lässt es so stehen. Wichtig ist, dass die Protagonisten erkennen, was funktioniert hat und welche Mittel und Handlungen sie noch gehabt hätten, um die Fragen Wer, Was, Wo deutlich zu machen.

Übung 110: Wann, Wer

Übungskomplex

Trainingsziele: ganzheitliches Studium und szenische Erkundung einer bestimmten eingegrenzten Zeitepoche

Folgende Aufgabe ist für eine längere Unterrichtsperiode oder einen Workshop geeignet.

Phase A:

Zunächst wird die Hausaufgabe gestellt: Die Gruppenmitglieder sollen mittels Medien, wie Internet, Bücher, Audio und Visuellen Medien etc., etwas über eine bestimmte Zeit herausfinden. Beispiel: Deutschland in den 1920er Jahren. Dabei geht es immer auch darum einerseits Eckdaten aufzuschreiben, aber andererseits vor allem um das Gefühl der Menschen in dieser Zeit, den Lebensstil, die politischen Hintergründe usw. Schränken Sie bei der Zeitvorgabe ruhig ein, auch örtlich, wie Deutschland in den 20iger Jahren.

Es kann z.B. Musik, die damals gehört wurde, herausgesucht und zur nächsten Stunde mitgebracht werden. Genauso Requisiten, Kleidungsstücke etc.

Phase B:

In der Unterrichtseinheit werden zunächst die gesammelten Daten, Eindrücke, Gefühle gesammelt und besprochen. Dabei könnten auch Zeichnungen oder Farbbilder erstellt werden. Es kann Musik gehört werden, Requisite, Kleidungsstücke ausgetauscht werden etc.

Phase C:

Anschließend wird in der Improvisation, in evtl. verteilten Rollen im Raum improvisiert. Erstmal jeder für sich. Dabei werden Tätigkeiten, Bewegungen, ausprobiert, die die Rolle in der Zeit (Ritter, Burgfräulein, Punker, Woodstock-Rocker, Revoluzzer etc.) mit sich bringt. Nach und nach kommt man zusammen ins Spiel. Der/die Spielleiter*in kann je nach Entwicklung laufen lassen, oder anleitend eingreifen. Requisiten und Kleidungsstücke können benutzt werden.

Phase D:

Nun werden Szenen mit 2 bis 4 Mitgliedern gespielt. Es wird ein Raum ausgemacht und ein szenischer Rahmen abgesprochen. Alles was gespielt wird, findet in der Zeit statt und es wird sich auch so verhalten, wie in dieser Zeit. Eine Massenimprovisation ist natürlich auch möglich.

Phase E:

Wenn Sie Komik in die ganze Geschichte reinbringen wollen, so lassen Sie doch, z.B. wenn Sie das Thema Barock haben, die ganze Szene im Rock-Lokal stattfinden. Dort darf aber nur „Barock" gehandelt und sich verhalten werden. Lassen Sie Rock Musik laufen und Barock tanzen – beispielsweise. Ein Gaudi!

Hinweis:

Nicht nur für die Schauspielarbeit ist dieser Übungskomplex zu empfehlen, sondern auch für den theaterpädagogisch orientierten Geschichtsunterricht. Unterrichten Sie so Geschichte, so werden Sie nie wieder gelangweilte Schüler sehen.

Übung 111: Wann – Zeit

Gruppenübung

Trainingsziele: Erkennen und Erprobung darstellerischer Mittel bzgl. der Tages- und Jahreszeit

Bilden Sie wieder Gruppen: Es soll diskutiert werden, was man tut und wie man sich verhält, wie man sich bewegt etc. Probieren Sie es im Raum auch ruhig mal aus:

a.) am frühen Morgen b.) am Mittag c.) abends d.) nachts e.) im Herbst f.) im Winter g.) im Frühjahr h.) im Sommer.

Übung 112: Was hast Du heute Morgen getan?

Partner/Einzelübung vor der Gruppe

Trainingsziele: szenische Umsetzung einer Schilderung von Handlungen und Vorgängen, Fantasie

Phase A:

Die Übungsleitende Person gibt die Hausaufgabe, dass die Personen genau aufschreiben, was sie an einem bestimmten Morgen, Abend etc. getan haben, und vor allem wie und in welchem Zustand (Vorgänge) sie das getan haben. Grenzen Sie die Zeit ein, z.B. vom Aufstehen bis zum Haus verlassen. Das Aufschreiben ist wichtig!

Phase B:

In der Unterrichtseinheit finden sich die Gruppenmitglieder zu zweit zusammen. Im Raum verteilt, erzählt A seine „Geschichte", B hört zu. Dann umgekehrt. Die Aufgabe soll sein, dass A die Aktion von B spielt und umgekehrt – vor der Gruppe. Dabei geht es nicht um Imitation, es dürfen auch Details verändert werden. Aber es geht um den „roten Faden", die Vorgänge, das Spiel, den Kampf mit dem Zustand. Wenn sich A beispielsweise am Morgen hektisch fertiggemacht hat, um zur Arbeit zu eilen, dann muss B das auch spielen.

Übung 113: Woher, was

Duo-Szene vor der Gruppe

Trainingsziele: szenische Improvisation mit Schleppe, Agieren und Reagieren

Der Ort, eine Parkbank. A überlegt sich eine **Schleppe**, also wo komme ich her? Was war vorher geschehen? Und was habe ich vor? (Aktion)

Mit diesen Überlegungen und evtl. einem Requisit kommt A auf die Bühne. Das Requisit soll die Handlungen unterstützen oder es soll damit gehandelt werden. Überlegen Sie also, ob sie ein Requisit benötigen! Nachdem A Umstände geschaffen hat, eine Situation etabliert hat, geht B mit der gleichen Vorbereitung wie A auf die Bühne. Zwischen A und B soll eine Improvisation entstehen. Dabei geht es nicht darum, besonders witzig oder originell zu sein, sondern darum sich die Frage zu stellen, wie würde ich unter den gegebenen Umständen handeln? Zudem geht es darum, sich auf die Partnerperson auf der Bühne einzulassen, zu agieren und zu reagieren, miteinander zu spielen. Beachten Sie bitte auch, die im Improvisationskapitel besprochenen „Regeln", vor allem das Annehmen dessen, was die Partnerperson anbietet und ins Spiel zu integrieren. In dieser Übung kann man als sich selbst agieren. Die Wer Frage muss also nicht beantwortet werden.

Kommen Sie, wenn möglich, zu einem Schluss.

Übung 114: Wendepunkt

Duo Szene vor der Gruppe

Trainingsziele: Szenische Improvisation mit Schleppe und Wendepunkt, Agieren und Reagieren, Partnervertrauen, Timing, dramaturgischer Aufbau

A und B kommen gemeinsam von woher. Es soll deutlich werden in welcher Stimmung sie kommen, was vorher war, woher sie kommen, sie finden im fiktiven Raum auf der Bühne einen Anlass, einen Wendepunkt, am dem sich ihre Stimmung, ihr Vorhaben, sprich der Verlauf der Szene in eine komplett andere Richtung dreht. Die Spieler*innen dürfen sich vor der Szene kurz absprechen, um die Rahmenhandlung und den Wendepunkt, Anlass, Impuls festzulegen.

Beispiel:

Zwei Schwestern kommen von einer Beerdigung eines gemeinsamen Onkels, in absoluter Trauerstimmung. Sie steigen ins Auto und erzählen kurz über den lieben Onkel. Plötzlich findet einer der Schwestern ein Couvert im Handschuhfach und öffnet es. Es ist ein Brief vom Notar. Beide Schwestern sind als millionenschwere Erbinnen benannt.

Hinweis:

Es ist überhaupt kein Problem, dass auch Anfänger*innen solche Szenen entwickeln und spielen, nur kommen sie meist viel zu schnell zum Wendepunkt und verschenken den Aufbau der Szene oder der Wendepunkt ist zu sprunghaft. Ein häufiger „Fehler", Stichwort Dramaturgie. Wenn beide Damen in tiefer Trauer plötzlich von dem Erbe erfahren und ganz sprunghaft in totaler Sektlaune auf das Erbe ihre Trauer von einer Sekunde auf die nächste verlieren, so hat dies etwas Komisches. Denn damit handeln sie gegen die Erwartung des Publikums, nämlich inkongruent (s. Kapitel

5.3). Kongruent wäre z.B., die Freude langsam aufzubauen, die Trauer mischt sich mit der Freude, etc. Es gibt hier nicht wirklich richtig oder falsch. Wir können an dieser Stelle, mit dem Beispiel, vielmehr Folgendes festhalten:

Ein eher nicht so sprunghafter Wendepunkt und eine adäquate Reaktion der Protagonisten auf die Erbnachricht, die man als Publikum eher erwartet, weil man sie für möglich bzw. wahrscheinlich hält, führt offensichtlich zu einer als eher ernsthaft wahrgenommenen Szene. Und ein sprunghafter Wendepunkt, der eher nicht zu erwarten war und damit plötzlich und inkongruent kommt, wird als eher komisch wahrgenommen. Beides ist „richtig", nur unterschiedlich! Besprechen Sie das. Lassen Sie die Szene eventuell nochmals spielen. Generell geht es bei dieser Übung, ein Gefühl für den dramaturgischen Aufbau, der Gestaltung des Wendepunkts und ein Gefühl für Timing zu entwickeln.

Übung 115: Wendepunkt/Briefübungen

Einzelspiel vor der Gruppe

Trainingsziele: szenische Improvisation mit Vorher /Nachher, Wendepunkt mit Impulsgeber (Brief)

Vorbereitung: Die Gruppenmitglieder schreiben einen kurzen Brief für einen der anderen Mitglieder. Es kann ein Liebesbrief sein, es kann eine Mahnung sein, eine Todesnachricht, ein Lottogewinn, die Kündigung, egal was.

Wichtig ist, dass der Brief ernsthaft geschrieben ist und die andere Person den Inhalt nicht kennt.

Die Briefe werden in Umschläge verpackt.

Es wird eine Kulisse aus Stühlen oder anderen Requisiten (z.B. eine Türe etc.) gebaut: Außenraum, Briefkasten, Innenraum. Der jeweilige Brief wird in den Briefkasten gelegt.

Szene: Jede Person hat die Aufgabe deutlich zu machen woher und in welchem Zustand (müde, energetisch etc.) sie kommt. Der Protagonist soll nach Hause kommen, den Brief aus dem Briefkasten entnehmen, in die Wohnung treten, den Brief öffnen, lesen und darauf reagieren. Es wird nicht laut vorgelesen, einzelne Worte, Satzteile dürfen angelesen werden, aber nicht der ganze Inhalt. Es soll sichtbar werden, was in dem Brief steht und vor allem wie sich das auf den Protagonisten auswirkt. Wie verändert sich der Gefühls-Zustand des Protagonisten? Die Personen sollen den Brief wirklich lesen und den Inhalt aufnehmen und darauf reagieren. Welche Handlungen ergeben sich daraus, was ist nun zu tun?

Auswertung:

Was haben die Anderen gesehen, was ist gut gelungen? Welche eventuell ungenutzten Mittel standen noch zur Verfügung?

Diese Szenen können sehr komisch sein oder höchst tragisch. Alles absolut erlaubt. Die Grundaufgabe bleibt aber: was war, was ändert sich mit dem Inhalt des Briefes?

Übung 116: innerer Monolog

Einzelübung

Trainingsziele: Woher, Was, Ausdruck von Gedanken und Gefühlen (innerer Monolog, innerer Konflikt)

A bekommt die Aufgabe, die Bühne von außen kommend zu betreten. Dabei sind die W-Fragen zu beantworten: Wo komme ich her, was habe ich gerade erlebt und schleppe ich demzufolge innerlich und äußerlich mit mir? Was für Gedanken und Bilder gehen während des Auftritts durch meinen Kopf? Von dieser Schleppe ausgehend und mit diesen Bildern und Vorstellungen und Gedanken werden äußere Handlungen vollführt. Es kann auch Sprache benutzt werden. Ein innerer Monolog entsteht.

Auswertung/ Reflexion:

Wie bin ich mit der Vorbereitung klargekommen?

War eine Schleppe vorhanden?

Waren die Gedanken und Bilder/Vorstellungen stark genug, um äußere Handlungen zu vollführen?

Gab es einen inneren Monolog, wenn ja, könnte ich den reproduzieren?

Was hat die Gruppe gesehen? Was könnte man anders machen?

Hinweis:

Die Reproduktion ist natürlich im Theater sehr wichtig. Alles was wir in der Probe entwickeln, müssen wir auch reproduzieren können. Das gilt natürlich auch im Film, zumindest bis der Take „im Kasten" ist und nun den gnädigen oder ungnädigen Händen des Cuts zum Opfer fällt.

Übung 117: Innerer Monolog zu Zweit

Partnerübung

Trainingsziele: Aktives Zuhören, Reagieren, Ausdruck, innerer Monolog, Partner – Sensibilität, Teamwork, Vorstellungskraft, Koordination, Fantasie

A geht auf die Bühne und bewegt sich in einer vorgegebenen Ausgangssituation, z.B. geht im Wald spazieren. B befindet sich im Off und spricht den inneren Monolog von A. Das heißt, alles was A auf dem Waldspaziergang durch den Kopf geht. Dabei versuchen beide, sich aufeinander einzulassen, Impulse voneinander aufzunehmen und so miteinander zu arbeiten, dass sie sich gegenseitig inspirieren.

Übung 118: Innerer Monolog zu zweit, mit Wendepunkt

Partnerübung

Trainingsziele: wie Übung 117 und Wendepunkt einbauen.

Genauso wie Übung 117, nur soll ein Wendepunkt eingebaut werden. Also ein Ereignis, was die Geschichte in eine andere Richtung weitergehen lässt.

Übung 119: Auftritt mit Wendepunkt

Einzelübung

Trainingsziele: Woher, Was, Wendepunkt genau treffen, Veränderung, Wohin, Fantasie

Nach einem Auftritt soll ein selbstgewähltes Ereignis eintreten, welches den Verlauf der Geschichte so verändert, dass diese in eine andere Richtung läuft.

Beispiel: A kommt von der Arbeit nach Hause, um etwas zu essen, entdeckt nun einen noch nie vorher gesehenen Ring auf dem Küchentisch.

Auswertung:

War das Ereignis stark genug? War der Wendepunkt rechtzeitig? War der Wendepunkt konkret?

Übung 120: Telefonimprovisation

Einzelübung vor der Gruppe

Trainingsziele: selbstständiges Erfinden einer Grundsituation zu einer vorgegebenen Tätigkeit. Die W-Fragen komplett

Die Übungsleitende Person gibt den Gruppenmitgliedern folgenden Text zum Lernen:

„Ja – ach – warum – so – wie – nein – ja"

Die Aufgabe ist nun, eine Grundsituation um ein Telefongespräch herum zu konstruieren. Es sollen auch die Gesprächsbeiträge des fiktiven Gesprächspartners schriftlich formuliert werden, damit die Szene konkret wird und nicht ungefähr.

In der Unterrichtseinheit soll nun vorgespielt werden. Die Aufgabe ist, dass das Publikum, also die Gruppe klar erkennt, wer, wo, wann, wie, warum, wozu und mit wem telefoniert. Wo er/sie herkommt und wo er/sie nach dem Telefonat hingehen wird. Außerdem sollte klarwerden, was der unsichtbare Gesprächspartner am anderen Ende der Leitung sagt. Die Ergebnisse der Gruppenauswertung werden mit dem aufgeschriebenen Text verglichen. Sollten Fragen offenbleiben, bekommt das Mitglied Gelegenheit, diese Fragen direkt bei einem weiteren Versuch mit demselben Telefongespräch durch Handeln auf der Bühne zu beantworten. Auch hier wird an jedem Vorschlag so lange gearbeitet und verbessert, bis alle mit dem Ergebnis zufrieden sind.

Übung 121: Dialog-Training

Partnerübung

Trainingsziele: Dialog – Argumentationstraining, Zuhören, Einfühlen und Eindenken in die Argumentation des Gegenübers.

A und B sitzen sich auf Stühlen gegenüber. A vertritt eine bestimmte Position. B behauptet das Gegenteil und begründet es logisch. A reagiert darauf. Es entsteht eine Diskussion. Wichtig, die Diskussion soll logisch nachvollziehbar, argumentativ sein, nicht grotesk. Sie darf emotional sein. Aber es geht um dialogische Auseinandersetzung.

Nach einer Weile werden die Positionen getauscht. Das heißt physisch, in dem beide ihre Plätze tauschen und jeder dann für den entgegengesetzten Standpunkt argumentiert – möglichst mit der gleichen Leidenschaft, wie für den ursprünglichen Standpunkt.

Auswertung:

Haben sich die Partner gegenseitig zugehört und aufeinander reagiert? War die Diskussion glaubwürdig? Warum ja oder nein? Haben beide selbst an die jeweils vertretene Ansicht geglaubt?

Hinweis:

Diese Übung eignet sich als Schauspielübung und Kommunikationstraining!

Übung 122: Dialog und Aktivitäten

Partnerübung

Trainingsziele: Koordination von Dialog und Aktivitäten

Bevor eine Diskussion startet, wie in Übung 121, überlegen Sie Tätigkeiten, z.b. Schuhe putzen, Tisch decken, die A und B machen. Sie können diese Tätigkeiten auch erst „trocken" probieren. Anschließend bauen Sie die Aktivitäten in Ihre Diskussion ein.

Übung 123: Dialog mit Regieanweisung

Partnerübung

Trainingsziele: Dialogarbeit mit Regieanweisung

A ist Chef oder Chefin in einer Firma und B Angestellter oder Angestellte. A will B erklären, dass B nun entlassen wird, da B gestohlen hat. B behauptet unschuldig zu sein und braucht die Stelle unbedingt! Ob B falsch beschuldigt wird, bleibt den Protagonisten überlassen.

Schema-Ablauf: A sagt beispielsweise: „Nehmen Sie Platz!" und A spricht die Regieanweisung: „B setzt sich etwas zögerlich." B tut das. Dann spricht B: „Sie haben mich zu sich gebeten!?" und spricht die Regieanweisung aus: „A räuspert sich und spricht:"

A tut dies so und spricht, usw.

Haken Sie sich ein, beobachten Sie einander genau, reagieren Sie aufeinander, geben Sie präzise Anweisungen und führen Sie die Handlungsanweisungen des Gegenübers präzise aus! Finden Sie wenn möglich gemeinsam einen Schluss!

Beziehungen/Einstellungen der Protagonisten zueinander:

Übung 124:

Duo-Szene vor der Gruppe

Trainingsziele: Agieren und Reagieren, szenische Arbeit mit der Einstellung zur Partnerperson, im Verhältnis zu den Umständen

Die Übungsleitende Person schreibt vorher Zettel, auf denen die Einstellung zur Partnerperson festgelegt ist, z.b. A ist verliebt in B etc. Zudem haben beide Personen der jeweils anderen Person eine Mitteilung zu machen. A und B bekommen die Zettel vor der Szene getrennt zu lesen, beide wissen nicht, was auf dem Zettel der anderen Person steht.

Die Grund-Situation ist einfach:

A und B sitzen entweder beim Kaffeekränzchen oder im Restaurant. Es wird gegessen und getrunken.

Beispiele:

A: Ihr seid beste alte Freunde/Freundinnen und mögt Euch sehr. Du möchtest B zum Trauzeugen machen.

B: Ihr seid beste alte Freunde/Freundinnen und mögt Euch sehr. Du möchtest A mit schlechtem Gewissen beichten, dass Du mit dem Freund, der Freundin von A geschlafen hast.

A: Ihr seid gute alte Kollegen/Kolleginnen, Du bist sauer auf den Chef, dass Du nicht neue(r) Abteilungsleiter(in) wirst. Begründung: Du bist zu unqualifiziert für den Job. Du weißt nicht, wer den Job bekommen hat.

B: Ihr seid gute alte Kollegen/Kolleginnen, Du möchtest A mitteilen, dass Du überraschender Weise, zum/zur neuen Abteilungsleiter(in) ernannt wurdest.

A: ist Chefarzt/Chefärztin und Chef von B. Hat B zum Essen, Kaffee geladen. Er/Sie will B nun mitteilen, dass B zum neuen Oberarzt bzw. zur neuen Oberärztin ernannt wird.

B: hasst A, weil er/sie viel zu aufgeblasen ist. B ist nur nett zu A, weil A Chefarzt oder Chefärztin ist und sein/ihr Chef. B weiß nicht, warum A ihn/sie eingeladen hat. B ist Arzt/Ärztin.

Übung 125: Die Geburtstagsparty

Gruppenübung

Trainingsziele: Beobachten, Miteinander spielen, Aufeinander reagieren

Jedes Gruppenmitglied bekommt einen Zettel mit seinem Namen, den die Person auf die Stirn klebt, sodass alle erkennen können, wer die anderen Personen sind. Die Situation ist die, dass eine Person Geburtstag hat und zur Party lädt. Alle anderen Personen sind Gäste. Jede Person bekommt vorher eine geschriebene Anweisung mit kurzen Informationen, wie Charakter und Einstellung zu einer Person. Jede Person weiß vor dem Spiel nur, was auf seiner Anweisung steht, weiß also nicht, was die anderen für Anweisungen haben. Ein sehr lustiges Spiel, was oft zu Chaos führt. Die Protagonisten müssen hier miteinander spielen, beobachten und reagieren. Also, eine sehr spaßige, aber hoch wertvolle Übung.

Beispiel:

Jörg hat Geburtstag, er ist ein sehr freundlicher, aber eher schüchterner Geselle. Er ist erst kürzlich und heimlich in Babsi verliebt – niemand weiß davon.

Babsi findet, dass Jörg ein toller Kumpel ist, aber findet ihn eher unattraktiv. Babsi ist ein typisches „Weibchen", welche gerne Jungs um den Finger wickelt und steht total auf Ralf, kennt Ralf aber nicht.

Ralf ist Jörgs bester Freund, er kennt Babsi nicht, aber fährt total auf sie ab.

Karl ist ein sehr nervöser Genosse und will immer Action. Er findet alle total öde, auch Jörg.

Peter ist schwul und liebt Jörg. Er findet dass Karin stinkt.

Karin findet dass sie gut riecht und fährt total auf Peter ab.

Susanna ist der Typ superintellektueller Bücherwurm. Sie findet Babsi und Karl vollkommen niveaulos.

Das Beispiel ist nur ein Beispiel von vielen, was Ihnen zeigen soll, wie das Prinzip funktioniert. Wenn Sie Ihre Gruppe kennen, wird Ihnen sicherlich selbst vielfältig Wunderbares einfallen. Es geht immer darum, dass Sie Spannung und Dynamik erzeugen, durch die entgegengesetzten Einstellungen. So kann das Spiel in Gang kommen. Machen Sie es den Protagonisten nicht zu einfach. Sie sollen ruhig ins „schwitzen" kommen: Beobachten und Reagieren!

3.3 Status und Raum

In der dramatischen Schauspielarbeit spielt die Arbeit mit dem Status eine große Rolle. Status ist im Prinzip ein Machtverhältnis zwischen zwei Protagonisten, eine jeweilige Über- bzw. Unterlegenheit. Es gibt keinen absoluten Status und dennoch erkennt jede(r) Beobachter(in), wenn ein Protagonist im Hochstatus bzw. Tiefstatus agiert. Das liegt daran, dass wir Statuserfahrungen und damit Statuserkennungen in unserem Alltag gewohnt sind, weil wir alle – meist unbewusst – ständig Statussignale senden und empfangen.

In der Schauspielarbeit müssen wir uns über unsere Körpersprache und Wirkung bewusst sein und unseren darzustellenden Status „herstellen" können.

Keith Johnstone teilt die Spieler*innen in Hochstatus-Spieler, Tiefstatus-Spieler und Status-Experten ein. Status Experten sind in der Lage Ihren Status flexibel und schnell zu wechseln. Dabei sind die Statuswechsel nicht extrem, sondern immer so ein bisschen darunter oder darüber. Johnstone geht davon aus, dass es keinen neutralen Status gibt, auch wenn jemand sich redlich bemüht neutral zu wirken. Für Keith Johnstone ist Status nicht zwingend das was man ist, sondern was man tut.

Ich möchte den Status ergänzend wie folgt unterscheiden:

1.) Der soziale Status:

Das ist der Bettler und der Graf. Der Chef und der Angestellte etc. Hierbei handelt es sich also um statische Hierarchien in einer gegebenen sozialen Struktur.

2.) Der psychologische Status:

Dieser resultiert daraus, wie sich die Person wirklich gibt, welches Verhalten sie an den Tag legt. Nehmen Sie nur zwei Bettler, von denen der Eine dominanter und stärker, der Andere schwächer ist. Hier finden Sie zwar den gleichen sozialen Status vor, aber dennoch ein unterschiedliches Machtverhältnis. Zudem kann sich der dominantere Bettler möglicherweise auch gegen Andere behaupten, die einen sozialen Hoch-Status haben. Es gibt schließlich die sogenannten Alpha-Tiere in allen sozialen Schichten. Und es gibt die „Selbstunsicheren" auch in hohen sozialen Schichten. Nicht allzu selten dürften die sozial Hochgestellten ihre Unsicherheit, ihren eigentlichen psychologischen Tiefstatus hinter ihrem sozialen Status verbergen.

Der psychologische Status ist eine konditionierte Strategie oder Ausdruck eines mehr oder minder gefestigten Selbstkonzeptes. Jeder Mensch agiert mehr oder minder unbewusst in diesem Status.

Ich möchte mich im Folgenden um eine eigene differenzierte Einteilung bemühen, die als Anregung gedacht sein soll.

Als Übungsleiter*in, Dozent*in, werden Sie zwangsläufig mit Menschen konfrontiert, die in Ihrem Leben einen mehr oder minder festen psychologischen Status spielen und häufig nicht so einfach bereit sind, sich einem anderen Status-Spiel zu öffnen. Wenn Sie das doch tun, dann aber häufig nicht bewusst, sondern in irgendeiner Weise verzerrt. Diese Teilnehmer*innen brauchen also eine behutsame, motivierende Anleitung, selbst andere Statuserfahrungen zu machen und daran – und das ist wichtig – Freude zu entwickeln.

Sie als Lehrperson sollten daher wissen, warum sich jemand so oder so verhält. Das Verständnis hilft Ihnen behutsam darauf einzuwirken. Nun also die Einteilung, die keinen Anspruch erhebt vollständig zu sein und vor allem auf meiner eigenen phänomenologisch orientierten „Forschung" und Beobachtung beruht.

A: Status als Schutz-und Abwehrstrategie:

Auch Keith Johnstone beschreibt Status als Schutz und Abwehrstrategie.

Der Hochstatus wird hier als Verteidigungsstrategie gefahren. Die Menschen signalisieren in Ihrem gesamten Verhalten, dass ein Angriff Ihrer Person für die angreifende Person massiv gefährlich ist. Sie können sich hier als Beispiel auch Hunde vorstellen, die sich ganz großmachen, Zähne zeigen und Sie anbellen: „Pass auf, ich bin hoch gefährlich." Das kann auch ganz subtil erfolgen. Sie kennen sicher auch den/die Eine(n), von dem/der man das Gefühl hat, dass er oder sie eine Autorität ist, mit der eine feindliche Auseinandersetzung gewisse „Bisswunden" hinterlassen würde – bildlich gesprochen.

Der Tiefstatus als Verteidigungsstrategie ist das Gegenteil, hier signalisiert die Person, dass sie es überhaupt nicht wert sei, sie anzugreifen, da viel zu gering, es ist der Mühe nicht wert.

Dieser Status konditioniert sich möglicherweise in der Kindheit, indem die Erfahrung gemacht wird, dass man bei Auseinandersetzungen den „Kürzeren" zieht. Und so ist die Tiefstatusstrategie eine Sicherheit und Schutz gewährende Methode, sich lästige Angriffe und Verletzungen „vom Hals" zu halten. Möglicherweise aber auch von anderen Hochstatuspersonen in Schutz genommen zu werden. Machen Sie sich klar, dass dies eine, wenn auch unbewusst gefahrene Strategie ist, die Sicherheit vermittelt und bei Aufgabe Unsicherheitsgefühle verursacht. Wenn Sie es nicht schaffen, bei dieser Person andere Körpererfahrungen behutsam hervorzulocken und so nach und nach positive Hochstatuserfahrungen herbeizuführen, werden Sie bei dieser Person möglicherweise ein ewiges „Verstecken" im Tiefstatus oder ein „verschrulltes" Hochstatusspiel erleben. Das Gleiche gilt für die Hochstatusspieler*innen.

B: Status als Selbstkonzept

Wenn verschiedenste Faktoren in der Kindheit dazu führen, dass man sich in seiner „Haut" wohl fühlt und ein Vertrauen und realistisches Einschätzen der eigenen Fähigkeiten und Kompetenzen vorliegt, so kann man authentisch und locker im Hochstatus spielen. Solche Personen brauchen dafür nicht zwingend einen hohen sozialen Status oder Statussymbole. Oft übernehmen solche Personen auch gerne

Verantwortung, sowohl beruflich, als auch privat oder/und schützen andere Personen und Tiefstatusspieler.

Der Tiefstatusmensch ist zutiefst davon überzeugt, dass er minderwertig ist. Eine realistische Einschätzung, erst recht ein Vertrauen in die eigenen Fähigkeiten, ist nicht möglich. Man bleibt unter seinen Möglichkeiten. Dieses konditionierte Statusverhalten ist sicher das Schwierigste, da es auf einer tiefen oft unbewussten Grundüberzeugung beruht. Hier ist es besonders wertvoll, sich im Spiel, in einem ästhetischen Schutzraum, mit Hochstatuserfahrungen auszuprobieren. Da dies ungewohnt ist, ist hier ganz besonders Lob der Lehrperson, als Rückmeldung von Nöten, selbst wenn die ersten Versuche nicht so toll funktionieren. Machen Sie sich klar, dass die Person möglicherweise noch nie im Leben, als auch im Spiel, Hochstatus ausprobiert und erfahren hat und sich das ja auch nicht zutraut. Jedes Tadeln am Anfang verschreckt die Person und manifestiert die Überzeugung nur im Tiefstatus gut zu sein.

C: Status als Pseudostatus

Wenn ein psychologisches Selbstkonzept nicht ganz so auf gesunden „Füßen" basiert, dann kommt es häufig vor, dass Sie es mit Pseudo-Hochstatus oder Tiefstatus zu tun haben.

Die Pseudo-Hochstatusmenschen erkennen Sie daran, dass sie sich mit Statussymbolen behängen, merkwürdige Autos fahren, die möglicherweise noch gar nicht abgezahlt sind. Sie haben ein Gehabe in Gestus, Mimik und Sprache drauf, was erscheinen lassen soll, dass sie im Hochstatus sind. In Wirklichkeit verbirgt sich dahinter ganz und gar Unsicherheit, die überspielt wird. Sie finden dies häufig bei scheinstarken Männern oder scheinstarken Frauen. Die Einen äußern sich möglicherweise in überzogenem Männlichkeitsgehabe, die Anderen versuchen die starke emanzipierte Frau zu geben, aber beide verbergen eine mehr oder minder ausgeprägte Unsicherheit in sich. Sie müssen sich hier klarmachen, dass es sich hierbei um Maskenspiel als Schutz handelt, insofern geht das auch durchaus mit Kategorie A konform. Reißen Sie niemals jemandem die Maske herunter – auch wenn es Ihnen schwerfällt. Motivieren Sie dazu, authentisch zu sein und dazu, einen gesunden Status zu entwickeln und darauf zu vertrauen. Spielerisch können Sie mit solchem Statusgehabe durchaus auch in Ihren Figuren arbeiten. Eine bekannte Figur mit Pseudohochstatus ist auch Fräulein Julie (August Strindberg) – aus meiner Sicht.

Möglicherweise nehmen Sie jetzt an, einen Pseudotiefstatus gibt es nicht? Ich denke aber doch! Denken Sie bitte an all die „Weibchen" oder „Bübchen", die Tief spielen, z.B. um Bestimmtes zu erreichen. Ich denke da an Frauen beispielsweise, die bewusst die „Schwachen" spielen um „Ihm" zu gefallen, um bestimmte Vorteile zu erhaschen. Also ein Statusspiel aus Vorteilsnahme. Das kann durchaus auch nur zeitweilig sein – es kann sich hierbei auch um Status-ExpertInnen handeln, die mit Kalkül, temporär mit ihrer vermeintlichen Unterlegenheit spielen. Es gibt darüber hinaus Frauen, die sich mit scheinstarken Männern zusammentun und selbst die „Scheinschwachen" spielen, weil Sie aus einer tiefenpsychologischen Prägung heraus, nicht auf das archetypisch männliche Prinzip vertrauen. Z.B. weil die Mutter ihnen unbewusst vermittelt hat, dass auf das männliche Prinzip kein Verlass sei oder sie keinen authentisch starken Vater hatten.

Ebenso die „Bübchen", die sich den mütterlichen Schutz einer möglicherweise dominanten oder auch scheinstarken Frau versprechen. Sie sehen diese Strategie kann, muss aber nicht mit A konform gehen. Es gibt aber auch die, ich habe unten ein Beispiel beschrieben, die zumindest zeitweise einen Tiefstatus spielen oder einen verzerrten Hochstatus, die dabei also nett wirken wollen, so nach dem Motto: Schau mal ich spiele Hochstatus, bin aber immer noch nett dabei. Der Grund ist einfach der, man will dadurch vermeiden, nicht mehr gemocht zu werden. Dahinter kann vielleicht eine Grundangst vor Liebesentzug stehen, die ja bei jedem Menschen wahrscheinlich irgendwie vorhanden ist.

Die Status-Player (Experten), Status als diplomatische Strategie:

Dies sind entwickelte Persönlichkeiten, nicht selten Lehrer*innen, Sozialpädagogen/innen, Psychologen /innen, natürlich auch Schauspieler*innen. Alle diese eint, dass sie in der Lage sind ihren Status zu verändern, nach Bedarf, dabei sind die Änderungen nie sehr groß, sondern immer etwas darüber oder darunter. Sie können sich selber aufwerten oder abwerten. Diese Strategie können Sie hervorragend im Spiel, z.B. in der Wippe benutzen. Es ist aber auch eine Strategie der Diplomatie oder Pädagogik, beispielsweise der Vater der von seinen Kindern im Spiel veralbert wird, dann plötzlich ganz anders dreinschaut, eine andere Haltung einnimmt und seinen Kindern signalisiert: Jetzt ist Schluss, das Spiel ist aus, ich bin wieder Chef.

Um solch ein Spiel zu leisten, muss man eine entwickelte Persönlichkeit besitzen oder ein Training durchlaufen haben.

3.) Der situative Status

Angenommen Sie gehen mit einem guten Freund spazieren, Sie haben im Prinzip beide den gleichen Status, mehr oder minder, und nun findet Ihr Freund einen 10 EUR Schein auf der Straße. Er lädt Sie nun zu einem Eis ein, aber nur wenn Sie ihm einen Gefallen tun. Nun haben Sie es mit einem situativen Statusgefälle zu tun. Klar, wenn Sie kein Eis mögen, sind Sie fein raus, aber wenn Ihr Gemüt Sie doch nach einem Eiskonsum dürsten lässt, so wie der Junkie sich der nächsten Koks-Line entgegensehnt, so hat er Sie in der

Hand. Sie finden solche, noch sehr harmlosen Beispiele, haufenweise in Ihrem Leben.

Nehmen Sie nur mal den Fall, Sie haben sich in einer fremden Einöde verlaufen und Sie treffen nun, nach langer Zeit, auf einen scheinbar Ortskundigen. Sie, voller Hunger und Durst, ohne Smartphone und Pokemon, auf dem geistigen Weg mit Ihrem Leben nun endgültig abzuschließen, sich an den nächsten Baum zu hängen und sich den gierigen Aasgeiern zum glorreichen Festmahl zu offerieren, treffen – Himmel sei Dank! – auf diesen Menschen der Hoffnung, der Ihnen nun erzählen kann, wie Sie doch noch zu Ihrem Bus gelangen. So, dieser Mensch kann Ihnen helfen, was er wahrscheinlich auch gerne tut, aber er müsste nicht. Sie sind also auch hier in einem Machtverhältnis, was sich situativ, also aus den Umständen heraus, ergibt. Ob wir es wahrhaben wollen oder nicht, es ergeben sich häufig solche Situationen – meist aber sehr harmloser Natur.

Natürlich kann so etwas auch gefährlich, dramatisch sein. Denken Sie an die Erpressung. Geschickt gemacht, könnte jeder „kleine Wicht" einen Menschen mit hohem sozialen Status erpressen. Oder denken Sie an den Bankräuber. Der natürliche soziale oder psychologische Status des Bankers kann sonst wie sein, aber wenn der Gangster beim „Waffen-Kalle" eine gute „Wumme" eingekauft hat, wäre hier der situative Status, das situative Machtgefälle, klar. Sie kennen dies aus zahlreichen Filmen.

Ich schlage die oben differenzierte Betrachtung vor, damit wir hier von den Arbeitsbegriffen klar und deutlich unterschiedliche Erscheinungsformen von Status, die sich ergänzen können, unterscheiden. Wenn uns das klar wird, so haben wir auch ein sehr differenziertes spielerisches Mittel vorliegen. Warum ist das wichtig?

Nehmen wir ein Beispiel: Sie spielen einen König, einen Kaiser oder eine Königin, eine Kaiserin, davon gibt es in der Literatur ja genug. Sie haben damit einen sozialen Status, der festgelegt ist, völlig klar. Sie werden sich auch dementsprechend verhalten. In Ihrer Rollenfassung, in der Inszenierung, kann es aber sein, dass sich ein Defizit ergibt, eine Unsicherheit, da gibt es so viele Beispiele, von Richard dem Dritten, in der Shakespeare Fassung als Krüppel gezeichnet. Oder eine Elisabeth, die Erste, die sich womöglich einer Maria Stuart in ihrer Weiblichkeit, Schönheit und Anmut unterlegen sah – wie manche „Zungen" sagen. In all diesen und vielen anderen Fällen finden Sie Menschen vor, die herrschen, die einen sozialen Hochstatus haben, sich womöglich sogar dahinter verstecken. Aber sie haben einen psychologischen Tiefstatus, einen Makel, einen Komplex etc., den sie zu verstecken suchen und den Sie nicht offen zeigen mögen. Arbeiten Sie die Facetten ihrer Rolle heraus, ermitteln Sie den psychologischen Status und stellen Sie ihn in Spannung zum sozialen Status, so erhalten Sie eine äußerst differenzierte, interessante Figur. Das Gleiche gilt für den situativen Status. Die differenzierte Arbeitsweise mit dem Status ist eine Hilfe für eine facettenreiche Rollenentwicklung. Deshalb habe ich mir erlaubt, die Darstellung etwas zu verfeinern. Das Ganze natürlich, wie alles andere, nie mit normativen Ansprüchen, sondern ausschließlich mit systemisch-didaktischen Absichten.

Was für das dynamische Spiel sehr wertvoll ist, ist die Arbeit mit Statuswechseln. Die Kunst für die Schauspielerperson oder die Dramaturgie ist es, diese Statuswechsel nicht sprunghaft zu vollführen, was natürlich auch geht, sondern langsam, für das Publikum spannend, zu vollziehen.

Etwas anderes ist die **Wippe**, z.B. in einem Dialog, indem sich A und B gegenseitig auf und ab werten. Hier findet ein ständiger Statuswechsel statt. Allerdings sind die Wechsel nicht dramatisch, sondern der Status von A ist mal ein bisschen über B und mal ist es umgekehrt. Wie bei einer Wippe eben. Diese Wechsel können mit der Sprache geschehen oder/und durch einfache Mimik und Gestik, durch Bewegung im Raum, durch Vergrößerung des Raum oder Verkleinerung.

Grundsätzlich sind die Auf- und Abwertungen über zwei verschiedene Mechanismen möglich:

- A wertet sich selbst auf = A Hochstatus, B Tiefstatus
- A wertet B ab und sich damit automatisch auf = A Hochstatus, B Tiefstatus

Über welchen Mechanismus auch immer die jeweilige Auf- und Abwertung geschieht, es ist wichtig, dass Sie die Wippe immer im Fluss halten. Wenn nur eine Person auf ihrem Status beharrt, ist das Spiel aus und vorbei. Ähnlich wie bei der Wippe aus ihrer Kindheit, in der der dicke Junge oder das dicke Mädchen, Sie hat oben verhungern lassen, bis Sie todesmutig heruntersprangen und zu Ihrer Mutti oder der Super-Nanni rannten und sich Ihres Leides kläglich ausheulten. So funktioniert das im Spiel definitiv nicht.

Für **Keith Johnstone** ist die **Wippe** ein ganz elementares spielerisches Element.

Um so etwas wie die Wippe umzusetzen, muss man seine Körpersprache studieren und die der Anderen, in Bezug auf Statuswirkung und Veränderung. Sprachliche und körperliche Variationen und deren Zusammenspiel, in der Haltung, im Raum, in der Stimme, Mimik, Gestik, sprachlicher Ausdruck etc., drücken Status aus. Man muss in der Lage sein, sowohl kleine Veränderungen, als auch Große herbeizuführen und zu erkennen.

Johnstone wendet sich gegen das Status-Spezialistentum. Das heißt, dass in der Ausbildungsphase ein Status, zu dem die auszubildende Person neigt, ausgebaut wird, ohne zu motivieren auch andere Statuserfahrungen zu machen und in einem fremden Status zu spielen. Behutsam sollte daher der auszubildende Mensch einfache Körper- und Sprach Erfahrungen machen, um die Statusänderung zu erfahren. Dazu benötigt man nach Johnstone ein Schüler-Lehrer-Vertrauensverhältnis. Zudem sollten positive anerkennende Rückmeldungen von der Lehrperson gegeben werden, wenn der/die Student(in) den Versuch unternimmt in einem anderen Status zu spielen, auch wenn das auf Anhieb noch nicht perfekt funktioniert. Sie müssen also die Widerstände einer Person, einen anderen Status zu spielen erkennen und individuell mit der Person zusammen überwinden, Schritt für Schritt. Mit Gewalt geht das nicht, denn dafür sind die Mechanismen des psychologischen Status oft zu konditioniert, darauf habe ich oben schon mal hingewiesen.

Ich persönlich bin der Meinung, dass man Teilnehmer*Innen eines professionellen Schauspielunterrichts nur bewegen kann einen anderen Status auszuprobieren, wenn sie zum einen das Gefühl haben in einem „geschützten Raum" zu sein und zum anderen Freude dabei entwickeln können.

So hatte ich zum Beispiel mal eine Teilnehmerin, die in einer Szene, in der Sie eigentlich hätte Hochstatus spielen sollen, zu „nett" war, sie hat dadurch selber immer ihren Status heruntergespielt. Die Szene hatte kein Gefälle, kam nicht in Gang. Ich motivierte dazu, einfach mal fies zu sein, einfach sich zu erlauben – nur in dieser Szene – auch mal die eigentliche Überlegenheit zu genießen. Und ich wies daraufhin, dass Sie nicht sich selbst spielt, sondern eine fiktive Rolle, obwohl es eine szenische Improvisation war. Nun bekam die Szene eine völlig andere Spannung und war sehr dynamisch. Die Teilnehmerin hatte aber auch noch ersichtlich Spaß dabei – es schien, als habe sie sich ein bisschen befreit.

Übung 126: Status im Raum

Gruppenübung

Trainingsziele: Erste Status/ Körpererfahrung im Raum

Die Gruppe geht durch den Raum, die Übungsleitende Person gibt Zahlen von 1 (Tiefstatus) bis 6 (Hochstatus) durch. Die Gruppe geht mit diesem Status durch den Raum, jeder für sich.

Übung 127: Statusbegegnung

Gruppenübung

Trainingsziele: Spiel mit Status in der Begegnung

Die Gruppe bekommt die Aufgabe einen Status einzunehmen, Hoch oder Tief entscheidet jede(r) selbst. Wenn die Gruppenmitglieder nun im Raum jemanden begegnen, beginnen sie kurz miteinander zu spielen und aufeinander zu reagieren, dann gehen sie wieder auseinander. Verändert sich der Status? Was verändert sich? Dann treffen die Personen wieder auf jemand anderes.

Wie ist der Status jetzt? Was verändert sich?

Übung 128: Status Battle

Gruppenübung

Trainingsziele: Gegenseitige Status und Körpererfahrungen im Raum

Die Gruppe bewegt sich durch den Raum. Je nach Ansage, überbieten bzw. unterbieten sich zwei Begegnende im Hoch bzw. Tiefstatus.

Übung 129: Status Experiment/ Modul 1

Partnerübung

Trainingsziele: Statuserprobung durch körperliche und räumliche Variation und der Wirkung nach außen; Entwicklung eines Gefühls für Körpersprache, Statuswirkung

Zu zweit: 2 bis 3 Stühle werden nebeneinandergestellt, sodass eine Art Parkbank entsteht.

A nimmt auf der Parkbank verschiedenste Positionen ein, in denen sein/ihr Raum vergrößert oder verkleinert wird. Zum Beispiel breitet A sich aus, legt lässig den Arm über die Lehne, überschlägt die Beine etc., in einer anderen Position macht A sich wieder klein, stellt die Beine zusammen etc. A macht das spontan, <u>ohne</u> einen Status zu „planen"! B beobachtet und beschreibt die Statuswirkung für jede Position, die von A eingenommen wurde, mit einer Zahl von 1 (Tiefstatus) bis 10 (Höchststatus). Beide tauschen sich darüber aus, was empfindet A für einen Status in einer spontan eingenommenen Position und welchen Status nimmt B wahr? Nachdem ein paar Positionen durchgegangen worden sind, wird getauscht. Es geht hier, um die experimentelle Erprobung von körperlicher und räumlicher Modulation und der Wirkung nach außen. Grade für Anfänger sehr wichtig!

Übung 130: Status Experiment/ Modul 2

Partnerübung

Trainingsziele: wie oben

Wie oben, nur jetzt plant A bewusst auf der Parkbank einen Status von 1 bis 10 durch Positionierung einzunehmen. Nachdem A sich positioniert hat, benennt B den wahrgenommenen Status, danach verrät A den geplanten Status. Beide analysieren, warum die Abweichung von Darstellung und Wirkung bestand. Wie hätte man das besser machen können. Hier soll genau hingeschaut werden, im Detail. Sie können auch aufschreiben lassen.

Übung 131: Status Experiment/ Modul 3

Partnerübung

Trainingsziele: wie oben

Die gleiche Übung wie oben, nur das B jetzt einen Status von 1 bis 10 vorgibt, den A versucht in einer Position darzustellen. Nach jeder Position gibt B Hinweise, welche Details an der Sitzposition verändert werden könnten, damit die Position in Ihrer Statuswirkung möglichst dem vorgegebenen Status entspricht.

Hinweis:

Wenn möglich, planen Sie viel Zeit für diese Übung ein, evtl. können Sie sie auch häufiger durchführen. Ich betrachte diese Module als Zentralübungen. Am Anfang wäre es sehr zu empfehlen, die Übung tatsächlich in der Reihe 1 bis 3 vollständig durchzuführen. Wenn Abweichungen von ein bis zwei Punkten vorliegen, so ist das schon ganz gut und man muss an seiner Position evtl. nur kleine Details verändern.

Übung 132: Statusspiel im Sitzen

Partnerübung

Trainingsziele: spielerische Erprobung von Bewegung, Körpersprache.

Zwei Personen sitzen sich gegenüber, jeweils zwei bis drei Stühle nebeneinander und A fängt an eine Bewegung zu machen, eine Haltung zu verändern, daraufhin reagiert B, dann wieder A usw.

Die Gruppe beobachtet was passiert, anschließend wird ausgewertet.

Übung 133: Status gegenüber Dingen und dem Raum

Einzelübung vor der Gruppe

Trainingsziele: Status zum Raum und gegenüber Dingen

Keith Johnstone ist der Auffassung, dass man nicht nur Menschen gegenüber, sondern auch Dingen und dem Raum gegenüber bzw. dem Inventar des Raums Status spielen kann. So kann man einem neuen Möbelstück im Kaufhaus gegenüber natürlich Tiefstatus spielen.

Die Aufgabe ist hier gegenüber einem Raum einen Status einzunehmen.

Beispiele:

A betritt einen Park, der offensichtlich einem privaten Anwesen zugehörig ist. A spielt gegenüber der Bank einen Tiefstatus. Dann kommen Tauben, die er mit Brotkrumen füttert und spielt den Tauben gegenüber Tiefstatus. Wenn eine der Tauben sich ihres Kots entledigt, so wischt die Person es weg.

Ein anderer Protagonist betritt den Park mit einem Hochstatus, denn der Park gehört der Person. Den Tauben gegenüber verhält sich die Person rabiat, spielt ihnen gegenüber Hochstatus.

Übung 134: Neulich beim Chef

Duo Szene vor der Gruppe

Trainingsziele: Erprobung verschiedener Statuseinstellungen zu Raum und Person, szenisches Spiel mit Status

Die Situation:

Der Chef oder die Chefin lässt die Angestellte Person in das neue Büro bitten. Dieses Büro ist mit teuren und neusten Möbeln ausgestattet. Der Chef bzw. die Chefin teilt der Angestellten Person mit, dass sie entlassen ist, da Sparmaßnahmen dringend nötig wären und es nun eben diese Person träfe. Die Angestellte Person ahnt schon, was kommen wird:

1.) Die Angestellte Person spielt dem Raum gegenüber Tiefstatus und gegenüber dem/der Chef(in) Tiefstatus. Der Chef oder die Chefin spielt der Angestellten Person gegenüber ebenfalls Tiefstatus, denn es tut ihr/ihm leid.

2.) Die Angestellte Person spielt dem Raum gegenüber Tiefstatus. Dem/Der Chef(in) gegenüber Hochstatus, der Chef, die Chefin spielt der Angestellten Person gegenüber Hochstatus, schließlich kann sie rauswerfen, wann und wen er/sie will.

3.) Wie 2, nur spielt die Angestellte Person dem Raum gegenüber auch Hochstatus.

4.) Die Angestellte Person spielt dem Raum gegenüber Hochstatus und dem/der Chef(in) gegenüber auch Hochstatus. Die/Der Chef(in) spielt der Angestellten Person Tiefstatus gegenüber.

!!! In allen Fällen spielt der Chef oder die Chef(in) gegenüber dem Büro ausschließlich Tiefstatus!!!

Übung 135: Schön Dich wieder zu sehen

Partnerspiel vor der Gruppe

Trainingsziele: szenisches Spiel mit Status.

A und B sind alte Schul- oder Studienkolleginnen, die sich lange nicht mehr gesehen haben und die sich auf der Straße zufällig treffen. Sie halten einen Smalltalk. Beide mögen sich nicht besonders, waren Rivalen/Rivalinnen. Beide haben einen Hochstatus.

Aufgabe: Sie sollen den Status beide erhöhen! Idealerweise finden beide zusammen einen Schluss. Beide gehen wieder auseinander.

Übung 136:

Partnerspiel vor der Gruppe

Trainingsziele: so wie oben

So wie Ü 135. Beide haben aber einen Tiefstatus. Beide sollen den Status erniedrigen.

Übung 137:

Partnerspiel vor der Gruppe

Trainingsziele: s. oben

so wie Ü 135, aber A hat einen Hochstatus, B einen Tiefstatus. Nun soll sich innerhalb der Unterhaltung der Status umkehren, sodass A mit einem Tiefstatus und B mit einem Hochstatus von der Bühne abgehen.

Übung 138: Statusumkehr während der Szene

Partnerübung vor der Gruppe

Trainingsziele: Spiel mit gegebener Ausgangssituation und Status, Wendepunkt/Statusumkehr während der Szene

A wartet schon lange auf B und ist sauer auf B, B kommt zu spät und hat definitiv einen Tiefstatus. A hat einen Hochstatus. Die Aufgabe ist, während der Improvisation einen Wendepunkt zu finden, einen Anlass, z.B. B hat etwas, was A will (situativer Status) etc., sodass beide ihren Status tauschen, beide beenden die Szene mit umgekehrtem Status.

3.4 Szenische Arbeit mit Verfremdung

Zur Theorie der desillusionierten Spielweise, im Sinne Brechts und Meyerholds, verweise ich auf Kapitel 1.

Wir wollen uns hier nur auf die Verfremdung und die demonstrative Spielweise konzentrieren.

Verfremdung bewirkt, dass die Homogenität von Rolle und Schauspielerperson (zumindest homogen aus der Sicht des Publikums) aufgebrochen wird. Der Dualismus zwischen Rolle und Schauspieler*in wird für das Publikum sichtbar. Das Publikum soll auch den Spielvorgang, technische Vorgänge, Umbauten, Umzüge bewusst wahrnehmen. Ziel ist es, Distanz aufzubauen und Einfühlung zu verhindern oder Publikum aus der Einfühlung zu befreien.

Demonstrativ, heißt Vorgänge zeigen. Ähnlich wie der Zeuge eines Unfalls die Vorgänge erzählt oder zeigt. Der Zeuge verkörpert nichts, erlebt den Unfall nicht. Er zeigt auch hier nur die Vorgänge. Vorsicht aber, Zeigen wird manchmal mit Erklären gleichgesetzt. Aber zeigen ist nicht erklären. Durch eine distanzierte Erzählweise oder demonstrative Spielweise, wird Einfühlung und Identifikation verhindert.

Im Folgenden nun ein paar Übungen, die die verschiedenen Mittel verdeutlichen sollen und zur Erprobung gedacht sind.

Übung 139: Verkörpern, Demonstrieren

Partnerübung vor der Gruppe

Trainingsziele: Schrittweise Erprobung der demonstrativen Spielweise

Phase A:

Überlegen Sie sich zu zweit eine Figur – muss nicht aus der Literatur sein – und eine Geschichte. Z.B., was tut die Person am Morgen und was erlebt sie. Machen Sie es nicht zu kompliziert bzw. zu komplex.

Phase B:

A verkörpert nun diese Figur, so wie gewohnt. B schaut zu.

Phase C:

B erzählt erst nur nach, was A getan und erlebt hat, in der dritten Person.

Phase D:

B erzählt jetzt in der ersten Person und demonstriert nun alles, was A getan und erlebt hat. Z.B. Ich stehe auf und gehe zur Türe, ich bin noch sehr müde etc. Und tut es dann auch. Es geht hier nicht um Imitation, dennoch werden die Handlungen so genau vollführt, wie möglich. Aber in der Körperlichkeit des Zeigens, sowie der Zeuge eines Unfalls die Vorgänge demonstriert bzw. berichtet. Er identifiziert sich nicht mit den Handlungen, Umständen und Vorgängen, fühlt sich nicht ein. Das heißt, konzentrieren Sie sich auf die Vorgänge und Zustände bzw. Zustandsbeschreibungen, nicht auf selbst erleben. Wenn Sie sagen, ich bin müde, müssen Sie es nicht darstellen, verkörpern. Wichtig nochmal, kommen Sie nicht in einen Erklär-Modus! Auch brauchen Sie keine übertriebene Gestikulation, um etwas zu demonstrieren. Erzählen und zeigen Sie alles. Das reicht vollkommen aus.

Phase E:

Reflexion in der Gruppe. Wie gut hat B die Aufgabe umgesetzt, wie gut hat B die Person A bzw. ihre Handlungen demonstriert. Kam die Geschichte rüber? Wie hat es gewirkt?

Übung 140: Verfremdung mit der dritten Person

Einzelübung vor der Gruppe

Trainingsziele: Verfremdung mit der Er/Sie Form

Wählen Sie eine Rolle aus der Literatur und stellen Sie Ihre Figur vor:

Erst in der Ich Form, dann in der Er/Sie Form

Reflektieren Sie mit der Gruppe, wie Sie und Ihre Zuhörer*Innen die jeweilige Erzählform finden. Wie wirkt die Er/Sie Form?

Übung 141: Spielanweisungen und Kommentare mitsprechen

Einzelübung oder Partnerübung vor der Gruppe

Trainingsziele: Verfremdung durch Mitsprechen von Kommentaren und Spielanweisungen

Die Gruppenmitglieder nehmen einen Monolog oder Dialog zur Hand und spielen die Szene, indem sie die Spielanweisungen und Kommentare mitlesen. Sie können Brechtstücke nehmen, aber auch andere. Erst nachdem die Protagonisten die Kommentare bzw. Spielanweisungen gesprochen haben, handeln sie. Dadurch dass die Handlungsanweisungen ausgesprochen werden und dann erst ausgeführt werden, entsteht eine verfremdete Spielweise. Das Spiel, die Vorgänge und das Spiel als solches werden offengelegt.

Übung 142: Vergangenheitsform

Einzelübung oder Partnerübung vor der Gruppe

Trainingsziele: Verfremdung durch Überführung in die Vergangenheitsform

Phase A:

Suchen Sie sich ein Stück aus und erzählen Sie die Geschichte Ihrer Rolle in der Vergangenheit und der Ich oder der Er/Sie Form.

Phase B:

Nun spielen Sie den Monolog oder Dialog. Sprechen Sie dabei ebenfalls alle Kommentare und Spielanweisungen mit, aber in der Vergangenheit. Und sprechen Sie den Text der Figur ebenfalls in der Vergangenheitsform.

Auswertung:

Wie fühlt sich das für die Protagonisten an, alles in der Vergangenheitsform zu sprechen? Wie wirkt das auf die Gruppe, das Publikum?

Übung 143: Direkte Zuschauerwendung, Kommentierung, Gesang

Einzelübung oder Dialog

Trainingsziele: Verfremdung durch Überwindung der Vierten Wand und Unterbrechung

Vorbereitung:

Diese Übung ist etwas für eine längere Hausaufgabe und/oder einen Workshop.

Nehmen Sie sich einen Monolog oder Dialog zur Hand, am besten kein Brecht Stück.

Nun bereiten Sie diesen vor. Suchen Sie sich 2 Stellen heraus, an denen Sie unterbrechen.

An einer Stelle unterbrechen Sie, und kommentieren den Verlauf des bisher Geschehenden. Wenden Sie sich dabei voll dem Publikum zu und sprechen es an. Sie können Ihre Rolle oder das Geschehende sehr kritisch kommentieren. Dann spielen Sie weiter. Sie können die Kommentierung auch am Ende des Monologs setzen oder an erster Stelle, ganz wie es passt.

An zweiter oder erster Stelle überlegen Sie sich ein Lied. Oder ein Gedicht, ein Rap, irgendetwas, das zu dem Thema, zu dem Monolog oder Dialog, passt.

Phase A:

Zunächst spielen die Gruppenmitglieder den Monolog oder Dialog. Ganz ohne Unterbrechungen und mit vierter Wand!

Phase B:

Jetzt wird nochmal gespielt, mit den 2 Unterbrechungen, so wie vorbereitet.

Auswertung:

Wie wirken beide Spielweisen? War die Kommentierung passend? War sie an der richtigen Stelle? Kam der Inhalt rüber? Wurde das Publikum deutlich angesprochen?

Wie wirkte der Song, die lyrische Einlage? War sie an der richtigen Stelle? War sie passend?

Was könnte verbessert werden?

Übung 144: Inhaltsangabe

Einzelübung oder Partnerübung vor der Gruppe

Trainingsziele: Verfremdung durch Inhaltsangabe

Suchen Sie sich allein oder zu zweit wieder einen Monolog oder Dialog aus. Bevor Sie ihn spielen, erzählen Sie dem Publikum, was vor der Szene passiert war und was jetzt passieren wird. Dann spielen Sie. Hier erst einmal egal, ob Sie Verkörpern oder in der demonstrativen Spielweise vorführen.

Hinweis:

Durch diese Methode der Verfremdung, wird das Publikum in eine Art mündige Kenntnis gesetzt. Es weiß nach der Inhaltsangabe, was passiert war und jetzt passieren wird. Es kann sich ganz auf die Vorgänge auf der Bühne einlassen und im Idealfall eine distanzierte Reflexion vornehmen.

Übung 145: Vorstellung und Offener Umbau und Umzug

Suchen Sie sich einen Monolog oder einen Dialog aus. Dann wählen Sie sorgfältig Requisiten zur Szene und ein Kostüm oder Kostümteile aus.

Phase A:

Jede(r) Schauspieler*in stellt sich als diese(r) vor und beschreibt kurz die Rolle, die er oder sie spielt.

Phase B:

Dann bauen die Protagonisten die Bühne auf, platzieren sichtbar ihre Requisiten und ziehen sich offen um, schlüpfen in ihr Kostüm. Alles offen vor Publikum.

Phase C:

Anschließend spielen Sie ihre Szene. Sie können hier auch verkörpern.

Phase D:

Nach Ende der Szene erfolgt ein offener Abbau und die Kostüme werden abgelegt. Schon währenddessen können die Schauspieler*innen über den Spielverlauf, über ihre Rollen, über ihr Spiel offen diskutieren.

Übung 146: Offene Kritik

Partnerübung vor Publikum

Trainingsziele: Sichtbarmachung des Spielvorgangs durch offene Kritik

Suchen Sie sich einen Dialog mit vielen Aktivitäten aus. Kritisieren Sie während des Spiels offen Ihre(n) Spielpartner(in). Es geht nicht um Lob oder Tadel, sondern um Beschreibung und Bewertung des Wahrgenommenen. Z.B. „Du kannst die Türe ruhig heftiger zuknallen." Äußert der/die Spielpartner(in) solch eine Kritik, wiederholt die kritisierte Person optimiert diesen Vorgang oder Handlung und Sprachhandlung. Dann geht das Spiel weiter, bis zur nächsten Kritik. Es muss natürlich nicht an jeder Stelle kritisiert werden. Auch der Protagonist kann selbstkritisch unterbrechen und z.B. fragen: „War ich autoritär genug, oder kann ich da noch mehr?" Die Partnerperson antwortet – und je nachdem – wiederholt der Protagonist die Handlung, den Satz etc.

Hinweis:

Diese Übungen sind als didaktische „Bausätze" gedacht, um einzelne Mittel kennenzulernen und auszuprobieren. Sie werden selber einsehen, dass Sie die Übungen auch teils zusammensetzen und kombinieren können. So erhalten Sie weitere komplexere Übungen. Am Anfang ist es aber sinnvoll die Übungen so zu machen, wie beschrieben.

4 Rollen- und Textarbeit

4.1 Arbeit an der Rolle – Einführung

Die Arbeit an der Rolle ist so vielfältig, wie die SchauspielerInnen, Rollen- und Inszenierungskonzepte. Es gibt nicht die Rollenarbeit, genauso wenig, wie es die Rolle oder das Stück oder die Inszenierung gibt. Dennoch gibt es einige Übungen, Tricks und Tipps aus dem „Schauspielbaukasten", von denen ich hier einige vorstellen möchte.

Fangen wir mit dem dramatischen Werk an. Es ist eine Mode geworden, Monologe oder Dialoge aus den diversen Handbüchern für Schauspielvorsprechen heraus zu kopieren und zu lernen, ohne aber das Stück vorher gelesen zu haben. Insofern, dass es sich um ein zusammenhängendes Werk handelt, besorgen Sie sich das Stück und lesen es. Am besten in Ruhe, also nicht in der Bahn oder wo viel Trubel ist.

Denn beim Lesen geschieht etwas im Kopf mit Ihnen und es entstehen Bilder, erste (Gefühls-) Eindrücke kommen auf und Impulse werden wach. Diese ersten Eindrücke sind aber in der Regel nicht vollständig und ganz zusammenhängend, teils sogar widersprüchlich. Diese Eindrücke nannte Stanislawski **erste Lichtflecken einer Rolle**. Diese sind wichtig für Ihre kreative Rollenarbeit, nein, vielmehr beginnt jetzt schon die Rollenarbeit.

Wenn Sie „Ihren" Faust in der Bahn lesen und während Sie gerade in einer Szene vertieft sind, bremst der „Bahnchef" mit allen Kräften, die seine „olle" Bahn hergibt, und damit fällt Ihnen die schwergewichtige Frau Meyer unter den brutalen und gnadenlosen Gesetzen der physikalischen Trägheit auf Ihren Schoß und Sie erleiden schwere Knochenbrüche, müssen für 12 Wochen ins Hospital. Das macht

Ihre Fantasie kaputt, es zerstört die Rollenentwicklung, die erste sensible Begegnung mit dem Material – unabhängig von den unwesentlichen medizinischen Unannehmlichkeiten. Sie werden dem Material nie wieder so begegnen können, wie zuerst in der Bahn, bevor Ihnen die vollschlanke Frau Meyer auf den Schoß gefallen war. Deshalb lesen Sie dieses Werk ohne große Unterbrechungen in aller Ruhe und Abgeschiedenheit – niemals nebenbei in Bus und Bahn.

Betonung ist hier darauf, möglichst jede Ablenkung zu vermeiden. Wenn Sie im Park auf einer Bank sitzen und ständig kommt eine aphroditische oder adonische Gestalt an Ihnen vorbei gejoggt, dann noch ein Eis schleckendes Menschenwesen – eine Folter schlechthin, die Sonne tut ihr übriges – hin ist sie, die Konzentration und die Verschmelzung mit Ihrem Werk.

Notieren Sie sich die ersten Lichtflecken, die ersten Eindrücke, egal, was es ist. Wenn Sie der Meinung sind, die Rolle verhält sich dumm und ungelenk oder sie könnte ein weißes T-Shirt anhaben, dann schreiben Sie das auf! Machen Sie eine Randnotiz. Scheuen Sie keine Bemerkung.

Denken Sie daran, dass ein Rollenstudium durchaus intellektuell sein kann, aber schauen Sie und lesen Sie niemals nur mit dem kalten Verstand. Lassen Sie Ihre schöpferische Freiheit fließen. Wenn Sie mit dem Werk „durch" sind, so stürzen Sie sich keineswegs auf den Text, um ihn zu lernen. Schauspielerei hat genauso viel mit Text lernen zu tun, wie Schreinerei mit leimen, hämmern und nageln. Das sind notwendige Arbeitsschritte eines Schreiners und ohne Frage ist am Ende ein gut gelernter Text wichtig, aber nicht bevor Sie das Werk und den Inhalt erschlossen haben. Nicht der Text ist wichtig, sondern der Ausdruck seiner Bedeutung und Interpretation. Die folgende Reihenfolge und die Übungen beziehen sich allgemein auf die dramatische Rollenarbeit. Sie sind keineswegs als

Patentrezept gedacht, sondern vielmehr ein Vorschlag zur Rollenarbeit. Etwas beunruhigend mag für AnfängerInnen zu hören sein, dass es keine einheitliche Rollenarbeit gibt. Der mögliche Wunsch nach Deduktion, also vom Allgemeinen zum Einzelnen zu schlussfolgern, muss in jeder künstlerischen Arbeit kläglich versagen, und das ist auch gut so!

Vielmehr gilt die Schlussfolgerung induktiv, also vom Einzelnen zum Allgemeinen. Wir können also ein Handwerkskofferchen zusammenstellen, in denen einige Vorschläge vorhanden sind, die wir ausprobieren können. Also der folgende Vorschlag und alle Übungen sind von mir sorgfältig ausgewählte bewährte und teils selbst entwickelte oder weiter entwickelte methodisch-didaktische Vorschläge, die vor allem für Anfänger*innen sehr hilfreich sein können. Wer die Vielfalt an Individuen und die Vielfalt im Theater und Film kennt, kann ausschließlich nur zu dem Schluss kommen, dass es eine allgemeine „Methode", mit der man jedes Werk, jedes Drehbuch erschließen kann, nicht gibt. Nicht zuletzt auch deshalb, weil es unterschiedlichste Figuren- und Rollenkonzepte gibt und unterschiedliche Spielweisen.

Dieses Kapitel will sich aber vor allem auf eine eher psychorealistische Rollenarbeit einlassen. Und das aus 2 Gründen:

1. Meine eigenen Kompetenzschwerpunkte liegen in der psychorealistischen Rollenarbeit, daneben in der Arbeit mit Verfremdung und der Komik, der ich ein eigenes Kapitel gewidmet habe.

2. Nicht zuletzt auch vor allem der **Rollenarbeit** im **Film** geschuldet, die zumindest im kommerziellen Film bis dato ebenfalls eher psychorealistisch daherkommt.

Arbeit am Werk und Rolle für die individuelle Arbeit:

1.) Wie oben erwähnt, lesen Sie das Werk in Ruhe, wenn es nur irgendwie möglich ist. Wenn es geht, sogar in einem, ohne zu große Unterbrechungen. Machen Sie Notizen, spontan und aus dem Bauch, malen Sie Bilder zu Ihrer Rolle, zu einer Szene, wenn Ihnen danach ist. Egal, was es ist, es wird Ihnen helfen. Bewegt Sie ein Kapitel? Was bewegt Sie daran genau? Machen Sie Notiz. Schreiben Sie ruhig in Ihr Skript – mit Bleistift. Ich empfehle das Skript, das Werk, das Drehbuch zu kopieren, am besten zwei Mal. Die eine Version ist nur für Ihre persönlichen Notizen. Die andere Version nur für die Probenarbeit und die Regieanweisungen. Und immer alles mit Bleistift. Das empfehle ich Ihnen dringend, aus eigener Erfahrung. Denn Sie sollten zum einen der Übersicht wegen, ihre persönlichen Bemerkungen nicht mit Regieanweisungen und Probennotizen mischen. Aber zum anderen sollten Sie bis zuletzt ihre persönlichen Notizen nicht ausradieren. Sie sind besonders wertvoll grundsätzlich – mal mehr und mal weniger. Sie brauchen hier in diesem ersten Schritt noch keine Ordnung. Im Gegenteil: Chaos ist der Beginn von jeder künstlerischen Arbeit. Je mehr Eindrücke, die scheinbar nicht zusammen-passen, desto besser. Achtung aber, Chaos ist nicht gleich Kunst oder Kunst ist nicht gleich Chaos. Leider wird das auch immer wieder von manchem Zeitgenossen geglaubt. Aber Kunst, vor allem die darstellende Kunst, ist total auf Ordnung, Form und Strukturen aus. Wenn Theateransembles beginnen Theaterverabredungen zu missachten, ungenau zu werden, also Chaos zu verbreiten, werden sie anschließend von der Abendregie „zusammengefaltet" – mehr oder minder. Aber Chaos, und das sei hier behauptet, ist der Anfang jeder freien künstlerischen Arbeit. Denn wäre die Ordnung von Anfang an gegeben, so wäre die darstel-lende Kunst eine normative Veranstaltung und das ist sie definitiv nicht! Sicher in der dramatischen Arbeit, ist eine gewisse Grundordnung durch das Werk gegeben. Aber jede Inszenierung ist anders!

2.) Brainstorming: Wenn Sie das Stück gelesen haben, legen Sie das Werk zur Seite und nehmen Sie ein Blatt Papier und ein Stift zur Hand. Dann schreiben Sie stichwortartig alles auf, was Sie berührt, aufgeregt, überwältigt, zum Nachdenken gebracht oder unterhalten hat, ganz spontan, ohne lange intellektuelle Reflexion, aus dem Bauch heraus. Welche Eindrücke haben Sie spontan von Ihrer Rolle gewonnen? Schreiben Sie es auf! Bitte hier noch keine Analyse! Sie werden später darauf zurückkommen.

3.) Nun überlegen Sie, wer ist Ihre Figur, die Sie spielen wollen oder sollen? Sie können sich auch hier Notiz machen. Erstmal noch ganz grob. Ist die Rolle stark oder schwach, gebrochen, widersprüchlich etc.?

4.) Nehmen Sie nun eine Schlüsselszene, eine Szene, die Ihrer Meinung nach Ihre Figur und/oder das Thema des Werkes am besten beschreibt/wieder spiegelt. Gibt es so eine Szene Ihrer Meinung nach nicht, so nehmen Sie eine Szene, die Sie am meisten bewegt hat. Lesen Sie diese Szene, spielen Sie diese Szene spontan durch. Sie können diese Szene auch erst einmal nur imaginieren. In welchem Raum findet sie statt? Wer ist noch da? Was tut die Rolle und diese Personen?
Michael Tschechow empfiehlt mit der Imagination zu arbeiten und immer wieder Fragen zu stellen. (siehe weiter dazu Tschechow 1992: S.32ff und Gehrcke 2015: S.102ff)

5.) Nun haben Sie Ihre ersten Eindrücke vertieft, sich dem Material zunächst nur angenähert. Als nächstes schreiben Sie eine kurze Inhaltsangabe zum Werk. Worum geht es im Wesentlichen. Fassen Sie sich so kurz wie möglich. Wichtig ist, wer will was, wo und wann spielt das Stück und welche

Konflikte entstehen und welche Lösung gibt es, also wie endet das Stück? Oder bleibt alles offen?

6.) Recherchieren Sie die Zeitgeschichte, in der das Stück stattfindet oder stattfinden soll. Also unter welchen gesellschaftlichen, politischen und ökonomischen Umständen hat man gelebt? Welche religiös, philosophischen Tendenzen hat es zu dieser Zeit gegeben? Wie verhielt es sich mit der Kunst und Mode? In welchem Lebensstandard leben die Figuren im Stück, welche Kleidung tragen Sie in dieser Zeit? Welchen sozialen Status haben die Figuren? Usw.
Wichtig ist hier, seien Sie konkret und genau bei Ihrer Recherche, aber kein kalt-intellektueller Historiker. Sondern versuchen Sie recht schnell eine sinnliche Beziehung oder lebendige Vorstellung zu dieser Zeit aufzubauen.

7.) Erstellen Sie eine Konfigurationsmatrix, Sie können diese auch zeichnen und beschriften. Wichtig ist, dass Sie alle Figuren aufstellen und Ihre Beziehungen zueinander, ihre Ziele und Wünsche und Konflikte miteinander.
Haben Sie die Konfigurationsmatrix erstellt, so lassen Sie das Bild, die Grafik auf sich wirken. Wollen Sie etwas ergänzen, dann tun Sie es!

8.) Jetzt nehmen Sie sich das Werk Akt für Akt, Szene für Szene vor. Finden Sie Überschriften für jede Einheit. Die Überschriften kennzeichnen das Kern-Thema, die Situation, den Inhalt. Finden Sie kraftvolle, aussagekräftige Überschriften.
Formulieren Sie eine Aufgabe, ein Ziel für Ihre Rolle, in jedem Akt, sofern Ihre Figur darin vorkommt. Formulieren Sie eine Überaufgabe, ein Ziel für Ihre Rolle. Die Überaufgabe ist eine Art roter Faden, das übergeordnete Kernziel der Rolle im Stück.

9.) Erschließen Sie sich die jede Szene mit Hilfe der W-Fragen (s. Kapitel 3.2). Schreiben Sie ruhig auf, Stichworte reichen. Kristallisieren Sie zunächst die wesentlichen physischen Handlungen heraus. Z.B. er tritt auf, schaut sich um, setzt sich und wartet ungeduldig und hält einen Monolog. Gehen Sie nun den Text durch. Immer und immer wieder.

10.) Schreiben Sie eine Biographie Ihrer Rolle, unter Berücksichtigung der ersten „Lichtflecken" und des ersten Eindruckes von Ihrer Rolle.

Wenn Sie nun glauben mit Hilfe dieser zehn Punkte, wäre Ihre Rolle fertig, so muss ich Sie enttäuschen, so einfach ist das nicht und so linear und geordnet auch nicht. Aber für die erste Annäherung an das Werk, soll dies eine erste didaktische Handlungsanweisung darstellen. Vor allem für die Anfänger*innen nützlich.

Sie haben möglicherweise festgestellt, dass ich nirgendwo etwas von Text lernen geschrieben habe. Denn den Text lernen Sie erst, wenn Sie die Situation verstanden haben.

Es ist so, dass manche Schauspieler*innen mehr über die Imagination, andere mehr über den Körper und die psychophysischen Handlungen und wieder andere mehr über den Text ein Werk verinnerlichen. Versuchen Sie herauszufinden, was Sie für ein Typ sind. Es ist auch manchmal ein Unterschied, von Werk zu Werk und von Rolle zu Rolle, wie Sie arbeiten können und wollen. Unterschätzen Sie aber keineswegs die Macht der Sprache und die Wichtigkeit der Gestaltung des Sprechaktes.

4.2 Arbeit mit Rollen – Text

Untertext (Subtext)

Der **Untertext** ist der nicht ausgesprochene Text, der „unter" den literarischen Text „gelegt" wird. Wenn sich ein(e) Schauspieler*in einen Untertext verfasst, so bekommt der eigentliche Text erst seine individuelle Bedeutung – ohne ihn ist er leer, beliebig, ohne spezifische Bedeutung.

Letztendlich entsteht Subtext durch die Konnotation von Worten und Sätzen.

In der Semantik bedeutet Konnotation die Nebenbedeutung eines sprachlichen Ausdrucks, die zusätzliche gedankliche Struktur, die die Hauptbedeutung eines Wortes oder Satzes begleitet und die stilistische, emotionale, affektive Wortbedeutungskomponenten enthält. Also das, was bei der Verwendung eines Begriffes oder einer Satzkomposition noch „mitschwingt".

Konnotationen sind abhängig von der Person, ihrem Charakter, ihrer Erfahrung und ihrer Perspektive, natürlich auch von der kulturellen Prägung und auch von der Beziehung bzw. der Einstellung zur Partnerfigur. Das heißt zum Beispiel, dass eine Person, die nie Liebe erfahren hat, beim Wort Liebe oder dem Satz, „Ich liebe dich", völlig andere Konnotationen hat, als eine Person, die mit Liebe aufgewachsen ist.

Und ebenfalls kann der Satz, „Ich liebe Dich", auch in das Gegenteil verkehrt werden, wenn Wut und Hass, Enttäuschung mitschwingen. So kann es sein, dass ein Protagonist „ich liebe Dich" sagt, aber „ich hasse Dich meint". Sie sehen hier sicher die Bedeutung für die Rollenarbeit.

Sprachlich können wir als Darsteller*innen Subtext durch sprachliche Abstufungen, Betonung, Intonation, Pausensetzung, stimmliche Variation, hoch, tief, laut, leise, Sprechtempo, Sprechrhythmus, nonverbale Zeichen etc., zum Ausdruck bringen.

Untertext (Subtext) ist also das, was Sie Ihrer Figur bzw. dem Text der Figur an gedanklicher Struktur und emotionalem Inhalt unterfüttern. Und das hängt ab davon, wie die fiktive Figur aus ihrer Erfahrung und Perspektive in die Welt blickt.

Von der didaktischen Vorgehensweise der Textarbeit gibt es mindestens zwei Möglichkeiten:

Einmal die häufigste, einen Untertext zu schreiben, den eigentlichen Text mit eigenen Worten auszudrücken, Satz für Satz, und dann zu improvisieren (Textimprovisation). Anschließend dann den Originaltext zu sprechen, aber den Untertext zu denken.

Oder über den Text, über seine äußere Form, über die Bilder, die durch ihn entstehen, in die Innenwelt der Figur vorzudringen. Beides geht. Gerade bei klassischen Texten, so z.B. bei Shakespeare Texten, kann sich eine erste Herangehensweise über den Text und seine Sprachbilder, die durch ihn entstehen, durchaus lohnen, ganz besonders dann, wenn ein Zugang zum Werk beim Lesen nicht möglich ist. Beschäftigen Sie sich mit dem Text, der Sprache und den Bildern. Was bedeuten Sie? Welche Bedeutung können die Sprachfiguren für Ihre Rolle haben? Was bedeuten einzelne Worte? Wenn Sie mythologische Figuren im Text vorfinden, so gehen Sie ins Internet oder in die Bibliothek, schlagen Sie nach, was sie bedeuten. Wie sonst wollen Sie etwas sprechen, von dem Sie nicht wissen, was es ursprünglich bedeutet? Welche Bedeutung hat nun dieses Wort, nachdem Sie seine ursprüngliche Bedeutung kennen, im Kontext Ihrer Figurenrede? Achtung, gehen Sie aber nicht nur rational heran. Wie fühlt sich die Sprache an, wenn Sie sie sprechen? Spielen Sie mit Betonungen, Pausen etc.

Pausen:

1.) Die logische Pause:

Auf die Sprechgestaltung kann ich in dem Rahmen dieses Buches nicht detailliert eingehen. Aber Sie werden einsehen, dass die Satzzeichen, die im Text vorgegeben sind, ein guter Hinweis sind, aber nicht bindend für die individuelle Sprechgestaltung Ihres Rollentextes sein können. Um darzustellen, wie wichtig die logische Pause für die Sprechgestaltung ist, nehmen Sie ein Beispiel:

Begnadigen nicht nach Sibirien schicken.

Setzen wir die logische Pause: Begnadigen/nicht nach Sibirien schicken.

Sie könnten die logische Pause aber auch anders setzen: Begnadigen nicht/nach Sibirien schicken.

Im letzteren Fall, wird es dem oder der Betroffenen etwas mulmig ums Herz sein.

Sie sehen selbsterklärend nur an diesem Beispiel, wie (lebens-)wichtig logische Pausen sind. Denn sie sind unverzichtbar, um den inhaltlichen Sinnzusammenhang zu begreifen. Setzen Sie die Pause anders, so kann der Sinnzusammenhang nicht verstanden werden oder – wie im obigen Beispiel – die Aussage, den Sinnzusammenhang völlig verändern.

2.) Die psychologische Pause:

Anders als die logische Pause, ist die psychologische Pause unabhängig von der Funktion der logischen Pause. Die psychologische Pause kann mit der logischen Pause zusammenfallen, muss sie aber nicht. Die psychologische Pause ist im dramatischen Schauspiel vielleicht wichtiger als der Text selbst. Es sind die Gedanken, die vor, zwischen oder nach dem Sprechakt, diesen vorbereiten, unterbrechen, oder nachbereiten. Pause ist eigentlich ein ungünstiger Begriff, denn mit Erholung hat das nun gar nichts zu tun. Nichts ist so aktiv, wie die psychologische Pause. Wenn Sie die Spannung halten und wirklich denken und fühlen vor, während oder nach dem Sprechakt, dann nehmen Sie das Publikum mit auf eine spannende Reise in den Kosmos der Figur.

Die psychologische Pause kann z.B. schon die plötzliche Stille, die Atemlosigkeit sein, die plötzlich während des Sprechaktes eintritt. Sie haben mit der psychologischen Pause ein unglaubliches Spiel- bzw. Ausdruckspotential, was Sie nutzen können.

3.) Die Atempause:

Auch Sprecher und Schauspieler müssen atmen. Nur sollte der physiologisch notwendige Atemvorgang nicht den Sprechvorgang stören. Was ist aber, wenn der Satz so lang und die Luft so knapp ist? Sie kennen das alle von ungeübten Sprechern. Der Sprecher röchelt kurz bevor er das letzte Molekül Atemluft herausgepresst hat. Alle Gedanken konzentrieren sich darauf, wann dieser „Scheiß Kleist Satz" zu Ende ist und er wieder Luft nehmen kann. Und endlich ist es soweit: Das letzte Moleküle Luft ist unter allem Kraftaufwand gewaltsam aus den Lungen abgeschoben worden und der Sprecher atmet endlich wieder ein: Unter ziehendem Geräusch wird Luft eingesogen, als würde sich bald alle Luft in der Lunge dieses Sprechers vereinen, um den nächsten anstrengenden Sprechakt zu vollführen, und um das Publikum im nun entstandenen Luftvakuum kläglich erblassen zu lassen. Genau so, sollte das nicht sein!

Deshalb sollte in der Sprecherziehung, das auf Horst Coblenzer beruhende **Abspannen**, als ein von Anfang an elementarer Vorgang trainiert werden. Dabei handelt es sich um eine reflektorische Atemergänzung, mit dem Ziel eine schnelle, geräuschlose und unwillkürliche Atemergänzung zu erhalten, im Sinne einer Atemrhythmisch Angepassten Phonation. Ich täte diesem wichtigen Vorgang des Abspannens und seiner Bedeutung für Schauspieler, Sprecher und Sänger Unrecht, diese hier im „Nebensatz" erklären zu wollen. Deshalb verweise ich auf entsprechende Fach- und Trainingsbücher. Wichtig ist mir aber, dass wir diesen „technischen" Vorgang nicht mit der spielerischen Arbeit mit der Atmung verwechseln. (siehe Coblenzer/Muhar 1996, Schürmann 2010)

Der ergänzte Text:

Es kommt immer wieder vor, dass Sie in der dramatischen Vorlage Sätze vorfinden, die nicht vollständig sind, weil Sie von Ihrem Gegenüber unterbrochen werden. In der Regel wird das ja geprobt und Ihr Gegenüber weiß wann er/sie Sie unterbricht. Es kann aber auch sein, dass das mal nicht funktioniert. Sie sprechen einen Satz und sollten unterbrochen werden, aber der Kollege/die Kollegin agiert, warum auch immer, nicht rechtzeitig in den Satz. Und nun? Deshalb ergänzen Sie Ihren Text, schreiben Sie sich immer jeden Satz für sich zu Ende. Wenn das Gegenüber Sie also zu spät unterbricht, sprechen Sie einfach weiter. Die Abendregie wird in einem solchen Fall zwar einen Tobsuchtsanfall bekommen, aber die Schuld trägt immer die Person, die nicht rechtzeitig unterbrochen hat. Im Sinne einer organischen Spielweise müssen Sie wissen, wie Ihr Satz, ihr Gedanke, zu Ende geht! Der Grund für diese Empfehlung liegt aber nicht zuletzt auch darin begründet, dass Sie Ihren Satz von der Spannung her anders gestalten, wenn Sie ihn zu Ende denken. Deshalb schreiben Sie sich alle unvollständigen Sätze zu Ende und lernen Sie das so! Immer! Das ist mein eindringlicher Rat!

4.3 Übungen

Übung 147: Vorübung Untertext

Partnerübung

Trainingsziele: Arbeit mit Untertext

A und B suchen gemeinsam einen Text aus der Zeitung. Dieser sollte nicht zu lang sein.

Dann schreiben A und B, jeweils jede(r) für sich, einen Untertext dazu.

Anschließend wie folgt:

a.) Sie tragen einander nur den Text „trocken" vor.

b.) Sie tragen nur ihren Untertext vor. (Textimprovisation)

c.) Sie tragen den Text mit dem Untertext darunter vor. Sie sprechen den Text und denken den Untertext.

Übung 148: Textimprovisation

Einzelübung

Trainingsziele: Arbeit mit Untertext in dramatischen Werken

Nehmen Sie einen Dramentext, z.B. einen Monolog zur Hand. Schreiben Sie sich einen Untertext. Lesen Sie sich dann diesen Untertext mehrmals durch und dann improvisieren Sie nur mit diesem Text. Spielen Sie die Szene nur mit dem Untertext. Lernen Sie jetzt den Originaltext auswendig und dann spielen Sie mit dem Originaltext und meinen und denken den Untertext.

Übung 149: Subtext/ nonverbale Zeichen

Partnerübung vor der Gruppe

Trainingsziele: Arbeit mit Untertext und nonverbalen Zeichen

Dialog, siehe unten: Überlegen Sie zu zweit, wer Sie zueinander sind? In welcher Situation treffen Sie da aufeinander? Welche Einstellung haben Sie zueinander? Was war vorher? Schreiben Sie sich dann zusammen einen Untertext.

Beispiel: A kommt auf B zu, B (denkt) bitte nicht der, der hat mir echt noch gefehlt, A: die sieht aber heute besonders geil aus: A: „Hallo! Wie geht es Dir?" B (denkt), wie werde ich den Vollpfosten wieder los usw. Je mehr Sie konkret den Subtext im Spiel denken, desto besser gelingt Ihnen die Sprechgestaltung und der nonverbale Ausdruck!

Wenn Sie den Subtext haben, dann probieren Sie gemeinsam, anschließend vor der Gruppe.

A: „Hallo! Wie geht es Dir?"

B: „Geht! Und Dir?"

A: „Geht! Wollen wir was trinken gehen?"

B: „Weiß nicht, vielleicht. Wann?"

A: „Heute Abend um 19 Uhr!"

B: „19 Uhr? Oh!"

A: „Oder später?"

B: „Später?"

A: „Oder früher?"

B: „Früher? Ähm"

A: „Oder lieber an einem anderen Tag?"

B: „An einem anderen Tag?"

A: „Lass uns doch telefonieren... Gibst Du mir Deine Handynummer?"

B: „Ähm, hast Du sie nicht schon?"

A: „Ja... sicher...ähm, ich habe sie sicher schon. Ok bis dann!"

B: „Ja bis dann.... ciao"

A: „Ciao"

Dialog Coaching:

Dialog bedeutet Aktion und Reaktion. Stella Adler, die große US-amerikanische Schauspielerin und Lehrerin, aus jüdisch-amerikanischer Schauspielerfamilie stammend, die einst auch bei Konstantin Stanislawski persönlich Unterricht nahm, prägte die Formel: Agieren ist Reagieren.

Das heißt, in einem Dialog reagieren Sie auf das, was Ihr Gegenüber sagt. Dazu müssen Sie zuhören! Aufnehmen was Ihr Gegenüber sagt. Und nicht nur was sie oder er sagt ist wichtig, sondern auch wie, mit welcher Emotion, mit welchem Untertext.

Reagieren können Sie nur, wenn Sie zuhören, wenn Sie aufnehmen und bewerten, erst dann können Sie reagieren.

Übung 150: Repetition/ Variation Sanford Meisner-Übung

Partnerübung

Trainingsziele: Beobachten, beschreiben, wahrnehmen, interpretieren und bewerten, Agieren und Reagieren

Diese Übung ist eine vereinfachte Form der Repetition von **Sanford Meisner:**

Phase A:

A und B sitzen sich gegenüber und beobachten einander. In dieser Phase geht es nur um äußere Beobachtung.

Diese werden mitgeteilt und wiederholt, wie folgt:

A sagt z.B. „Du hast weiße Socken an." B wiederholt in der Ich Form und fügt seine Beobachtung hinzu: „Ich habe weiße Socken an und Du trägst eine blaue Jeans-Hose." A wiederholt nach dem gleichen Schema, fügt eine weitere Beobachtung an usw.

Die Übung soll im Fluss bleiben, nichts soll ausgedacht werden, sondern das beschreiben, was im Moment gesehen wird. Wird nichts Neues entdeckt, so können bereits mitgeteilte Beobachtungen wiederholt werden.

Phase B:

Das gleiche Schema wie Phase A, nur das jetzt beobachtete Veränderungen mitgeteilt werden. Beispiel:

A: „Du wackelst mit dem Kopf."

B: „Ich wackle mit dem Kopf und Du hast gerade tief eingeatmet."

Alles im Fluss. Wird keine Veränderung beobachtet, kann auf Phase A zurückgegangen werden. Nichts forcieren, das ist wichtig!

Phase C:

Gleiches Schema wie Phase A und B, nur das jetzt persönliche Schlussfolgerungen aus den Beobachtungen gezogen und mitgeteilt werden.

Beispiel: A: „Du siehst heute müde aus." B: „Ich sehe heute müde aus und Du siehst heute ausgeruht aus."

Auch hier, alles im Fluss.

Übung 151: Repetition Übung – Dialog Training

Partnerübung

Trainingsziele: Zuhören lernen und Agieren als Reagieren, als fundamentale Vorbereitung der Dialogarbeit

Setzen Sie sich zu zweit gegenüber und machen Sie als Vorübung die Repetition, Übung 150. Sie können die Repetition, Übung 150, als Privatpersonen, als auch jetzt schon in Ihrer jeweiligen Figur machen, was sich für die Dialogarbeit durchaus empfiehlt. Wenn Sie als Figur arbeiten, empfiehlt sich auch wenn möglich Ihr Originalkostüm anzuziehen oder markante Teile davon.

Nach der Vorübung:

Gehen Sie Ihren Dialogtext durch, indem Sie das von A Gesagte genau anhören und anschließend so genau wie möglich wiedergeben. Und hier ist wichtig, dass nicht das Gesagte allein, sondern auch die Emotion wiedergegeben wird, also wie jemand was gesagt hat. Dann lassen Sie das Gesagte auf sich wirken und dann erst antworten Sie mit Ihrem Dialogpart. A hört Sie jetzt genauso an und gibt dann Ihr Gesagtes so genau wie möglich wieder. Dann lässt A das Gesagte auf sich wirken und antwortet wieder mit seinem/ihrem Text usw. Antworten Sie als Reaktion, auf das, was Sie gehört haben! Lassen Sie sich bei dieser Übung Zeit. Hier geht es nicht um „Anschlüsse", sondern darum das

Gesagte genau anzuhören, wiederzugeben und darauf mit dem vorgegebenen Text zu antworten. Agieren ist Reagieren! Es ist nur eine Übung, aber eine zentrale Übung der Dialogarbeit.

Übung 152: Dialogischer Konflikt und Körper

Partnerübung

Trainingsziele: Dialog in den Körper bekommen, körperliche Verbindung beider Spielprotagonisten.

Phase A:

Zu zweit: A und B fassen sich gegenseitig an die Oberarme, sodass ein Wegschieben der anderen Person möglich ist. Jetzt versuchen sich beide gegenseitig wegzudrücken. Erstmal nur als Kraftprobe und anschließend so, dass sich A wegdrücken lässt und dann wieder B. Versuchen Sie in einen Konflikt zu kommen – bleiben Sie aber im Fluss. Dabei können Sie Töne machen oder Babysprache o.ä.

Phase B:

Anschließend nehmen A und B ihren Dialogtext zur Grundlage. Der Text kann, aber muss nicht ganz gesprochen werden, Phrasen reichen, oder Blablabla etc. Wichtig ist das A und B im Flow des Dialoges sich hin und her ziehen und schieben mal zärtlich, mal heftig, mal dominiert A, mal B, sinngemäß des Streitgespräches.

Hinweis:

Achten Sie darauf, dass Uhren, Schmuck am Handgelenk spätestens jetzt ausgezogen werden. Zum einen wegen der Verletzungsgefahr und zum anderen wäre es tragisch, wenn die von „Onkel Gustav" geerbte Rolex bei dieser Übung brutal und unwiederbringlich zerstört wird. Nicht wahr?

Übung 153: Der Charakterbaum

Einzelübung

Trainingsziel: Konkretisierung und Visualisierung der Charakterstruktur der Figur.

Diese Übung ist „sanft angelehnt" an psychotherapeutische Disziplinen. Schauen Sie sich einen Wald an und beobachten Sie ihn. Sie werden feststellen, dass es große Bäume und kleine Bäume gibt. Prächtige Bäume, starke, schwache, junge und alte etc. Sie werden sehen, dass es Bäume gibt mit schmalen Stämmen, welche mit dicken Stämmen, welche die stark und tief verwurzelt sind und welche die es nicht so sind. Welche mit einer prächtigen Krone, weit und räumlich ausdehnend, welche mit einer schmalen Krone. Wieder welche mit vielen Ästen und vielen Verzweigungen und welche mit weniger Ästen und Verzweigungen. Auf den Menschen und die Figur übertragen, überlegen Sie welche Charakterstruktur hat Ihre Figur? Ist sie bodenständig, stark verwurzelt, kräftig, stark oder nicht? Also die Größe des Baums, der Stamm, die Wurzeln, stellen die Physis, den Leib, die Basis, durchaus auch den psychologischen Status dar. Die Krone ist der geistige Raum und der geistige Horizont. Ist die Figur ein Freigeist? Oder eingeengt? Je mehr Ihr Baum verzweigt ist, desto vielschichtiger ist Ihre Figur. Schreiben Sie an den Stamm und an die Wurzeln, ein oder zwei Worte, die Ihre Figur in der Grundkonstitution charakterisieren. In die Krone schreiben Sie ein Wort zur Charakterisierung des geistigen Horizonts. An die Äste und Verzweigungen schreiben Sie Charaktereigenschaften, die man auch von außen wahrnehmen kann. Zeichnen Sie ruhig während Ihrer Rollenarbeit mehrmals einen Baum. Was hat sich geändert? Diese Arbeit soll kreativ und spontan gestaltet werden. Machen Sie daraus keine intellektuelle Abhandlung!

Hinweis:

Diese Übung kann Ihnen sehr helfen oder aber Sie können mit dieser Übung so gar nichts anfangen. Beides völlig normal. Im letzten Fall, vergessen Sie diese Übung einfach. Probieren geht aber auch hier vor Studieren.

Übung 154: Biographie der Figur, Vita der Figur

Einzelübung

Trainingsziele: Biographische Erkundung der fiktiven Figur, Fantasie, Klarmachen, dass Schauspieler*innen Menschendarsteller*innen sind

Ihre Rolle ist ein Mensch, den Sie da darstellen wollen. Sie hauchen ihr Leben ein. Einige Hinweise, wer die Figur ist, finden Sie im Werk. Aber da gibt es noch so viel, welches im Unklaren bleibt. Hier ist Ihre Fantasie gefragt. Schreiben Sie eine Biographie der Figur, von Kindheit an bis zum Zeitpunkt der Geschichte im Drama/Drehbuch. Seien Sie genau. Schreiben Sie Ereignisse, Begegnungen, Beziehungen der Figur auf. Gehen Sie ins Detail. Nehmen Sie sich Zeit dafür. Nehmen Sie auch mindestens ein Ereignis der Rolle, welches besonders prägend für diese war und bis zum Zeitpunkt der Geschichte im Drama diese Figur beeinflusst. Richtig, es geht nicht um ein Ereignis aus Ihrem Leben, sondern um die Figur. Lassen Sie sich auf diese Arbeit ein, so werden Sie feststellen, dass da ein Mensch entsteht. Aufschreiben ist wichtig, da verbindlich. Aber Sie können auch Skizzen anfertigen, zwischendurch Situationen im Leben Ihrer Figur imaginieren und auch durchspielen.

Hinweis:

In der Praxis werden Sie feststellen, dass eine zu große Festlegung durch eine detailgetreue Biographie-Arbeit entstehen kann, die dann wiederum zu Konflikten mit der Regie führen kann. Grundsätzlich liegt die Rollenkompetenz aber bei den Schauspielerpersonen. Ein Hoch also auf die Regiepersonen, die wie beispielsweise Axel Ranisch (s. Kapitel 2.5.2), genau solch eine detailgetreue Biographiearbeit von den Schauspielerpersonen fordern. Ein Mensch hat nun einmal eine durchgängige Biographie, detailliert von Geburt an, mit ihn prägenden Ereignissen.

Sie fangen ja auch nicht mit dem 2. Stock an, ein Haus zu bauen, sondern mit dem Fundament.

Übung 155: Biographie-Telling

Einzel-Präsentation vor der Gruppe

Trainingsziele: Biographiearbeit, Präsentation als Figur

Stellen Sie sich als Figur vor der Gruppe vor, erzählen Sie aus Ihrem Leben. Berichten Sie von einem prägenden, wichtigen Ereignis. Es ist wichtig, dass nicht eine Geschichte im Stück erzählt wird, sondern etwas aus dem Leben der Figur, vor dem Stück! Was könnte die Figur vor der Zeit und Handlung, die in dem Werk oder Drehbuch umrissen wird, getan bzw. erlebt haben?

Übung 156: Figur im Raum

Gruppenübung

Trainingsziele: Erprobung der Körperlichkeit der Figur im Raum, erstes Spiel mit anderen Protagonisten

Phase A:

Die Gruppenmitglieder bewegen sich im Raum, schütteln sich aus, überprüfen ihre Entspannung, nehmen den Raum wahr, mit allen Sinnen und Übersinnen. Sie gehen mal schnell, mal langsam etc.

Phase B:

Nach und nach verwandeln sich die Mitglieder in ihre Rollenfigur. Welche Haltung, wie geht die Figur, welcher Status etc.? Welche Besonderheit hat die Figur in der Bewegung? Jede Person probiert für sich aus.

Phase C:

Wenn die Grundkörperlichkeit gefunden wurde, dann soll ein Satz oder eine Phrase, ein Wort gesprochen werden, das die Figur charakterisiert, immer wieder.

Phase D:

Nach und nach treffen die Figuren im Raum aufeinander. Sie kommen ins Gespräch und Spiel miteinander, gehen wieder auseinander und treffen auf andere Figuren.

Übung 157: Situation aus dem Drama

Übung mit fremden Spielpartner*innen

Trainingsziele: Szenische Erkundung durch Improvisation und Spiel mit fremden Partner*innen

Phase A:

Erzählen Sie vor der Gruppe eine Situation Ihrer Rolle aus dem Drama. Kein Monolog! Welche Figuren kommen da noch vor? Welche physischen Handlungen finden statt? Seien Sie konkret!

Phase B:

Suchen Sie sich Spielpartner*innen um die Situation zu spielen. Improvisieren Sie. Der Text ist frei, es geht um die Kernsituation und die Kernhandlungen. Lassen Sie sich von Ihrem Gegenüber inspirieren. Es ist sehr wichtig, dass Sie, wenn möglich, nicht mit Ihren originalen Spielpartner*innen arbeiten. So können die „fremden" Personen frisch und unbefangen, impulsiv auf Sie und Ihre Rolle reagieren. So bekommen womöglich neue frische Impulse!

Übung 158: Interview

Spieler*in mit Moderator*in

Trainingsziele: Überprüfung und Erprobung der „Figuren Matrix" im freien Spiel

Es wird ein(e) Moderator*in bestimmt, die die Figur interviewt. Es kann über alles gesprochen werden, was den Personen einfällt. Improvisieren Sie! Wichtig ist, dass das gesamte Verhalten der Figur, ihr Auftreten, körperlich sowie sprachlich in das Interview eingebracht wird.

Übung 159: Maischberger mal anders

Moderator(in) mit Talkrunde aus mehreren Personen

Trainingsziele: Agieren und Argumentieren aus den Blickwinkeln der Figur, Aneignung, Verkörperung.

Es wird eine Talkshow im Fernsehen simuliert. Ein(e) Moderator*in wird bestimmt und verschiedene Figuren, auch aus verschiedenen Dramen, als Talkshow Gäste. Es wird ein Thema ausgemacht und die Personen diskutieren und verhalten sich aus der Sicht ihrer Figur. Der Moderator oder die Moderatorin versucht immer wieder die Diskussion mit Fragen bzw. Nachfragen anzufachen, die Figuren ins Gespräch zu bringen.

Beispiel: Galileo Galilei, Hamlet, Romeo und die heilige Johanna von Orleans diskutieren über: Gibt es die wahre Liebe?

Übung 160: Steckbrief

Einzelübung vor der Gruppe

Trainingsziele: kreative Aneignung der Rolle, erste Verkörperung bzw. reflektierte Betrachtung der Figur vor Publikum (Gruppe)

Die Übungsleitende Person verteilt Steckbriefkarten, beliebig kreativ gestaltet oder schlicht mit Inhalt, wie unten dargestellt. Die Gruppenmitglieder füllen diese spontan aus. Nicht lange überlegen! Anschließend stellt sich jedes Mitglied – als Figur – der Gruppe vor. Das kann in der Ich-Form, als Figur, geschehen, als auch in der Er oder Sie-Form (Verfremdung). Letzteres schafft Distanz zu der Figur und ermöglicht eine andere reflektierte Perspektive auf die Figur! Die Figuren stellen sich frei vor, aber der Steckbrief soll inhaltlich Berücksichtigung finden. Das Geheimnis wird nicht verraten, aber es sollte bewusst sein.

Steckbrief:

Name:

Alter:

Herkunft:

Beruf:

Status:

Hobbies:

Lieblingsessen:

Zuneigungen:

Abneigungen:

Geheimnis:

Übung 161: Hamlet geht shoppen

Gruppenimprovisation

Trainingsziele: Agieren und Argumentieren aus den Blickwinkeln der Figur, Aneignung, Verkörperung.

Phase A:

Kreieren Sie eine Einkaufssituation, z.b. beim Bäcker, ein(e) Verkäufer(in) wird bestimmt, die anderen Gruppenmitglieder treten mit ihren Figuren erst einzeln an die Theke. Wichtig ist ihr Auftreten, was die Figur kauft, wie sie sich verhält. Dann tritt die Rolle wieder ab und eine andere Figur tritt auf. Hier noch kein Drama, sondern es geht nur um die Frage: Wenn meine Figur zum Bäcker ginge, was würde sie kaufen, wie würde sie auftreten und wie würde sie das sagen, was sie kaufen will?

Phase B:

Folgende Szene:

Mehrere Figuren stehen in der Reihe an der Kasse im Supermarkt, in der Bäckerei etc.

Es entwickelt sich ein Streitgespräch, ein Konflikt zwischen zwei Figuren. Die anderen halten sich im Hintergrund, aber reagieren auf die beiden Streitenden.

Übung 162: Alltagssituationen

Einzeln oder mit Partner

Trainingsziele: Aneignung, Training bzw. Überprüfung der Rollensicherheit durch Alltagssituationen.

Die Übungsleitende Person denkt sich verschiedene einfache Situationen für die Rolle aus, diesmal für die einzelne Rolle oder für tatsächliche Rollenpartner. Sie können auch KollegInnen stellen, die einen der Situation gemäßen Anspiel-Part übernehmen. Beispiele: Garcin (Geschlossene Gesellschaft) am Flughafenschalter, will noch mitfliegen, obwohl das Flugzeug schon startbereit ist. Hamlet im Steak Restaurant, das Steak ist kalt.

Wichtig, wie würde sich Ihr Hamlet oder Garcin in dieser Situation konkret verhalten.

Oder Romeo und Julia in einer Bibliothek. Julia sucht ihr Lieblingsbuch, Romeo ist Bibliothekar oder ein Besucher und hilft Julia dabei. Richard der Dritte übt Wiener Walzer und vieles mehr.

Übung 163: Beobachten, Verkörpern und Rollenfindung

Einzelaufgabe und in der Gruppe

Trainingsziele: Beobachten, Verkörpern, freie Rollenfindung

Die folgende Übung ist zunächst „nur" eine Übung, aber Sie kann auch für eine freie Stück- und Figurenentwicklung benutzt werden:

Zunächst wird die Aufgabe erteilt, am Bahnhof oder an anderer öffentlicher Stelle eine Person eine Zeit lang zu beobachten – zu empfehlen ist der Bahnsteig oder ein Park, aber auch ein Amt mit viel Kundenverkehr etc. Das Geschlecht der zu beobachtenden Person sollte mit dem Gruppenmitglied übereinstimmen. Das Alter ist beliebig. Seien Sie hierbei so genau wie möglich. Wie bewegt sich die Person? Was tut sie und wie tut sie das, was sie tut? Langsam, schnell? Ruhig? Hektisch? Und so weiter! Es hilft auch, die Beobachtung sehr zeitnah schriftlich zu fixieren.

Zurück in der Gruppe/ erster Teil:

Nun gibt es mehrere didaktische Möglichkeiten:

1.) Das Gruppenmitglied trägt seine Beschreibung vor. Ein zweites Gruppenmitglied versucht, anhand dieser Beschreibung die Person, in ihrer Situation, zu spielen. Wichtig sind Körperhaltung, Bewegung, eventuelle Ticks, und der Blick. Das Charakteristische dieser Person soll in der Nachahmung zu sehen sein. Es geht hier nicht um perfekte Imitation, sondern um kreative Nachahmung, um das Wesentliche dieser Person. Wie tickt die Person? Welchen sozialen Status und psychologischen Status hat die Person?
Das beschreibende Gruppenmitglied wird nun Korrekturen einfordern, Darsteller*in und Beschreiber*in arbeiten zusammen und versuchen der Realität, so nah wie möglich zu kommen.

2.) Das Gruppenmitglied spielt die von ihm beobachtete Person der Gruppe vor, ohne vorherige Beschreibung. Die Gruppe beschreibt konkret das, was das Gruppenmitglied spielt. Die Beschreibung der Gruppe wird mit den Notizen des Gruppenmitglieds über die beobachtete Person verglichen. Je deckungsgleicher die beiden Beschreibungen sind, desto genauer hat das Gruppenmitglied gespielt.

Zweiter Teil:

Wenn Sie im ersten Teil so nah an der Realität wie möglich sein sollten, also an dem was Sie beobachtet haben, soll nun Ihre Fantasie jetzt aus dieser realen Person eine fiktive Figur machen.

Dazu stellen Sie sich folgende Fragen:

Wie heißt die Figur?

Wo wohnt sie?

Hat sie Arbeit und wenn ja welche?

Welchen sozialen Status hat die Figur, welchen psychologischen Status hat die Figur?

Steht beides in Spannung zueinander?

Was hat sie gestern Abend vor dem Einschlafen gemacht?

Was ist ihr immer wiederkehrender Alptraum?

Was ist ihr Lieblingsessen?

Hat sie einen Partner?

Wie sieht ihr Wohnzimmer aus?

Was ist ihre Lieblingssendung?

Ohne wen oder was kann sie nicht leben?

Was macht sie am Sonntag?

Glaubt sie an Gott, ist sie religiös?

Welche Weltanschauung hat sie?

Diese und andere Fragen können gestellt werden. Wichtig ist, dass bei der Rollenfindung von der realen Beobachtung ausgegangen wird und nicht völlig luftleer aus dem Vakuum agiert wird. Es geht hier darum, dass Sie der Figur dienen, Sie sich selbst und Ihre Fantasie der Figur zur Verfügung stellen! Die Fantasie spinnt die beobachtete Realität sozusagen weiter! Improvisieren Sie im Raum. Wie bewegt sich die Figur, welchen Status hat sie? Überlegen Sie einen typischen Satz, den die Figur immer wiederholt. Anschließend spielen Sie die Figur der Gruppe vor. Oder zwei Figuren improvisieren vor der Gruppe einen Dialog, eine Szene.

Übung 164: Arbeit mit konkreter Textvorlage

Stückprobe/Szenische Arbeit mit Text und verteilten Rollen

Trainingsziele: Erarbeitung dramatischer Szenen mit verteilten Rollen, Anwendung der erworbenen Grundlagenfertigkeiten

Wenn Sie mit Personen arbeiten, die noch nie oder sehr wenig professionell oder unter professioneller Leitung, mit dramatischem Text gearbeitet haben, suchen Sie sich kein Werk aus, dessen Thematik zu weit entfernt von ihren Teilnehmern/Teilnehmerinnen ist oder dessen Handlung zu sehr verwoben ist.

Gut geeignet sind Wedekinds „Frühlings-Erwachen", aber auch Shakespeares „Sommernachtstraum" oder „Viel Lärm um Nichts", Schillers „Kabale und Liebe", aber auch moderne Werke.

Auf keinen Fall geeignet für den Anfang wäre Goethes „Iphigenie auf Tauris"; Schillers „Maria Stuart." oder Shakespeares „Richard der Dritte". Nur um ein paar Beispiele zu nennen. Nehmen Sie auch keine absurden Dramen oder Boulevard Komödien. Sie wollen schließlich, dass sich die Teilnehmer*innen Schritt für Schritt mit der Arbeit an dramatischer Textvorlage und der dramatischen Struktur bzw. der Rollenarbeit vertraut machen.

Sie können je nach Zeit, das ganze Stück, Szene für Szene immer mit verschiedenen Teilnehmer*innen besetzen. Oder Sie besetzen ein oder zwei Szenen mehrfach, um zu zeigen, wie verschieden ein und dieselbe Textvorlage umgesetzt werden kann, wenn verschiedene Spieler*innen sie interpretieren.

Die Interpretationsvorschläge und Spielvorschläge, aber auch die Vorschläge zu Kostüm, Bühnenbild etc. sollten hier von den Teilnehmern/Teilnehmerinnen kommen. Sie sollen die erlernten Fertigkeiten aus dem Grundlagenunterricht und ihre Inspiration nutzen, um sich dem Text anzunähern:

Was ist die Grundsituation?

Was sind die Vorgänge?

Wo liegen die Drehpunkte?

Welche Biografie hat meine Figur?

Was ist ihr sozialer Hintergrund?

Was sind Absichten meiner Figur?

Wo liegen die Widersprüche?

Es gibt sehr viele verschiedene Möglichkeiten didaktisch vorzugehen. Hier nur ein möglicher Weg:

Zunächst, nachdem die Teilnehmer*innen das Werk gelesen haben (s. auch hier die Tipps, Arbeit an der Rolle) können Sie Aufgaben geben:

1.) Die Teilnehmer*innen sollen aufschreiben, was Sie an dem Stück besonders fasziniert, schockiert, erheitert, berührt etc. hat und warum.

2.) Sollten Sie die Rollen schon vorher verteilt haben, so lassen Sie aufschreiben, was die Teilnehmer*innen an ihrer Rolle besonders interessant, attraktiv, liebenswert oder auch abstoßend, traurig, schockierend finden, was die Teilnehmer*innen besonders an der Figur mögen oder auch nicht mögen, und warum?

Verteilen Sie die Rollen erst später, was möglich ist, so sollen die Teilnehmer*innen aufschreiben, welche Rolle sie fasziniert, besonders interessiert, welche Rolle sie gerne spielen würden und warum?

3.) Lassen Sie beispielsweise Referate zu den Hintergründen vorbereiten und halten. Es geht um die Zeit, in der das Stück spielt: historische Begebenheiten, Lebensart, soziologische Besonderheiten, philosophische und kunstgeschichtliche Themen der Zeit, Mode und Zeitgenossen etc. Und natürlich die Inhaltsangabe und eine Konfigurationsmatrix.

Nachdem dies alles geschehen ist, das heißt die Punkte 1 bis 3 besprochen bzw. vorgetragen wurden, beginnt die eigentliche Arbeit.

Die Teilnehmer*innen präsentieren ihre Vorschläge für das Kostüm und das Bühnenbild. Dabei steht ihnen frei, sich von allem Historischen abzusetzen und einen abstrakten Raum oder heutige Kostüme zu wählen.

Ist diese Grundarbeit geleistet geht es in die Feinheiten:

Jede(r) Teilnehmer*in schreibt eine Biografie für die Figur. Darin sollte detailgetreu enthalten sein, was vor allem die Figur in der fiktiven Zeit vor dem fiktiven Stück alles so erlebt, durchlebt und getrieben hat! Beharren Sie auf Genauigkeit!

Jede(r) Teilnehmer*in erfindet eine Überschrift, einen Titel, evtl. auch Untertitel zu ihrer Szene. Es geht um die Erfassung des Kernthemas, was ist die Situation, worum geht es!

Dann beantwortet jede(r) Teilnehmer*in die W-Fragen, führt eine Textimprovisation durch. Wenn er oder sie den Text sinnlich, intellektuell, evtl. auch körperlich erfasst hat, lernt er oder sie den Text. Zumindest wäre das hier der Idealfall!

Die Spielleitende Person kann mit Übungen und Improvisationen zur Figur und mit Improvisationen, die vor oder nach der gespielten Szene stattfinden, zum eigentlichen Stück überleiten. Sie kann aber auch direkt mit dem konkreten Text und der Spielszene selbst beginnen.

Die Teilnehmer*innen sollten so viel Gestaltungsspielraum wie nur möglich bekommen. Inszenieren Sie so wenig wie möglich. Fungieren Sie als Helfer*in, als Spiegel, als Vorschlag-Geber(in). Soweit wie möglich sollten die Spielideen von den Teilnehmern/ Teilnehmerinnen*innen kommen.

5 Performatives Spiel und Komik

5.1 Körperkomik und Performance

Übung 165: Walk

Phase A

Die Gruppenmitglieder gehen verteilt durch den Raum. Sie gehen erst sehr langsam und genau wahrnehmend, mit der Aufmerksamkeit auf ihre Geh-Mechanik: Woher kommt der Impuls für das Gehen? Aus der Hüfte, aus den Knien? Wie werden die Füße aufgesetzt? Wie reagiert der Oberkörper? Die Arme? Das gesamte Gleichgewicht? Anschließend etwas schneller bis „normal", und die Gruppenmitglieder nehmen dabei Ihre normale, individuelle Schrittlänge wahr.

Phase B

Die Gruppenmitglieder sollen nun probieren ihre normale Schrittlänge mal zu unterbieten, und mal zu überbieten. Erst immer nur ein „bisschen", anschließend sollen sie so große Schritte wie nur möglich machen, dann so kleine wie möglich.

Phase C

Die Gruppenmitglieder sollen auf ein selbstgewähltes Ziel zugehen, einmal – nach Ansage – mit so großen übertriebenen Schritten, wie nur möglich.

Dann auf ein selbstgewähltes Ziel zu – nach Ansage – mit so kleinen Schritten, wie möglich.

Dann sollen sie selbst variieren, einmal auf ein Ziel zu, mit großen Schritten, einmal mit kleinen Schritten.

Phase D

Die Gruppenmitglieder gehen Schlaufen und Rundungen, mal Kleine, mal Große, im Raum.

Anschließend gehen Sie Ecken im Raum.

Dann im Wechsel, mal Schlaufen, dann Ecken, dann wieder Rundungen etc.

Hinweis:

Fragen Sie Ihre Mitglieder, was auf sie „komisch" wirkt: Ecken oder Rundungen? Sie bekommen zu 99,999 Prozent Wahrscheinlichkeit immer „Ecken" zu hören. Diese Ecken wirken nicht fließend, nicht kongruent, sind mechanisch und gebrochen – unorganisch! Also komisch! Ich gehe auf die sogenannte Inkongruenz später ein.

Übung 166: Die Zeitlupe

Einzeln im Raum, zu Zweit und vor Gruppe

Trainingsziele: Erproben von Bewegung und Körperlichkeit, Körperspannung und Körperkomik, Spielmotivation

Phase A

Die Gruppenmitglieder werden zum Zeitlupe Laufen im Raum aufgefordert. Erstmal jeder für sich. Anschließend – nach Ansage – zu Zweit.

Phase B

Die Gruppenmitglieder überlegen eine kurze Choreographie in Zeitlupe, zu Zweit. Z.B. zwei Personen laufen aufeinander zu und umarmen sich. Zwei Personen begegnen sich und begrüßen sich. Seien Sie so genau wie möglich in der Bewegung. Mimik und Gestik kann und soll übertrieben und überzeichnet werden.

Phase C

Die Paare führen ihre „Choreographie" vor.

Übung 167: Taschentuch-Walk

Einzel- und Gruppenübung

Trainingsziele: Experimentelle Körperwahrnehmung mit Hilfsmittel, Erprobung der Körperkomik.

Phase A

Jedes Gruppenmitglied bekommt ein Päckchen Taschentücher oder ähnliches und die Aufgabe dieses auf bzw. mit verschiedenen Körperstellen durch den Raum zu transportieren. Beispielsweise auf dem Fuß, dem Kopf, der Stirn etc. Die Mitglieder sollen verschiedenes ausprobieren. Lassen Sie den Gruppenmitgliedern Zeit sehr verschiedenes auszuprobieren, bevor Sie zu schnell zu Phase B überleiten.

Phase B

Nachdem einige Stellen ausprobiert wurden, wird nun eine Art des Transportes festgelegt und geübt. Dabei wird genau beobachtet, wie sich die ganze Körperhaltung und Geh-Mechanik verändert. Wie fühlt sich das an?

Phase C

Nun das Ganze ohne Päckchen, aber mit der gleichen Position, Haltung und Bewegungsmechanik, wird sich durch den Raum bewegt. Zusätzlich wird ein Satz oder Fragment oder Wort immer und immer wieder ausgesprochen, das den Zustand, das Gefühl beschreibt, welches sich in dieser Haltung und Bewegung ergibt.

Phase D

Immer zwei oder auch mehrere Personen werden von der Übungsleitenden Person zusammengefügt, die sich genauso bewegen wie in Phase C und ihren Satz oder das Fragment, Wort artikulieren, aber irgendwie zusammenkommen. Ein Spiel, ein bewegtes Bild ergibt sich. Die anderen beobachten das Treiben. Im Idealfall können Sie daraus auch eine kleine Szene entwickeln lassen. Beobachten Sie einfach, ob sich das konkret ergibt.

Übung 168: Imitation und Übertreibung

Partnerübung mit anschließender Vorführung

Trainingsziele: Bewusstwerdung über die Wirkung der Körperkomik durch Übertreibung und Veränderung der Bewegungsausführung in Dynamik (Kraft), Impulsgebung, Tempo-Rhythmus, zeitlichem Ablauf und Veränderung des Bewegungsflusses (andere Pausen, keine, an anderer Stelle, längere Pause, kürzere, etc.)

Phase A:

Zunächst machen Sie die Spiegelübung, Übung 48.

Phase B:

Genau wie Phase A, nur das die spiegelnde Person die Bewegung nun übertreibt bzw. in ihrer Dynamik (Kraft), Tempo-Rhythmus und Bewegungsfluss etc., verändert. Lassen Sie experimentieren.

Phase C:

Lassen Sie die Paare ihre „Spiegelung" aus Phase B vor der Gruppe vorführen.

Übung 169: Imitation und Übertreibung 2

Gruppenübung

Trainingsziele: wie oben

Phase A:

Machen Sie Übung 41

Phase B:

Genau wie Phase A, nur übertreibt jetzt die 2. Person etwas in der Position von 1, z.B. hat den Kopf noch mehr nach hinten geworfen etc. Die 3. Person übernimmt die Position von 2 und übertreibt ebenfalls an einer Stelle. Am Schluss nimmt die erste Person ihre Ausgangsposition ein und es wird mit der Schlussposition verglichen.

Übung 170: Clowns-Performance

Partnerübung, evtl. vor der Gruppe

Trainingsziele: Entdecken und Entwickeln von spielerisch-komischen Potentials in einer Clowns-Performance

Man kann den Protagonisten eine Clownsnase geben, damit Sie in ihre Rolle hineinfinden. Ich mache das nicht, ich stelle nur die Aufgabe und sage auch nicht, dass dies eine Clowns-Übung ist. Damit vermeide ich, dass Teilnehmer*innen das Klischee des „albernen Clowns" einnehmen und damit der Übung voreingenommen gegenübertreten.

Phase A:

Zwei Gruppenmitglieder stehen jeweils am gegenüberliegenden Ende eines Raumes: Plötzlich entdecken sie sich einander, freuen sich, dass sie das Gegenüber entdeckt haben, dann gehen sie mit einer großen Geste aufeinander zu. Sie verfehlen aber einander, gehen aneinander vorbei, sind verblüfft, suchen den anderen Protagonisten. Sie finden sich dann wieder, winken einander zu und dann gehen sie wieder aufeinander zu. So ca. 2 bis 3 Mal können sie das wiederholen. Wichtig ist, dass die einzelnen Vorgänge nicht so schnell vollzogen werden, sondern zeitverzögert.

Phase B

Der Anfang, wie oben, nur treffen sich beide erfolgreich in der Mitte und versuchen sich die Hände zu geben, was nicht gelingt, weil beide danebengreifen. Ca. 2 bis 4 Mal. Dann gelingt es doch und einer schüttelt den/die Andere(n) so stark, dass er oder sie anfängt auf und ab zu hüpfen.

Der/die Schüttler(in) muss stehen bleiben, nicht schlaff im Körper, sondern Spannung und Widerstand, nur der/die Geschüttelte hüpft. Wenn das Hüpfen nicht funktioniert, reicht es auch, wenn sich ein übertriebenes Schütteln ergibt.

Hinweis:

Wir bewegen uns hier auf einem schwierigen Fachgebiet der Komik, der Clownerie. Ich nehme diese Übungen bewusst in dieses Buch und meine Komik-Workshops auf, da sie ein hervorragendes Körper-Komik-Training darstellen und spielerisches Potential erweitern helfen, als sowohl auch die „besonderen Gesetze" der Komik erproben und erleben lassen.

Variation:

Motivieren Sie Ihre Gruppenmitglieder die Übung auszubauen, z.B. indem sie sich beim Erkennen Zeit lassen, vielleicht ist der eine Protagonist kurzsichtig, braucht Zeit den anderen da drüben zu erkennen, aber der/die Andere winkt wie verrückt und aufgeregt. Bauen Sie die einzelnen Elemente aus, lassen Sie die Gruppenmitglieder das spielerisch-kreative Potential, das der Übung zugrunde liegt, entdecken. Spaß steht hier erst einmal im Vordergrund, das Können kommt vom Probieren.

Übung 171: „Sah ein Clown ein Röslein stehen"

Einzelübung vor der Gruppe

Trainingsziele: Imagination, Spieltrieb, Timing, Improvisation, Impulsivität, Fantasie

Jedes Gruppenmitglied entdeckt eine imaginäre Rose in der Mitte des Raums (der Bühne) und reagiert darauf, spielt damit, es soll eine kleine Szene entstehen.

Hinweis:

Sie werden möglicherweise erleben, dass die Gruppenmitglieder viel zu schnell agieren und nicht konkret genug, die Größe und das Wesen, also Art, Beschaffenheit, Schönheit oder Hässlichkeit der Rose bespielen. Schmeißen Sie die Gruppenmitglieder dennoch, auch wenn es Anfänger sind, ins kalte Wasser und besprechen Sie anschließend. Lassen Sie die Übung mehrmals machen. Bauen Sie eine gewisse Dramaturgie auf: Entdecken Sie die Rose, seinen Sie überrascht, erschrocken, erfreut, was auch immer. Entwickeln Sie eine Beziehung zur Rose. Je genauer Sie die Rose imaginieren und konkret anspielen, je genauer Sie eine Einstellung zur Rose entwickeln, desto konkreter und eindrucksvoller kann das Publikum folgen. Und dann, dann haben Sie eine Idee, was Sie mit der Rose tun wollen. Je konkreter die Idee, desto besser kann das Publikum folgen. Gelingt Ihr Vorhaben oder sind Hindernisse da? Wenn Sie so oder ähnlich aufbauen und wirklich imaginieren und konkret spielen, dann wird alles was Sie tun, was immer Sie auch tun, nie langweilig. Diese Übung muss nicht komisch sein, ist Sie aber oft. Diskutieren Sie später, warum etwas komisch war oder vielleicht auch emotional bewegend.

5.2 Tücke des Objektes

Die Tücke des Objektes ist ein nach wie vor „dankbares" und nicht selten verwendetes Element in der Komik. Dabei ist auf den ersten Blick zu erkennen, dass ein Objekt keine Tücke haben kann, denn es liegt an uns, wie wir mit einem Objekt umgehen. Die Schublade klemmt? Kein Problem, gehen Sie dieses Problem mit Vernunft an oder fragen Sie jemanden, der sich damit auskennt. Und schon lösen Sie das Problem. Anders der/die Komiker(in), er oder sie versucht um jeden Preis diese Schublade zu öffnen, die Maßnahmen sind unvernünftig, unverhältnismäßig, drastisch und erfolglos. Je schlimmer er oder sie das Problem macht, desto drastischer und naiver und ungeschickter werden die Maßnahmen. Als ein treffendes Beispiel sei nur der von mir sehr geschätzte britische Schauspieler und Komiker Rowan Atkinson („Mr. Bean" u.a.) genannt.

Die Menschen haben Spaß an so etwas! Warum? Keith Johnstone würde dies wahrscheinlich mit dem Statusgefälle erklären. Der Komiker erniedrigt sich, spielt Tiefstatus, das Objekt erhöht sich dadurch und möglicherweise erhöht sich auch das Publikum, denn natürlich hätte man selber das Objekt schneller unter Kontrolle, als der Protagonist, ist doch klar! Sicher, eine mögliche Erklärung. Eine andere Erklärung geht auf Henri Bergson zurück: Er sieht die Komik in einer Mechanik, in einem Automatismus. Bergson führte seine Theorie auf seine Sichtweise einer Gesellschaft zurück. Er sah die Gesellschaft wie einen lebendigen Organismus, indem jedes Organ flexibel und angemessen auf Veränderungen reagiert. Versteift ein Organ, droht auch der gesamte Organismus zu versteifen. Das Lachen wird hier also als ein Korrektiv gesehen, eine Abmahnung an jemanden, der oder die sich nicht organisch flexibel einer Gegebenheit anpasst, sich nicht angemessen weiterentwickelt, sondern wie ein Automat in einer Aktion verharrt und damit das Ganze „gefährdet". Nehmen wir ein Beispiel, welches wir auch so oder ähnlich von den wunderbaren Komikern Stan Laurel und Oliver Hardy (Dick und Doof) kennen: Dick versucht sich durch einen viel zu engen Spalt zu zwängen. Statt aufgeben wird aber mit allen möglichen und unmöglichen Mitteln versucht den Dicken genau da durchzubekommen – nirgend woanders, wo es einfacher wäre, nein eben genau da! Dieser Automatismus hat etwas Kindliches, etwas Naives, nichts Organisches und Vernünftiges, Flexibles. Das Lachen des Publikums scheint also ein Affekt zu sein, eine Reaktion auf diese Unvernunft, diesen Automatismus, dieses unbedingte Verharren im Vorhaben und in den Maßnahmen, die eher immer schlimmer, als besser werden. Also halten wir fest: Die Tücke des Objektes meint das Verharren in einem Vorgang, sich einem Objekt zu eigen machen, es in Griff zu bekommen. Man lässt nicht von dem Vorgang oder dem Objekt ab, die Maßnahmen sind nicht vernünftig, sie sind teils übertrieben oder kindisch und absurd, die Maßnahmen machen alles noch schlimmer und dennoch lässt man nicht ab, sondern versucht es immer und immer wieder sich dem Objekt oder dem Vorgang zu ermächtigen. Es kann durchaus sein, dass man sein Ziel dann dennoch erreicht, aber alles schlimmer gemacht hat. Es kann auch sein, dass man nur alles schlimmer gemacht hat, das totale Chaos hinterlässt und sein Ziel nicht erreicht. Wichtig ist hierbei, fangen Sie nicht zu weit oben an, fangen Sie einfach an. Z.B. etwas klemmt, ziehen Sie daran, klappt nicht, überlegen Sie sich nun eine neue Maßnahme, freuen Sie sich darüber, führen Sie den Plan durch, er funktioniert nicht, Sie sind frustriert, aber es geht immer weiter, Sie werden immer eifriger und freuen sich über die tollen Pläne. Bauen Sie solche Vorgänge auf und „verschießen Sie Ihr Pulver" nicht sofort am Anfang! Frust, Naivität, immer mehr fanatische Beharrlichkeit und Eifer, evtl. übertriebene, fanatische Freude über die neuen Maßnahmen, schaffen hier eine wunderbare Dynamik, eine Welle, die sehr unterhaltsam sein kann!

Übung 172: Tücke des Objektes

Einzelübung vor der Gruppe

Trainingsziele: Tücke des Objektes, an einer imaginären Rose

Gruppenmitglieder entdecken wie oben in Übung 171 eine imaginäre Rose und wollen Sie nun herausreißen. Aber das misslingt, immer wieder wird angesetzt, um die Rose herauszureißen. Und dennoch misslingt es immer wieder, je öfter es versucht wird, desto drastischer und unvernünftiger werden die Maßnahmen.

Übung 173: Tücke des Objektes 2

Einzelübung vor der Gruppe

Trainingsziele: Tücke des Objektes, am realen Objekt

Gruppenmitglieder besorgen sich ein Objekt und präparieren es. Die Aufgabe: Sie sollen etwas mit dem Objekt machen wollen, es benutzen wollen. Oder ein Kleidungsstück, was sie anziehen wollen etc. Aber es misslingt, dennoch lassen sie nicht ab, immer naiver versuchen Sie dem Objekt Herr oder Frau zu werden, doch es misslingt immer wieder. Die Gruppenmitglieder sollen selber einen Schluss finden.

Auswertung:

Die Gruppe beobachtet genau und analysiert. Jeder bekommt eine Kritik. Was hat warum gut funktioniert, was nicht?

5.3 Kontrastkomik und Inkongruenz

Wenn Sie sich sämtliche Komiker Duos der Welt anschauen, wie etwa das Duo „Dick und Doof", so stellen Sie eigentlich immer fest, dass die Protagonisten einen Kontrast bilden. Sie unterscheiden sich meist im Gegenteil. Das heißt, es handelt sich um sehr unterschiedliche Typen, die meist entgegengesetzte Merkmale aufweisen. Das können Körpermerkmale und äußere Merkmale sein, wie sehr dick und sehr dünn, sehr groß und sehr klein oder sehr schick und elegant, ordentlich, die andere Person hingegen schlampig gekleidet, ein bunter Paradiesvogel. Oder es sind offensichtliche Merkmalsunterschiede im Verhalten, z.B. die eine Person agiert sehr langsam, fast schläfrig, die andere schnell und hektisch usw. Diese Kontraste sind noch kein Garant für die Komik, aber Sie sind ein wichtiger Ausgangspunkt. Denn nun können die Protagonisten sich einem Spiel von Unter und Überlegenheit (Statusspiele) hingeben, indem sie diese Kontraste anspielen bzw. diese Kontraste benutzen.

Beispiel: Wenn eine Person A sich über eine Person B lustig macht, setzt es diese herab, während sich A selbst erhöht. Wenn die Angriffe von A aber ins Leere gehen, so kann auch das Gegenteil passieren: A erniedrigt sich selbst und B wird automatisch erhöht.

Wenn Sie diese Spielchen unter der Voraussetzung bzw. dem Einbezug der Kontraste treiben, so haben Sie eine unglaublich dynamische Komik.

Warum sind Kontraste aber so wichtig oder zumindest eine wichtige Ausgangsposition für die Komik?

Offensichtlich deshalb, weil auf „einen Nenner gebracht", alles was komisch wirken soll bzw. ist, inkongruent zueinander ist. Also etwas stimmt nicht überein. Und so ist es auch mit dem Kontrast. Zwei Personen bzw. bestimmte offensichtliche Merkmale der Personen stimmen nicht überein, widersprechen sich gar, und können deshalb hervorragend von den Protagonisten als Ausgangsposition benutzt werden.

Mein persönliches Lieblingsbeispiel ist hierzu das Paar „Thiel und Börne", aus der „Münsteraner Tatort-Reihe", gespielt von Axel Prahl (Kommissar Thiel) und Jan Josef Liefers (Gerichtsmediziner Prof. Dr. Karl-Friedrich Börne). Der Kontrast liegt zum einen im Erscheinungsbild der Personen: Der eher dickliche, norddeutsche, überhaupt nicht modisch gekleidete Kommissar Thiel, der mit dem Fahrrad zum Dienst erscheint, der seine Liebe zum FC St. Pauli durch ein entsprechendes T-Shirt demonstriert. Und der sehr elegant gekleidete Börne. Charakterlich sind Börne und Thiel auch so gegensätzlich wie es nur sein kann: Zum einen der Kommissar Thiel, eher etwas bodenständig bieder und mit wenig Interessen, außer Fußball und Mordfälle aufklären. Dann der Professor Dr. Karl Friedrich Börne, der eher arrogant daherkommt und immer das letzte Wort haben muss. Dieser vermittelt doch so gerne das Bild eines „gebildeten All-Weltbürgers" von sich und setzt sich gerne selbst ins glamouröse Licht eines erfolgreichen Akademikers, der vielseitige Interessen, wie Kunst und Musik pflegt und natürlich auch Golf spielt.

Sie sehen an diesem Beispiel, dass sich durch die inkongruente, kontrastreiche Figurenkonstitution sehr viel spielerisches Potential, vor allem mit dem Spiel der Unter und Überlegenheit (Statusspiele) ergibt. Wenn zwei Figuren einen zu kleinen Kontrast aufweisen, so ist das Spiel mit Unter- und Überlegenheit Komik zu erzeugen, zu mühsam oder funktioniert schlichtweg nicht!

Es gibt eben dann ein zu kleines inkongruentes Gefälle zwischen den beiden Protagonisten. Vergleichen Sie das einfach mit einem Wasserfall: Je tiefer das fallende Wasser nach unten abfallen kann, desto mehr Power ist dahinter.

Ist also der Kontrast zweier Figuren in der Grundkonstitution groß genug, so ergibt sich ein hohes dynamisch-komisches Spielpotential für die Protagonisten.

Dies ist zu beachten, vor allem wenn Sie selber Figuren oder Stücke entwickeln bzw. ihre Figuren aus der dramatischen Vorlage weiterdenken. Denken Sie an die Kontraste!

Inkongruenz:

Das Publikum hat meist eine Idee oder eine Erwartung wie ein Satz oder eine Handlung weitergeht oder gehen könnte. Meist greift es automatisch auf seine Erfahrung zurück. Wird diese Erwartung getäuscht, so gerät es ins Ungleichgewicht. Das Lachen, als Affekt, kann hier wieder ein Gleichgewicht herstellen.

Warum?

Die getäuschte Erwartung entsteht durch Inkongruenz. Etwas wird gesagt oder getan, was nicht der Erwartung des Publikums entspricht, also inkongruent ist. Ein einfaches Beispiel: A tritt drohend und polternd B gegenüber, eventuell ist B auch noch viel schmächtiger als A (Körperkontrast). Man könnte erwarten, dass A der Person B in einer drohenden Schlägerei, Schaden zufügt. Die Schlägerei kommt, B schlägt wenig hart zu und A fällt zu Boden, ergibt sich und jammert kläglich. Hier ist die Grunddisposition, dieser vom Publikum möglicherweise als komisch empfundenen Handlung, die Inkongruenz zwischen erwartetem Verhalten bzw. Weitergang und Ausgang der Handlung und dem tatsächlich Gezeigten.

Drei wichtige Voraussetzungen müssen gegeben sein, damit die Inkongruenz auch „zündet":

- Timing:

Zum einen muss die gespannte Erwartung lange genug, aber nicht zu lang herausgezogen werden. Das ist das Stichwort Timing, welches eines der wichtigsten und zugleich schwierigsten Gegebenheiten, ja Voraussetzungen in der Komik ist. Also eine Pointe setzen oder eben eine inkongruente rechtzeitige, nicht zu frühe und nicht zu späte, Fortführung der Handlung oder des Sprechaktes. Timing kann man zwar trainieren, aber besitzt ein(e) Schauspieler*in überhaupt kein Timing, so wird er oder sie sich mit Komödien schwertun und ist sehr vom Regisseur oder von der Regisseurin abhängig.

- Plötzlichkeit:

Die Inkongruenz muss plötzlich kommen, weil wir als Publikum durchaus in der Lage sind aus was Inkongruentem, etwas Sinnhaftes, etwas Stimmiges zu machen, also etwas Kongruentes. Und damit wäre die Komik vertan.

- Anschaulichkeit:

Der Theaterwissenschaftler Helmut von Ahnen sagt hierzu:

„Das Anschauliche, das komisch wirkt, ist ohne Inkongruenz nicht vorstellbar. Der Mensch lacht über einen komischen Fehler, eine Handlung, einen Komiker usw., weil das Erlebte nicht so ist, wie es üblicherweise erwartet wird. Das kann man aber nur feststellen, wenn es von einer abstrakten Idee oder einem Begriff abweicht, mit dem es verglichen wird. Das Abweichende muss im Vergleich mit diesem Begriff anschaulicher sein."

(von Ahnen 2006, S.225)

Wir halten fest: Timing, Plötzlichkeit und Anschaulichkeit sind wichtige Voraussetzungen bzw. Begleiter für eine Abweichung (Inkongruenz), damit diese als komisch empfunden werden kann.

Hinweis:

Für alle folgenden drei Übungen gilt: Die Übungen wurden von mir mit semiprofessionellen Improvisation erfahrenden Teilnehmern/Teilnehmerinnen durchgeführt. Diese Übungen sind aus meiner Sicht aber ohne Vorübungen zu schwer für totale Anfänger*innen. Zumindest die Grundlagen- und Improvisationsphase (Kapitel 2) sollten sie durchlaufen haben.

Übung 174: Das Interview

Partnerübung vor der Gruppe

Trainingsziele: Aufbau von und Arbeit mit Kontrast zwischen den Figuren

Es gibt eine(n) Moderator*in (Interviewer) und einen Star oder Politiker. Beide sollen in ihrem Wesen, Auftreten, Verhalten und Erscheinungsbild sehr unterschiedlich sein. Z.B. ist der Star eine aufbrausende, Macken reiche Gestalt, wie Klaus Kinski und der Moderator dagegen eher konservativ, bieder und ruhig agierend. Es sollte sich ein improvisiertes Interview mit Schluss und Abgang ergeben.

Auswertung:

War der Kontrast groß genug? Wie verlief der Kontrast und wie wurde er von beiden benutzt? Wie kamen beide ins Spiel miteinander? Welche Mittel haben sie benutzt? Wie könnte man das Spiel insgesamt verbessern?

Übung 175: Horror beim Zahnarzt

Zu dritt vor der Gruppe

Trainingsziele: Aus dem festgelegten Archetypus agieren, der Situation gemäß agieren, Zusammenspiel der kontrastreichen Figuren.

Die Situation ist einfach, die Protagonisten müssen lange beim Zahnarzt warten, aus unterschiedlichen Gründen.

Die Protagonisten wissen in dieser Übung nicht, wer die anderen sind. Die Figuren werden nacheinander von der Übungsleitenden Person hineingeschickt. Jede Person bekommt Zettel worauf folgendes steht:

1.) Zunächst ein(e) ziemlich affektierte(r) Oberstudienrat/ Oberstudienrätin. Er/Sie ist nur zur Kontrolle und bildet sich ziemlich was auf den Umstand ein, privat versichert zu sein. Geben Sie vor, dass die Person schon da ist und schon lange wartet, obwohl das Wartezimmer leer ist. Damit erzeugen schon eine Grundspannung.

2.) Nach einer Zeit schicken Sie den Jammerlappen rein. Der Jammerlappen hat ein bisschen Zahnweh, macht daraus aber ein großes Drama (Sie können hier auch mit Requisiten nachhelfen, wie ein großes Tuch geben, was um den Kopf gewickelt wird, zur Kühlung der Backe etc.)

3.) Nachdem die beiden ersten Protagonisten sich eingespielt haben, schicken Sie Protagonist 3 in die Szene:
Einen zackigen, Schmerz liebenden und wenig emphatischen, wenig sensiblen, Bundeswehrsoldaten oder Soldatin.

Sollte das Spiel nicht automatisch in Gang kommen, können Sie Regieanweisungen hereingeben, wie z.B., dass aus dem Behandlungszimmer Schreie zu hören sind. Oder Sie können auch aus der Gruppe plötzlich eine Person als Arzthelfer*in in die Szene schicken, die die lange wartende Oberstudienrätin aufruft, oder den Jammerlappen etc.

Schauen Sie was die Szene und die Komik der Szene befördert.

Hinweis:

Diese Übung ist von mir genauso entwickelt und durchgeführt worden. Sie funktioniert sehr gut. Aber Sie müssen den Moment gut „abschmecken", wann (Timing) Sie eine Person in die Szene hineinschicken und ob und wann Sie welche Regieanweisung hereingeben.

Selbstverständlich können Sie auch eigene Figuren entwickeln. Achten Sie aber auf den Kontrast und darauf, dass Sie keine psychologische Rollenarbeit machen, sondern Archetypen (Klischees) erzeugen, die sofort und anschaulich vom Publikum erkennbar sind!

Übung 176: Das 5 Sterne Restaurant

Zu dritt

Trainingsziele: Der Situation gemäßes Agieren der Protagonisten aus den kontrastreichen Ausgangsbedingungen

Ort gehobenen Gastronomie:

Ein Paar (muss kein Liebespaar sein, kann auch Bruder und Schwester sein, etc.): A ist leidenschaftliche(r) Gourmet und lädt B zum Essen in dieses Restaurant ein. B ist ein Ballermann Prolet und liebt die eher deftige Küche, mit viel Alkohol. B geht nur mit, weil A geladen hat und weiß auch nicht, dass es nicht in die Pommes Bude geht, sondern in die gehobene Gastronomie.

Der/Die Kellnerin ist schon von Anfang an „not amused" über den Proleten. Aber behält Contenance und versucht mit der gebotenen Höflichkeit der gehobenen Gastronomie zu bedienen.

Wichtig ist hierbei, dass der Prolet von Anfang an erkennbar ist, aber unten anfängt. Also nicht sofort besoffen grölend ins Restaurant tritt. Damit hätten Sie keine dramaturgische Steigerung mehr. Wichtig, der/die Kellner(in) muss durchaus

aus der „Reserve" zu locken sein. Aber versucht immer bis zuletzt, egal wie schlimm sich die Sache entwickelt, die Contenance zu wahren. (Stichworte: Spannung, Gegenläufiges Prinzip, inneres Tempo, äußeres Tempo)

Die Übungsleitende Person kann während der Szene Regieanweisungen einsprechen. Z.B. „die fiktiven anderen Gäste beschweren sich schon", etc.

Hinweis:

Auch diese Übung ist aus meinen Komik-Workshop, funktioniert sehr gut, unter den oben genannten Bedingungen. Selbstverständlich können Sie auch hier eine andere Figurenkonstellation wählen. Achten Sie aber auf die Kontraste und die oben genannten Grundprinzipien.

Übung 177: Die zwei Orte

Zu Zweit

Trainingsziele: Arbeiten mit Inkongruenz

Diese Improvisation legt auch die Inkongruenz zu Grunde. Es geht darum, dass eine Szene entsteht, die an zwei Orten gleichzeitig spielt. Wir verstoßen hier brutal und ohne Gnade gegen die Regel aus der freien Improvisation, dass ein Protagonist einen Ort festlegt, der dann auch für den Partner, die Partnerin gilt, das heißt, dass wir uns an ein und demselben imaginären Ort gemeinsam befinden. Wenn ein Protagonist die Bühne als Wohnzimmer definiert, dann kann der andere Protagonist nicht spielen, er sei an der Bushaltestelle. Doch genau das passiert in dieser Übung. Zwei Protagonisten sprechen gleichzeitig von zwei Orten und handeln so. Der eine Protagonist wartet an der Bushaltestelle, der andere Protagonist befindet sich im Wohnzimmer, will Fernsehen schauen, etc. Ein total komisches Spiel kann hier entstehen.

Wiederholungen:

Wiederholungen in der Komik haben nach Henri Bergson etwas Mechanisches. Das Leben bietet eigentlich keine exakte Wiederholung – selbst bestimmte Situationen, wie z.b. rituelle Familienfeiern, wiederholen sich nie genau gleich. Die Realität bedarf meist einer Veränderung, an die sich auch eine Wiederholung anpassen muss. Wenn also etwas wiederholt wird – genauso wie es mal war, ohne dass etwas hinzugefügt oder verändert wird – so wirkt diese Wiederholung komisch, denn die Unfähigkeit, sich flexibel anzupassen, das Steife, das Mechanische, ist das Komische (vgl. Gehrcke 2012, Kapitel 1.2 und Kapitel 4.2.3)

Übung 178: Und wieder grüßt das Murmeltier

Zu Zweit oder Dritt

Trainingsziele: Arbeit mit der Wiederholung in szenischer Improvisation

Zwei oder drei Gruppenmitglieder überlegen sich eine Szene, die keinen Konflikt entwickelt. Es geht mehr um Abläufe. Es kann eine Alltagsszene sein. Die Fragen Wer (also Vater, Mutter, Kind etc., mehr nicht) und Was (Tätigkeiten) und Wo werden beantwortet. Die Protagonisten überlegen sich ein oder zwei Handlungen, Vorgänge, Macken, Gesten, einen Ausspruch etc., die jeweils in bestimmten Zeitabständen exakt gleich ausgeführt bzw. wiederholt werden. Natürlich gilt auch hier, dass miteinander gespielt und aufeinander reagiert wird. Aber darin eingebunden werden diese Wiederholungen ständig exakt gleich ausgeführt. Die Komik ist hier, die Unterbrechung des organischen (Spiel-) Flusses durch die immer wiederkehrenden gleichen, mechanisch wirkenden Wiederholungen.

Hinweis:

Beispiel aus dem Workshop: Vater, Mutter, Kind am Strand, der Vater ging immer wieder schwimmen, kam zurück, trocknete sich ab, und die Mutter machte an einer bestimmten Stelle, die immer gleiche Wischbewegung. Das Kind fragte an einer Stelle immer nach einem Eis und die Mutter antwortete mit „gleich". Die Abläufe waren aber etwas „verschoben". Nach der Besprechung wurde dann nochmals immer mit dem exakt gleichen Ablauf und zeitlich-periodischer Abfolge gespielt und es wirkte alles sehr mechanisch und komisch.

Wichtig ist aber: das ist eine Übung! Selbstverständlich sind die Wiederholungen nur ein Mittel: Wenn Sie also 90 Minuten Theaterabend nur auf Wiederholungen setzen, gehen die Leute nach Hause – ganz klar.

Übung 179: Der Vortrag

Einzeln vor der Gruppe

Trainingsziele: Arbeit mit dem Mittel der Wiederholung

Die Aufgabe ist nun vor der Gruppe einen improvisierten Vortrag zu halten und dabei immer wiederkehrend eine Macke, eine Geste, Bewegung oder ein sprachliches Fragment auszuführen.

Beispiele:

Vortrag Fahrschullehrer

Vortrag Professor

Vortrag Politiker

etc.

5.4 Statusinversion

Zu Status ist in Kapitel 3.3 schon einiges gesagt worden. Ich will mich hier nur auf die Statusinversion beschränken:

Nehmen wir das Beispiel einer klassischen Statussituation, der Diener und der Herr. Der Herr hat hier einen Hochstatus und der Diener einen Tiefstatus. Das kann dadurch deutlich werden, dass der Diener durch sein Verhalten, seine Gestik und Mimik, Haltung und Sprache unterwürfig erscheint und den Tiefstatus ausspielt und damit den Herrn automatisch erhöht. Der Herr wiederum kann seinen Hochstatus ausspielen, indem er den Diener schlecht behandelt, herum kommandiert etc. Damit erniedrigt er den Diener und erhöht sich selbst. Dies ist nicht zwingend komisch, kann sogar höchst tragisch sein. Rollen und erwarteter Status stimmen überein. Wenn Sie nun aber den Status zu den Rollen tauschen, also eine Inkongruenz erzeugen, wird es komisch. Also, die Rollen sind erkennbar immer noch Diener und Herr und auch ihre typischen Tätigkeiten bleiben die gleichen. Aber ihr Verhalten, also wie sie miteinander umgehen, das unterliegt nun einer Umkehr, einer Inversion: Der Diener erhält den Hochstatus und der Herr den Tiefstatus.

Im Folgenden eine Übung, um genau diese Statusinversion zu trainieren.

Übung 180: Statusinversion

Partnerübung zu Zweit

Trainingsziele: Arbeit mit der Statusinversion

Phase A:

Zunächst lassen Sie von zwei Gruppenmitgliedern eine Szene improvisieren, indem eine Person Diener, die andere Person Herr oder Herrin ist. Zunächst passen Tiefstatusverhalten und Hochstatusverhalten mit den Rollen kongruent zusammen. Der Diener ist unterwürfig und erfüllt alle Anweisungen des Herrn. Der Herr agiert im Hochstatusverhalten.

Phase B:

Das Paar behält die Tätigkeit von Phase A bei, der Diener dient, der Herr/die Herrin gibt Anweisungen. Aber im Verhalten, wie sie das tun, wie sie miteinander reden, wird jetzt getauscht. Der Herr oder die Herrin spielt Tiefstatus, der Diener oder die Dienerin spielt Hochstatus.

Beispielsweise bestellt der Herr/die Herrin etwas zu essen. Der Diener/die Dienerin führt diese Anweisung zwar aus, aber lacht z.B. hämisch über die verfressene, dickliche Herrschaft usw.

Sie werden sehen, diese Übung kann sehr komisch sein. Es ist nebenbei gesagt eine meiner Lieblingsübungen und leider auch die Letzte in diesem Buch.

Literaturverzeichnis

Adler, Stella (2005): Die Schule der Schauspielkunst. The Art of Acting. Henschel-Verlag, Leipzig (em. Berlin)

Balme, Christopher (2014): Einführung in die Theaterwissenschaft Erich Schmidt Verlag, 5. Auflage, Berlin

Bergson, Henri (2011): Das Lachen. Ein Essay über die Bedeutung des Komischen. Felix Meiner – Verlag, Hamburg

Bochow, Jörg (2010): Das Theater Meyerholds und die Biomechanik. Alexander Verlag, Berlin

Cechov, A. Michail (1992): Die Kunst des Schauspielers. Moskauer Ausgabe, Edition Bühnenkunst 1, 2. Auflage, Urachhaus, Stuttgart

Coblenzer/ Muhar (1996): Atem und Stimme: Anleitung zum guten Sprechen. ÖBV Pädagogischer Verlag, Wien

Dahlweid, Janine (2004): Rituelle Dimensionen des Theaters. Analyse des „Armen Theaters" von Jerzy Grotowski.
Studienarbeit an der Freien Universität Berlin, 2004
erschienen im Grin – Verlag

Fischer – Lichte, Erika (2012): Performativität. Eine Einführung.
transcript – Verlag, Bielefeld

Fischer-Lichte/ Kreuder/ Pflug (2010):
Theater seit den 60er Jahren
Francke – Verlag, Tübingen und Basel, 1998
erschienen in UTB für Wissenschaft, 2010

Gehrcke, Werner (2012): Rezeptur der Bühnenkomik. Theorie und Praxis des Komischen auf der Bühne.
disserta Verlag, Hamburg

Gehrcke, Werner (2015): Methoden und Konzepte des Schauspiels. Eine Rundreise durch Theorie und Handwerk.
disserta Verlag, Hamburg

Grotowski, Jerzy (2006): Für ein Armes Theater.
3. Auflage, Alexander Verlag, Berlin

Johnstone, Keith (2004): Improvisation und Theater

Siebte Auflage, Alexander Verlag, Berlin

Lehmann, Hans Thies (2005): Postdramatisches Theater
Verlag der Autoren, Frankfurt a.M.

Puffer, Heidi (2010): ABC des Sprechens. Grundlagen, Methoden, Übungen.
Henschel Verlag, Leipzig

Roselt, Jens (2005): Seelen mit Methode – Schauspieltheorien vom Barock bis zum postdramatischen Theater.
Alexander Verlag, Berlin

Schürmann, Uwe (2010): Mit Sprechen bewegen. Stimme und Ausstrahlung verbessern mit atemrhythmisch angepasster Phonation.
Ernst Reinhardt Verlag, München

Stanislawski, Konstantin S. (2011):

Stanislawski Reader: Die Arbeit des Schauspielers an sich selbst und an der Rolle. Hrsg. Bernd Stegemann
Henschel Verlag, Leipzig

Stanislawski, Konstantin S. (2002):

	Die Arbeit des Schauspielers an sich selbst. Band 1. 6. Auflage, Henschel Verlag, Leipzig (em. Berlin)
Strasberg, Lee (2005):	Schauspielen und Das Training des Schauspielers. Hrsg. von Wolfgang Wermelskirch, 6. Auflage, Alexander Verlag, Berlin
Tschechow, Michael (1992):	Werkgeheimnisse der Schauspielkunst. Werner Classen Verlag, Zürich
von Ahnen, Helmut (2006):	Das Komische auf der Bühne, Versuch einer Systematik. Münchener Universitätsschriften, Theaterwissenschaft Band 6, Herbert Utz Verlag, München (2005)